中国慈善募捐法制建设研究

RESEARCH ON THE
LEGAL SYSTEM CONSTRUCTION OF
CHARITABLE COLLECTION IN CHINA

蔡科云 ◎ 著

中国社会科学出版社

图书在版编目(CIP)数据

中国慈善募捐法制建设研究 / 蔡科云著 . —北京：中国社会科学
出版社，2017. 12

ISBN 978-7-5203-0964-6

Ⅰ.①中… Ⅱ.①蔡… Ⅲ.①公益事业捐赠法−法制史−研究−中国
Ⅳ.①D922. 182. 2

中国版本图书馆 CIP 数据核字（2017）第 220190 号

出 版 人　赵剑英
责任编辑　任　明
责任校对　李　莉
责任印制　李寡寡

出　　　版　中国社会科学出版社
社　　　址　北京鼓楼西大街甲 158 号
邮　　　编　100720
网　　　址　http：//www. csspw. cn
发 行 部　010-84083685
门 市 部　010-84029450
经　　　销　新华书店及其他书店

印刷装订　北京君升印刷有限公司
版　　　次　2017 年 12 月第 1 版
印　　　次　2017 年 12 月第 1 次印刷

开　　　本　710×1000　1/16
印　　　张　19. 25
插　　　页　2
字　　　数　304 千字
定　　　价　85. 00 元

凡购买中国社会科学出版社图书，如有质量问题请与本社营销中心联系调换
电话：010-84083683
版权所有　侵权必究

摘　要

　　当今世界"彰显陌生人之间真情"的现代慈善事业风起云涌。慈善募捐是慈善理念下慈善组织为了增进公益而向社会募集资金、财物并进行公益分配、使用、管理的行为总称。募捐的本质是向社会"聚"善财又向社会"散"善财的过程，涉及"聚财—散财—理财"三大领域，是撬动社会公益，凝聚慈善资源的重要杠杆，也是对社会财富的第一次分配和第二次分配的重要补充。新的时代背景下，慈善募捐与政府行政募捐、企业公募筹资以及个人私益募捐有本质区别，与公益捐赠、公益募捐、社会募捐有相通、相同之处，但也有"发起主体的法定性""宗旨目标的公益性""内部治理的自主性志愿性""组织运行的非营利非分配性"的核心要素。

　　慈善募捐的制度定位是人民权力延伸与民主化展现的社会权力在慈善组织中的运用。基于此，社会组织以社会权力为行为依据的而实施的慈善募捐应当关进"笼子"，纳入法治范畴。制度化的慈善募捐是树立公益诚信，保证公益有效性的重要环节，也是继《中华人民共和国慈善事业法》出台之后我国慈善法制建设的重点领域。目前，中国慈善募捐制度建设的"结"在于：国家层面的募捐法制建设滞后，地方层面的规范建设参差不齐。泛道德、强政治的窠臼以及新慈善本身的模糊与试错，导致规范化的慈善募捐成为社会的稀缺资源。

　　中国慈善募捐制度建设的"解"，需要基于以上的"结"，努力让慈善募捐秉承理性、平等的现代慈善公益观，借鉴美国、英国、澳大利亚、日本、港台的域外经验，兼顾中国传统慈善募捐历史资源的同时，对近年来湖南、江苏、广东、上海先行先试的分散、碎片的地方募捐规则进行全面整合。

　　落实中国"慈善募捐制度整合与规则体系完善"命题可以从三个层面展开："公正的体制安排（特别是相对于政府权力的社会权力的'自主、自愿'定位）、妥当的行为规范（保障社会组织募捐的自主性的同时克服随意性，针对'募、捐、用'进行行为边界的设计和监管体系的构建）以及德才兼备的职业担纲者（特别是整合募捐成员进行封闭管理的'追踪、反馈、公示'，落实社会组织高级管理人员的忠实和勤勉义务）"。

　　其中，妥当的募捐行为规范是探讨的重点。募捐行为是募捐组织的募、捐、用行为的总称，因此可以针对募捐在组织中的输入以及向社会的输出的关键节点进行把控：首先，募捐在一个社会组织中的输入，需要该组织本身的"正规性"为前提，同时该组织在章程中有清晰的募捐使命陈述，还要有社会组织"权力机构、执行机构、监督机构"彼此独立又相互制约的平衡与科学的内部治理结构；其次，募捐通过组织向社会的输出，则要"无方案不募捐"、无计划不接受，对募捐成员进行封闭的管理，同时开放募捐形式，更重要的是透明的募捐过程的保障。

　　我国《慈善法》之下的慈善资金链制度系统，需以"规范募捐""保障私权""维护公益"为基本宗旨，以募捐行为的"标准化、透明化"为制度调整核心，严格立法监管"两头"：社会组织面向社会的募捐环节（聚财）和募捐财产的支出环节（散财）。募捐法制建设在脱离政治窠臼的社会治理创新中"公开募捐权"的同时，对慈善募捐进行募捐环节管理，把募款准入（募捐组织募捐的民政许可、监督，劝募师的执业许可）、募捐款物使用的信托与限制（公益慈善与商业营利的边界）、信息披露（信息披露的主体以及信息披露的内容）的规则进行明确。在立法体制上，以中央与地方两级正式法律法规制度对社会权力的赋权、限权进行安排，落实募捐社会组织劝募过程"公开"，慈善募捐宗旨"公益"，慈善资源分配"公信"。未来贯彻公开、公益、公信（三公）原则的慈善募捐制度群建设，不仅要让慈善募捐组织有明确的实体授权规范的同时有程序性的操作指引，也要在强化内部治理、硬化外部监管的同时落实募捐责任。

　　关键词：慈善法　社会组织　慈善募捐　公益捐赠

Abstract

Charitable collection is the summary of behaviors that charity organizations raise funds and property from the society for charitable purpose, and the process of public allocation, exploitation and management to promote the development of commonweal cause. Charitable collection essentially is to raise and allocate charitable assets from/to the society, involving how to raise, allocate and manage assets, as the lever to promote public service and collect the charitable resources, also the important supplement to the first and secondary allocation of social wealth. Nowadays charitable collection has the essential difference from the government Administrative fund – raising, the corporate public offering and individual private charitable donation, and some commonness with charitable donation, charitable solicitation and social donation, but also the central characteristics of legality of initiator, objectives for public benefit, autonomy and voluntariness in internal governance, non – profit and non – distribution in organization operation.

Legal orientation of charitable collection is the extension of the people's right and the presence of democratization in application of social power in charitable organization. Therefore, charitable collection of social organization should be included in the rule of law. Institutionalization of charitable collection is of great importance to build up commonweal faith and ensure the effectiveness, and also the key area in charity legal system construction of China. At the present, the crux of charitable collection system construction of China is the backward charity legal system construction at the national level and the irregularity of local regulations. It is the Stereotype of panmorality and power ⌟

politics, confusion and trial – and – error of new charity itself that makes the regularized charitable collection to be the scarce social resources.

As to the solution of China's charitable collection system construction, it is the need of insisting on rational and equal contemporary philanthropy in charitable collection, learning the experience of America, British, Japan and HongKong and Taiwan, retaining traditional historical resources of charitable collection of China, meanwhile comprehensive integration of local regulations of pilot programs such as Hunan, Jiangsu, Guangdong, Shanghai, Beijing and Shenzhen.

To implement institutionalization of charitable collection, discussion in three aspects can be done: the just system, especially the social power positioning autonomously and Voluntarily comparing to the government power; appropriate code of conduct ensuring the autonomy of social organization in charitable collection and avoiding the randomness, establishing the behavior boundaries and regulatory system on collection, donation and exploitation; and the professional leading force with both ability and integrity, particularly integration of members of the charitable collection for implementing tracking, feedback and publication of the loyalty, diligence and obligation of senior management of the social organization.

The paper will focus on the appropriate behavior regulations of charitable collection. Charitable collection is the summary of collection, donation and exploitation of charity organization, therefore it can be regulated on the key nodes in inflow and outflow of organization. (1) Inflow of charitable collection requires regularization of social organization, and the charter of organization must clearly prescribes the missions of charitable collection, and the scientific and rational internal governance structure with policy – making institution and supervising institution and executive Institution mutual checks and balance ; (2) charitable collection requires no program no conduct, no plan no acceptance, closed management to members of charitable collection, and to open the charitable collection form, and more importantly to ensure the transparency of the charitable collection process.

In the future, the basic principles of the charity fund chain system under the China Charities Act should be regularization of charitable collection, protection of private rights, and safeguard of commonweal, with the standardization and transparency of charitable collection as the system adjustment core, strict legislation to regulate two ends, viz. ; social organization conducts charitable collection (fundraising) from the society and expenditure of charitable collections (fund allocation) . Charitable collection legal system construction need to open the right of charitable collection, regulate the segments of charitable collection, establish the regulations of charitable collection admittance, tax system, exploitation of charitable collection assets and information publication. In short, charitable collection needs work out clear – cut operation guidance, while implement strict regulations and punishments to create ethos and the standards of morality.

Key words: Charities Act, Social organization, Charitable collection, Charitable donation

目 录

第一章

导　论

第一节　研究范围与选题意义

一　慈善募捐的语词界定

中国的慈善源远流长。"慈"与"善"在中国古代是分开使用的。"慈"的源流丰富，有母慈、子女孝以及父母爱三层含义。而"善"的含义是"吉也，与美同意"，有美好、吉祥之意。"慈善"二字合体使用的最早记载是《北史》，即"宽和慈善，不忤于物，进退沉浮，自得而已"①。渊源于家庭范围内孝慈的"仁、怜"寓意的"慈"与"善"，在南北朝之后受儒家、佛家、道家等多元思想的影响，逐渐并而用之，使慈善具有发扬人道、救人济世的丰富文化内涵。

"募捐"二字，中国古亦有之，而"募"与"捐"最初也是分开使用。募与捐的古典意蕴，可以从《辞源》《说文》及《说文解字注》中进行辨证："募"字在《辞海》的解释是"招"，在《说文》及《说文解字注》中解为"广求也"，有筹集、招募、征召，即募求者、需求者按一定的需要向社会广泛募集钱财或者征召人力。"捐"字则为"弃"之意，被解释为捐助、献出，有舍弃、除去之意，即供给者对于需求者的"募"，基于相同的旨趣或基于仁爱心、同情心乃至怵惕心而捐助、舍弃财物，甚至在一定程度上搭上人力支持该征募事业。对于"募捐"

---

① 周秋光、曾桂林：《中国慈善简史》，人民出版社 2006 年版，第 3 页。

一词，《现代汉语词典》则采狭义，把募捐合用，并限定为：募集捐款或物品，而不包括人力。① 由此可见，募捐语词界定的重点是慈善、公益之目的，即从行为的动机与目的角度而言，募捐是以公益慈善为目的而向社会募集资金、财物并按照一定规则进行分发而增进公益。慈善募捐中的"募捐"可以做动词解：从行为的表现特征来看，募捐是筹集钱财并使用的行为。同时"募捐"也可以做名词解：募捐是一种向社会"聚财"又向社会"散财"的过程。募捐因此也就具有聚善财、济民生、助和谐的重要社会功能。

在英语中"慈善"有两个对应的词，一是 Charity（charities）②，指的是善举、慈善机构。二是 Philanthropy③，指的是慈善活动、慈善事业。二者都是用来描述施予。只不过 Charity 一词使用很早，在古代中世纪的宗教教义和文献中经常适用，与信仰有密切联系，强调关爱和使命感，针对穷人或困难群体的帮助、弱势群体的救济，也包括时间上的无偿付出以提供帮助不幸和苦难者。而 Philanthropy 一词则近现代以来使用较多，它不限于仅仅指接济、帮助经济上困顿的人，更包含博爱价值观的公益慈善事业，涉及造福不特定人群以及改善人文、提高生态环境质量。即慈善事业不仅仅为贫困者提供小额的施舍，而更注重自助和创造机会以在公共生活中提供持久而产生根本性效果的再分配式施予。善举（charity）转化为慈善事业（philanthropy）是"人们为施予和帮助找到的一种新的思路，慈善事业能够而且应该关注公共收益，是公共维度和表达性维度的互动而强化形成。因此慈善事业既有关注、表达、执行捐赠者的价值，又有持续发展达成公共目标的价值"④。

----

① 参见《辞源（修订本）》（商务印书馆 2010 年版）、《说文》（中华书局影印［清］陈昌治刻本）、《说文解字注》（中华书局影印［清］段玉裁撰本）。

② Charity 指的是由宗教机构发起的，有宗教动机的慈善活动。比如天主教救济会（the Catholic Relief Services）就是以"帮助海外的穷人和弱势群体"为基本的宗旨。

③ Philanthropy 指的是以世俗的人道主义为动机，并由一些非宗教组织发起的公益慈善活动。比如梅琳达·盖茨基金会（www. Gatesfoundation. org）的宗旨就是"我们坚信每一个人都应当有机会使自己的生活变得健康而且富有创造性"。通用基金会（www. gefoundation. com）则是重点致力于解决世界上健康、教育、环境和救灾方面的问题，同时还通过对等募捐项目和联合劝募活动来鼓励公司员工和退休人员作为志愿者参加社区服务。

④ ［美］弗朗金：《策略性施予的本质：捐赠者与募捐者实用指南》，谭宏凯译，中国劳动社会保障出版社 2013 年版，第 7—9 页。

英语中"募捐"也有多个词与之相对应：（1）Collection：但在英语中 Collection 需要在一定的语境中与相关词汇，比如 Charitable collection（慈善募捐）、Public charitable collection（公益慈善募捐）、Collecting box（募捐箱）并用，才能明确其具体的意义；（2）Solicitation：它也需要与一定的词汇共同使用，比如 Charitable solicitation（慈善募捐）、Solicitor（募捐者）、Telephonic solicitation（电话募捐）等；（3）Fund – raising，随着基金会的发展，Fund – raising（募款）成为 Non – profit sector（非营利部门）或称为 Non – governmental organization（非政府组织）或称为 Independent sector（独立部门）的常态，因此 Institute of fund – raising（劝募组织）、Professional Fund – raiser（专业募款人员）、Door – to – door fund – raising（门对门募捐）、Street fund – raising（街头募捐）、The Law of Fundraising（募捐法）成为表达募捐、慈善筹款、公益劝募的基本词汇。

本书使用"慈善募捐"这一语词，用来指称在历史与现代性交汇中的当代慈善组织基于慈善公益宗旨募集财产的活动，其内涵与英语中的 Collection、Solicitation、Fund – raising 的语词含义对应。

二　慈善募捐与公益捐赠、公募的关系

需要进一步说明的是，本书使用的"慈善募捐"，与我国在 1999 年 6 月 28 日颁布的《中华人民共和国公益事业捐赠法》（简称《公益事业捐赠法》）中"公益捐赠"一词，虽然从表面上看二者都是基于非营利价值观实现公共利益的公益慈善行动，但从本质上讲这两个词语内涵的侧重点不同。

公益捐赠在我国从 1999 年起已是一个法定概念，是指自然人、法人或者其他组织基于自愿、无偿向依法成立的公益性社会团体、公益性非营利的事业单位捐赠财产，用于发展公益事业的行为。① 公益捐赠与

---

① 我国《公益事业捐赠法》第 2 条规定："自然人、法人或者其他组织自愿无偿向依法成立的公益性社会团体和公益性非营利的事业单位捐赠财产，用于公益事业的，适用本法。"由此可见公益募捐的捐赠人的范围包括自然人、法人和其他组织。而公益捐赠的受赠人指的是公益性社会团体、非营利事业单位、在发生自然灾害时或者境外捐赠人要求县级以上人民政府及其部门作为受赠人时的县级以上人民政府及其部门。

商业赞助更有本质的不同：捐赠是一种民间慈善、社会公益行为，而商业赞助的目的具有多样性，一般止于教育文化、扶贫济困，更多地具有商业交换目的。公益捐赠的侧重点在捐赠人无偿或无相应对价要求地把自己的钱财或者财产性权益给予受赠主体①。而募捐是出于慈善目的，为第三人利益向公众募集金钱或其他财产的行为。

慈善募捐在我国一直是一个学理上的描述性概念，甚至在较长一段时期里慈善募捐、公益募捐以及社会募捐这三个概念的使用上有混乱、混用的欠统一性。直至2016年3月出台的《中华人民共和国慈善法》开始正式使用"慈善募捐"这一立法语词，进而使慈善募捐亦上升为一个法律概念。② 慈善募捐是指特定的募捐主体为了发展慈善公益事业或为帮助不特定的人，依法向其他特定或者不特定的捐赠人募集财物并使用的行为。从内涵上看，《慈善法》中的慈善募捐与《公益事业捐赠法》中的公益捐赠，这两个语词是"一体两面"的关系。二者的区别在于：

（1）从行为的实施主体来看，慈善募捐的实施主体指的是慈善公益性社会组织，而公益捐赠的主体是自然人、企业公司、政府、事业单位或者其他非法人组织，他们主动地或者被动地受到募捐号召而无偿或者无相应对价地给予特定或者不特定的人以钱财或者权益。"募捐"将捐赠者纳入募捐者的工作中，募捐者与捐赠者处于平等的地位，是一个互动的过程。也就是说，捐赠的主体一般没有范围限制，个人或组织都可以捐赠。而募捐的主体则要依法进行规范和限制，自然人以及营利性

---

① 以捐赠人与受赠主体（受益人）是否直接发生联系为划分标准，可以分为直接捐赠和间接捐赠。直接捐赠是捐赠人直接将捐赠款物捐赠给受益人，即实际受赠人。我国《公益事业捐赠法》所调整的公益捐赠是间接捐赠，即捐赠人将捐赠的款物捐赠给法定的公益性社会团体等，由该组织机构按照捐赠人的意愿或者法律规定分给各受益人，这是现代公益事业的典型特征。公益捐赠是民间性质的捐赠，与国家建立的社会保障体系不同，也与政府发文劝募进行行政募捐而获得的捐赠不同。

② 我国《慈善法》第三章共用11条来规定"慈善募捐"，原则性规定慈善募捐是慈善组织基于慈善宗旨募集财产的活动，包括面向社会公众的公开募捐（慈善组织开展公开募捐，应当取得公开募捐资格）和面向特定对象的非公开募捐（慈善组织自登记之日起可以向特定对象进行非公开募捐）。开展募捐活动，不得摊派或者变相摊派，不得妨碍公共秩序、企业生产及人民生活。禁止任何组织或者个人假借慈善名义或者假冒慈善组织开展募捐活动，骗取财产。

组织是不能进行慈善募捐的，这是公益捐赠区别于慈善募捐的最大不同之处。

（2）从行为的流程与环节角度来看，慈善募捐是募、捐、用系列行为的总称，不仅包括劝募行为，还包括了捐赠行为以及募集资金的使用、分发行为。而公益捐赠仅仅涉及"捐"这一环节。也即"受赠人主动请求的劝募，不在公益捐赠环节中。劝募作为受赠人主动请求的状态，存在于募捐中的捐赠环节之外。因此捐赠往往只是募捐中的环节，捐赠制度也只是募捐制度的组成部分"①。

（3）从行为的性质上看，慈善募捐是社会组织实施社会权力进行的社会公共事务行为。因此各国对经常性募捐、义卖、义演等都进行相应立法进行规范，我国就有《社会福利性募捐义演管理暂行办法》以及《民政部关于进一步开展经常性社会募捐活动的意见》等对募捐事业进行规范；而公益捐赠则是指捐赠者为了帮助不特定的社会成员或者抽象地资助社会公益事业发展而"无偿地向公益性社团法人、事业单位法人或者代表受资助的不特定人利益的临时性机构做出捐赠财产或权利的意思表示，经由受赠主体做出接受其捐赠的意思表示，从而成立并履行的合同行为"②。这是民间性质的财产及权益处分和接受的私人事务。

（4）从对行为调整规范的制度侧重点来看，慈善募捐制度规范的重点在于"募"而非在于"捐"，而公益捐赠制度规范的重点则在于"捐"或者"赠"，而没有"募"。③ 并且慈善募捐制度涉及"募、捐、用"公益财产的系列、系统问题，具有浓厚的社会系统性，其法益目标是公益事业的可持续发展，因此募捐法的性质既不属于单纯的私法，也不是单纯的公法，而是公私法混合形态的法。学界的观点认为"募捐法具有社会法的性质"④。而公益捐赠制度规范侧重对具有社会公益性质

① 杨道波、李永军：《公益募捐法律规制研究》，中国社会科学出版社 2011 年版，第 4—26 页。

② 昊勇敏、竺效：《论公益捐赠行为的法律性质》，《浙江大学学报》（人文社会科学版）2001 年第 4 期。

③ 慈善募捐涉及劝募人、捐赠人、受益人三方主体。公益捐赠仅涉及捐赠人和受赠人双方当事人。

④ ［日］丹宗昭信、厚谷襄儿：《现代经济法入门》，群众出版社 1985 年版，第 48—51 页。

的赠与的诺成性的落实，更多强调的是私法上的财产处分的自愿以及意思自治。因此《公益事业捐赠法》第4条明确规定："捐赠应当是自愿和无偿的，不得以捐赠为名从事营利活动，也禁止强行摊派、变相摊派，"并且《合同法》在"赠与合同"一章中也只是强调具有公益性质的赠与是诺成性合同，旨在解决赠与合同的履行问题。从整体上讲，公益捐赠法律制度调整的是平等主体之间意思表示一致产生的私法，对公益捐赠的调整除了基本的民法、合同法，还有体现私权处分的捐赠当事人之间的自治合同和自律规范。

还需要进一步阐释的是，"募捐"这一语词不能与"公募"（众筹）混淆：募捐的别称不能被称为公募（众筹）。虽然在实践当中募捐可以采取的一种形式是公益众筹，但公益众筹不是公募，也不是一般意义上的众筹。公募是有特定内涵的概念。公募是公开发行证券募集资金的简称，特指公司作为发行人通过证券公司等中间机构向不特定的社会公众广泛地发售有价证券，通过公开路演、公开宣传的方式向没有特定限制的对象募集资金的证券行为及业务模式。慈善募捐与公募的相同点是面向社会公众，都表现为向社会公开、广泛募集。二者的区别可以表1-1表述。

表1-1　　　　　　　　　　慈善募捐与公募的区别

	基本属性	行为实施的主体	行为落实的载体	筹资是否应支付对价
慈善募捐	慈善募捐是公益慈善事业，是社会公共事务，体现的是社会契约和公民行动者精神	慈善募捐的组织者是公益、慈善机构	慈善募捐的载体是募捐证明、捐赠票据	慈善募捐以对公益的追求和对公害问题的解决为出发点，因此募捐取得资金、财物是不需要支付对价或相应对价的
公募	公募是商事以营利为本位的证券事业，是资本投资事务，体现的是商业契约和投资者精神	公募的组织者是对资金有直接融资需求的营利性公司企业	公募的载体是股票、债券等有价证券	公募是商事法律部门《证券法》中证券发行的一种方式，与私募相对应。它以解决募集人资金缺乏和实现资金的融通为出发点，因此投资者是购买有价证券，需要用货币支付对价或相应对价，并追求投资溢价回报、分红或者行使投资者权利，因此也就不能用实物、知识产权、土地使用权等非货币性财产进行支付

　　总之，为明确研究范围，界定研究对象，本书中采用"慈善募捐"作为研究主题中的核心语词。"慈善募捐"是"私益募捐"（非公益募捐）的对称。① *"慈善募捐"* 与作为法定概念的"公益捐赠"的内涵侧重点不同。"募捐"也不能简称为"公募（众筹）"。使用"慈善募捐"这一表述，不仅符合汉语使用的特点，能与中国传统慈善的文化资源对接、传承、融合，而且能够与国际慈善公益界的话语体系接轨。② 本书将依据新慈善理念和社会权力理论在制度理念研究中尽量阐释其正当性，并主张在我国《慈善法》母法基础上的未来募捐立法的条文表述中进一步使用"慈善募捐"一词以巩固其合法性，使"慈善募捐"既是一个学理概念，又是一个内涵与外延相对明确，具有标准性与规范性的法律概念。

三　慈善募捐研究的必要性与意义

　　本书以慈善募捐作为研究范围，并把慈善募捐制度作为研究的对象，基于以下几点。

（一）慈善募捐是慈善事业法制调整的重点领域

　　如果说慈善募捐是募捐者、捐赠者与受益人之间的财富转移，那么现代慈善募捐的突出特点即依赖于专业的募捐者发挥"中枢"作用以连接捐赠者与受益人。慈善募捐作为公益聚财与散财的机制，是慈善事业"输血"的静脉与动脉。募捐制度自然就成为中国当代慈善事业法制体系建设过程中关注的焦点。民政部的中国社会组织发展战略总报告

---

　　①　私益募捐指出于帮助特定对象，为了特定对象的私人利益，由个体自然人发起或单位组织的募捐。私益募捐主要依据《民法通则》与《合同法》进行调整规范，比如以唤起社会公众的关爱和同情的街头乞讨、网络求助等。而慈善募捐则是法定募捐主体为了不特定对象的公共利益而组织的募捐，主要由作为社会法的募捐条例进行调整。私益募捐与慈善募捐在法律关系性质和内容上都有本质差异。

　　②　比如美国华盛顿州法典第 19 标题卷就有《Charitable solicitations》（慈善募捐法令），新墨西哥州法典第 57 章有《Charitable solicitations》（慈善募捐（第 1 节至第 11 节）），犹他州法典第 13 标题卷有《Charitable solicitations》（慈善募捐法），佐治亚州法典第 43 标题卷有《Charitable solicitations》（慈善募捐）；英国则有渊源于 1597 年《Charitable Uses Act》（善款使用法案），在 1993 年《Charities Act》基础上修订的《Charities Act 2006》（慈善法案 2006）；澳大利亚首都特区也有《慈善募捐法》（2004），澳大利亚新南威尔士州的《慈善筹款法案》（1991）。

中就提出："重要的就是在 2020 年前建构有基本法统领，专门法和法规规章支撑，覆盖比较全面的社会组织法规体系。"① 2014 年 11 月 24 日国务院发布《关于促进慈善事业健康发展的指导意见》（国发〔2014〕61 号），2014 年 12 月 24 日民政部公布《关于全面推进民政法治建设的意见》（民发〔2014〕263 号），2015 年 12 月通过《中华人民共和国慈善事业法（二次审议稿）》，2016 年 3 月 16 日全国人大正式通过《中华人民共和国慈善法》，2016 年 4 月出台《中华人民共和国境外非政府组织境内活动管理法》。我国慈善立法提速，民政工作法治化程度全面加强的背景下，涉及慈善公益事业与社会组织筹资、用资的募捐法律法规是制度整合与完善的重点领域，需要进行系统的"立、改、废"研究。

（二）慈善募捐是树立公益诚信保证公益有效性的重要环节

中国慈善事业已驶入快车道，慈善事业的发展既要快，更要健康、可持续。慈善募捐涉及社会第三次分配，与收入分配制度改革、社会信用体系建立密切相关，对调节收入分配、缩小贫富差距、促进社会和谐具有重要作用。一直以来行政募捐体制下"被慈善""被捐赠"等透支爱心的摊派事件，扭曲了公益慈善事业自愿性本质。加之实务界在 21 世纪初有"慈善妈妈"还是"敛财妈妈"之争的美国妈妈联谊会与丽江妈妈联谊会（法定代表人胡曼莉）在云南法院系统的一案两审典型司法判例，以及近年来中国红十字会因郭美美事件陷入信任危机，还有上海"红十字会万元餐"对捐款的浪费、"河南宋基会事件"、各地慈善协会所募集资金被挪用和滥用事件等"跑、冒、滴、漏"现象，多头募捐、频繁募捐及侵占募捐款物的典型案例，使慈善公益有效性受到公众质疑进而降低公众捐款意愿。而对慈善公信的问题，从制度上需求更加规范化募捐的行为模式，需要对我国现行缺位与粗放的慈善募捐及其制度进行专门、系统、精细化梳理与研究。

（三）慈善募捐是社会组织治理体制创新的突破口

募捐制度调整社会资源的再分配，塑造慈善行为模式。社会治理是过去社会管理的升华，尤其是 2013 年十八届三中全会将社会管理升级

---

① 马庆钰、廖鸿主编：《中国社会组织发展战略》，社会科学文献出版社 2015 年版，第 51 页。

为社会治理，并提出推进国家治理体系和治理能力现代化的时代命题之后，慈善公益募捐规范与控制是社会治理创新的关键点，需要得到更多的关注和深入研究。作者以为慈善资金组织内部治理与外部行政监管是社会组织开展社会活动和实施公益慈善行为的基础。对于社会组织而言，管好了钱流、解决了"钱从哪里来、到哪里去"的问题，就在一定程度上理顺了社会组织的人流和信息流的问题。慈善募捐以聚财（钱从哪里来）与散财（钱到哪里去）为基本内容，慈善募捐制度着眼于社会慈善资金链的规范化。建构、完善慈善募捐制度，等于把好了社会组织资金流的进口与出口规则、规范。慈善募捐制度属于慈善法的内容，而慈善法属于社会法学范畴。① 慈善法正式实施之后，公益行业会有一段观念转化和适应新法的迷茫期。社会立法又是"在寻求实质正义和社会公正的进程中的一种立法价值取向，同时也是法律变革运动的组成部分"②。本选题对中国现有的慈善募捐的发展基础、制度环境进行总结，对慈善募捐的自身定位和慈善募捐的行政监管的问题进行国家与社会二元的"社会权力""合作行政"视角进行廓清式分析，对慈善募捐制度运行中的困境进行梳理，同时对中国募捐制度进行"立、改、废"的分析，有利于观照社会治理创新的现实问题，有利于切入社会组织监管、善财社会自律兼行政他律的"突破口"。回答慈善募捐及其制度的问题并探讨规范化募捐的对策，能在慈善资金面这一关键领域拓展公益慈善事业的发展空间，提高民政监管有效度，进而推进我国社会治理体制与机制创新的进程。

第二节 研究背景与选题着眼点

本书是基于当今国际、国内慈善公益事业的大发展以及深度演进的宏观背景，而选定的公共性、实践性课题。

---

① 社会法作用于社会领域，体现社会政策，关注社会安全，注重社会合作，重视社会效益。社会法的立法实践和理论研究尚处于不断地变化和发展之中。参见张守文《社会法的调整范围及其理论扩展》，《中国高校社会科学》2013 年第 1 期。

② 郑尚元：《社会法语境与法律社会化——"社会法"的再解释》，《清华法学》2008 年第 3 期。

一　全球慈善事业的发展

总结起来，当今世界慈善公益事业在募、捐、用方面的发展特点表现为以下几点。

（一）慈善公益领域不断拓宽的同时公益资金的渗透也不断深入

不仅有慈善公益性社会组织，而且也有互益性社会组织相对独立发展。"2/3 的非营利组织主要集中在公益性服务的三个传统领域——教育领域占30%，卫生保健领域占20%，社会服务占18%，而且娱乐与文化领域紧随其后占非营利就业的14%。"① 全球政治领域垄断一切权力的"单极结构"逐步向政治、经济和社会领域分享权力的"多极结构"转变，加之全球经济一体化和自由民主观念的深入人心，政府不可能满足社会中多元化的利益需求，也不可能对所有的社会自治领域进行全面控制，因此在社会上产生了"相对性自由流动资源"和"相对性自由活动空间"。越来越多的企业家和投资家进入公益慈善领域。环保、扶贫济困、医疗健康和教育领域最受关注，政治赋权、经济民主、文化科教、培育孵化类社会组织也得到长足进步。慈善公益项目广泛深入到社会生活的方方面面。比如洛克菲勒基金会、洛克菲勒兄弟基金会和洛克菲勒家族基金会在全球教育扶贫、医疗水平改善、公共人口福利、自然生态修复、文化艺术发展甚至国际谅解等领域，发挥了积极推动作用。这种巨无霸型的基金会为实现城市建设与生态建设的统一、社会系统与自然系统的和谐、发达地区经济发展与欠发达地区人群生活质量提高的统一方面做出了无与伦比的贡献。20 世纪 40—70 年代一项由洛克菲勒基金会发起并资助，在南美和亚洲缺粮国家开展的培育优良粮种的实验室计划——"绿色革命"，诺贝尔奖评委会对该项目的评价是"拯救了缺粮国家 10 亿人的生命"。这些慈善公益组织的"聚财与散财"成为人类世界应对新世纪严重挑战的重要的公共资源。它们运用其募集而来的慈善公益资金救助了大量生活贫困的个人和家庭，扶持了各种科学研究、学术机构、艺术团体，赞助了一些在变革中艰难挣扎的社会，

---

① ［美］莱斯特·M. 萨拉蒙：《全球公民社会——非营利部门视界》，贾西津、魏玉等译，社会科学文献出版社 2002 年版，第18 页。

起到为人类谋利造福的作用。

（二）基金会在慈善公益募捐领域居于主角发展地位，劝募的数额也一直在创新高

以美国为例，美国大大小小的基金会十万多家，其中家族基金会有八万多个。尤其是家族基金会在美国有悠久历史，不仅有摩根、洛克菲勒、卡内基、梅隆等管理和传承家族资产成立的家族办公室，还有近年来规模巨大的比尔盖茨家族、巴菲特家族的基金会。从卡内基到洛克菲勒，从福特到凯洛格，从索罗斯到比尔·盖茨与梅琳达……这些家族基金会推动着20世纪以来的美国社会改良，同时在世界各个角落发挥着影响。我们耳熟能详的靠传统石化能源起家的洛克菲勒家族就建有十多个基金会。当前，"美国以公司企业名义设立的基金会只占3%，私人和家庭出资建立的家族基金会占90%以上"[①]。这些家族基金会的募捐、获捐赠的数额也一直创出新高。"从当年的卡内基一生捐出的超过3.5亿美元，去世后他最后的3000万美元也捐赠给基金会、慈善机构和领取退休金的老人。到2008年6月，世界首富比尔·盖茨把自己的580亿美元财产，全数捐给比尔及梅琳达·盖茨基金会（Bill & Miranda Gates Foundation）。这是美国历史上最大的一笔捐款。而在2006年股神巴菲特旗下的投资公司Berkshire Hathaway宣布向盖茨及其妻子名下的慈善基金会捐款价值300亿美元的股票，巴菲特还承诺将在有生之年捐出其85%（身价预计在440亿美元左右）的个人财富。"[②] 盖茨基金会因其强大的募款能力，已经成为美国也是世界规模最大的慈善基金会。

（三）募捐事业发展与慈善资金运用的模式与形式不断推陈出新

近年来社会企业风行，商业与公益的联姻，草根型、小而美的公益组织借助互联网的云数据、信息分享、扁平化的众筹等元素而使小型公益项目发挥了社会发展黏合剂的作用。这种微公益、小慈善项目迎来新的"充满参与感，既有趣味性又有便捷性"的利用新技术、新媒体吸引更多公众关注公益、投身公益的时代。比如，以互联网为召集方式而开展的公益越野骑行和徒步的运动同时进行的筹款被越来越多的社会公

---

① 王振耀：《现代慈善的十大基本理念》，《当代社科视野》2011年第6期。

② 徐永光：《家族基金会：私人财富的最好归宿》，《新华日报》2012年9月27日第4版。

益筹款组织采用，甚至更加新颖、奇特的形式也在不断出现。首先流行于美国、之后在整个 2014 年风靡全球的带动公益众筹的"冰桶挑战赛"①，通过名人诸如比尔·盖茨、扎克伯格、贝索斯、库克等科技大佬亲身受到"一桶冰水当头倒下"的洗礼并将视频上传到网络，冰桶挑战赛风靡全球，成为一种身体力行慈善募捐的新风尚。"冰桶挑战赛"也迅速传播到中国等发展中国家，比如 360 董事长周鸿祎、华为荣耀业务部总裁刘江峰、真格基金的徐小平、魅族的黄章及腾讯的马化腾等多数身体力行的募捐挑战者不仅上传"被浇冰水"视频，而且向国内罕见病公益组织捐款。除了富人、成功人士的慈善，目前风行于互联网和特定圈子的小额公益众筹也成为普通民众参与慈善的重要形式②。冰桶挑战赛的名人的"蝴蝶效应"与社会公众共同参与的全民慈善公益筹款，成为新时期依托互联网撬动社会公益、凝聚社会零散公益资源的新杠杆，也让慈善公益组织的募款活动摆脱了时空的限制，成为迅速聚集善财并进行策略性施予、实现特定公益宗旨和目标的重要途径。

全球公益事业的全面渗透与深度发展，尤其是大额劝募、巨额捐赠、全民公益众筹、全球联动、互联网募款等新机遇、新挑战的同时涌现，对政府监管者以及社会参与者而言，已经不再仅仅限于对公益慈善出发点的伦理解释了：比如佛教教义中的"普度众生"，儒家思想中的"仁者天下"，道家思想中的"赏善罚恶，善恶报应"，基督教伦理教义强调的人与人之间"应爱人如己"，以及伊斯兰教中的"则卡特"（Zakat）"天课"要求信徒向各种弱势群体施以援手。

就西方学者看来，慈善公益组织的募、捐、用是社会有机联合、形成社会发展第三推动力的重要动力。慈善公益事业的发展定位也不仅仅是为贫困者提供小额施舍，而更大的意义在致力于能带来持久而根本性

---

① 冰桶挑战赛是 ALS 协会［专门救助患有肌肉萎缩性侧索硬化症（ALS），俗称"瓷娃娃"的慈善公益组织］发起的一个全球公益筹款项目。该公益筹款项目活动的规则是：被邀请者要么在 24 小时内接受"一桶冰水当头倒下"的挑战，要么选择向 ALS 协会捐款 100 美元。"冰桶挑战赛"募捐项目因为形式新颖而得到全球的普遍关注，并取得了良好的筹款效果。

② 小额公益众筹不仅表现为传统的募捐者摆募捐箱，做宣讲，捐赠者依次捐款，而且还有募捐者采用爱心包裹、跑步、徒步、越野、剃光头、开车搭讪路人、慈善公益商店购买虚拟产品、网络社区或微博互动、互联网圈内支付红包等一系列新颖且不乏时尚的小额筹款。

有效的寻求公正、再分配功能的社会干预。比如，社会学家迪尔凯姆指出，社会人的组织化是依据人的社会属性对人的个人利益与共同利益的双重肯定。西方传统社会的团结类型是基于人的相似性而形成的。而现代社会的团结类型则是基于人与人之间的相互依赖而形成的有机团结。现代慈善公益组织正是这种基于横向整合的契约性联合的组织载体，它们是各种非政府组织（NGO）和营利或非营利组织（NPO）的总称，又被称为"第三部门"。以第三部门推动全球慈善公益事业的发展是人类社会文明进步的象征。而美国的莱斯特·塞拉蒙教授在"第三域的兴起中进行了第三部门的第三话语的推导"①，慈善公益组织的慈善募捐及服务支出能够在个人、经济组织乃至政府之间形成联动并发生乘数效应。根据西方学者的统计："美国的公益慈善组织每向社会提供1美元的公益支出，就能带来商业领域乘数效应为1.83的大致为83美分的间接支出。而在西德公益支出的乘数效应是1.43。"② 由此可见，西方慈善话语下的第三域是基于慈善公益之爱的法则的财富分配，能在一定程度上弥补市场法则、政府法则之不足，以此形成社会发展的第三动力，因此也备受理论和实务界关注。

二 国内社会慈善的兴起

新中国成立后在一定历史时期受革命思维和政治情绪的影响，对慈善的认识有一定的片面性。对于"慈善事业"词条的解释，乃至在1993年版的《中国大百科全书》的说明仍然带有浓重的宗教和迷信色彩：慈善目的是做好事求善报……它只是对少数人的一种暂时的、消极的救济。而在20世纪90年代，在世界公益慈善浪潮涌动的大背景下，中国的慈善事业或是被动融入、或是主动契合，开始逐渐恢复并与国际社会的对话和交流。

随之，中国式"发展之困"也开始显现，对具有社会互助、改善人口和社会福祉功能的慈善公益事业发展具有内在需求。中国发展之困

---

① 徐宇珊、莱斯特·M. 萨拉蒙、S. 沃加斯·索科洛斯基：《全球公民社会：非营利部门国际指数》，《公共管理评论》2008年第1期。

② HK Anheier, G Rudney, "An Input – output Analysis of The Nonprofit Sector In The USA and Germany", *Annals of Public & Cooperative Economics*, Vol. 69, No. 1, 1998, pp. 5 – 31.

与社会慈善的对接主要在以下两大方面：

其一，在人口初始贫困方面，人群分化的加剧。自改革开放以来特别是以 20 世纪 90 年代以来，"公共资源的社会配置在追求效率和速度的同时在很大程度上忽视了人的公平，贫富分化、地区差别、城乡差别在拉大，乡村农民之间的贫富差距急剧拉大"①。"城镇家庭最高 20% 收入户与最低 20% 收入户年人均收入差距，动辄达到十倍乃至二十倍。"② "基尼系数各年都超过了 0.4，最高时有的学者认为达到了 0.59。"③ 改革开放进行中被"发展的车轮"抛弃、碾压的社会弱势群体面临饥饿、疾病、教育等实际困难和问题。弱势群体的"现实性的烦躁"和"预期性的焦虑"，降低了社会安全指数。贫困者、社会弱势者需要帮扶，单凭政府"独木难支"。

其二，在人居环境方面，生态恶化的挑战加强。环境公益需要超越个人进行社会化推进，生态退化严重，雾霾、水污染、土壤污染、垃圾围城、垃圾围乡产生巨大的社会矫治型需求。甚至西方世界有观点认为中国式的"综合征"，有可能危及世界的安全。中国近代史上工业现代化初级发展的生态环境代价巨大，土壤污染、水资源污染、大气污染以及荒漠化、沙漠化等自然生态退化非常严重。在这类具有大规模侵权人、又人人都是受害者的环境污染威胁面前，生态公民以及生态公民组织化的环境公益行动为"寂静的春天"警思提供了社会沟通模式和政社合作模式的转变契机。面对农村人口扶贫救助、城市最低生活保障以及自然灾害的灾民救助、残疾人等社会弱势群体帮助，政府精力和财力均有限的同时面临职能转换，需要依靠民间组织经常性地参与解决一部分环境公益、公利问题。

由此，社会开始办慈善，政府也开始发展培育慈善、公益组织。一批官办民助的慈善机构开始设立，比如 1993 年 1 月全国第一家地方性慈善组织——吉林省慈善总会成立。1994 年 4 月中华慈善总会

---

① 朱光磊：《中国的贫富差距与政府控制》，上海三联书店 2002 年版，第 141 页。

② 李培林、李强、孙立平：《中国社会分层》，社会科学文献出版社 2004 年版，第 94 页。

③ 何清涟：《现代化的陷阱——当代中国的经济社会问题》，今日中国出版社 1998 年版，第 236 页。

在北京成立。1994 年第一家佛教慈善组织厦门南普陀寺慈善事业基金会也正式成立。这些官办或者宗教类慈善公益组织在贫困救济、灾害救助、医疗救助、教育救助、扶老助残等领域发挥着积极作用。

民政部在 1998 年 6 月将对第三部门及非政府非营利事业进行行业管理的"社团管理司"更名为"民间组织管理局"①。慈善公益类"民间组织"不再被视为与"政府"对立的异端而当作一个政治上敏感的词汇,而是接受并承认其合法性,由民间组织管理局进行规范化行政管理。到 1998 年夏秋之间,长江、嫩江、松花江流域发生特大洪涝自然灾害,公益组织的作用和功能得以显性化,社会捐赠、社会力量在我国救灾赈济领域崭露头角。慈善也开始在实践中进行转型,慈善一词逐渐被用来指称民间社会(包括个人、企业、团体)的利他美德、善行、善举和义举。

进入 21 世纪之后,慈善事业突飞猛进,慈善公益组织的数量和质量也在探索中得以稳步提升:"2012 年全国共有县级以上各类慈善会1923 家,乡镇和村一级的慈善会总数超过 2000 家。2013 年上半年全国社会团体已突破 50 万个,已有超过 3500 家基金会。到了 2015 年 3 月全国共有社会组织 61.3 万个,其中基金会 4190 个,社会团体 31.2 万个,民办非企业单位(社会服务机构)29.7 万个,同比增长了 10.9%。在慈善组织的信度与效度方面,2014 年获得评估等级的全国性社会组织有 116 家,其中 99 家(占 85%)的评估登记为 3A 以上,所获 3A 以上等级的达到 2007 年以来最高值。"② 慈善公益组织尤其是民间慈善机构在数量大量增加、信度效度提高的同时,有品牌示范效应的慈善机构的募款能力也不断提升,具有社会影响力人士以及明星群体充分发挥社

---

① 2016 年 8 月为了回应近年来我国社会组织发展的强劲势头,同时与国家层面促进社会组织健康有序发展的要求相一致,民政部的民间组织管理局(民间组织执法监察局)又更名为"社会组织管理局(社会组织执法监察局)"。"民间组织管理局"更名为"社会组织管理局"是以实际行动,推进中共中央办公厅、国务院办公厅《关于改革社会组织管理制度促进社会组织健康有序发展的意见》的重要社会治理改革。

② 徐家良、廖鸿主编:《中国社会组织评估发展报告(2015)》,社会科学文献出版社2015 年版,第 113 页。

会影响力和粉丝号召力，参与慈善募捐活动①。

在社会组织数量大量增加的同时，慈善募捐组织的公益资金运用效率得到改善，社会公众捐款捐物的捐赠意愿也在逐年提高：2007 年我国慈善捐赠规模为 300 多亿。2008 年在汶川大地震等自然灾害面前，慈善募捐成为全民关注的焦点。2008 年和 2010 年慈善捐赠总量均超过千亿元大关。2011 年"郭美美"等事件虽然部分影响了公众对官办慈善组织的捐赠热情，但对民间草根组织的小额捐赠以及对私募基金会的大额捐赠常态化。"2012 年度民营企业贡献了超过 200 笔千万元以上捐款。多家高校基金会年度募款超过亿元。壹基金 2013 年的雅安地震项目就接收捐款超过 3.17 亿元，捐赠人次超过 490 万。2014 年社会捐赠总量达到 1046 亿元，慈善会系统募捐款物 426 亿，基金会系统募捐总额 420 亿元。"② 此外，社会捐赠中的企业家群体慈善意识也全面觉醒，大额捐赠不断创出新高③。

另一方面，网络微公益迅速崛起，极大地创新了公众公共参与模式。平民慈善，网络公益迅速崛起④。2009 年起草根社会组织越来越被关注。"公益逐渐大众化、平民化，全新的全民公益时代正在孕育

---

① 2006 年李亚鹏、王菲倡导发起，在中国红十字基金会下设立的专项公益基金嫣然天使基金正式启动，救助贫困家庭的唇腭裂儿童。李亚鹏还成立书院中国文化发展基金会，秉承"复活生活中的传统文化，复兴传统文化的影响力"宗旨，以"雅道统的梳理、雅文化的传播、雅生活的推动"为方向，致力于传统创新和文化传承，使书院文化得以创新发展；2007 年李连杰与中国红十字总会合作，成立"中国红十字会李连杰壹基金计划"，"壹基金"频频出现在重大灾难救援之中。2011 壹基金落户深圳，转型成为中国第一个有公募资格的民间公益组织。

② 杨团主编：《慈善蓝皮书：中国慈善发展报告（2015）》，社会科学文献出版社 2015 年版，第 70 页。

③ 2014 年 4 月 25 日，阿里巴巴两位创始人马云和蔡崇信宣布成立个人公益信托基金。该基金来源于两人在阿里巴巴集团拥有的期权，总体规模为阿里集团总股本的 2%，按其时股价计算，捐赠金额达 245 亿元，成为我国有史以来最大单笔捐赠。2014 年 6 月，王健林承诺万达上市后，他将捐出 90% 的个人财富，成立王健林基金会，基金会的资产规模将达数千亿元量级。中国善商也开始引领捐赠潮流。

④ 从"铅笔换校舍"到"天涯网友盖一楼，为玉树捐一元"，从茶缸网的"写一篇微博捐一粒米"到姚晨的"一个粉丝一毛钱"，再到崔永元的"一起救计划"每人每年捐 179 元。微公益让普通人从围观者变成参与者，每个个人做一点点力所能及的公益，小亦无敌，形成人人皆公益的社会氛围。

中。"① 尤其是微信、微博和互联网的发展呈燎原之势。腾讯公益和支付宝搭建起千万级捐赠平台，释放公众慈善潜力。2012 年起，我国网络捐赠得到蓬勃发展。以"免费午餐"为代表的网络微公益，依托平民英雄，借助互联网、微信平台发动小额募捐，动员普通民众参与到公益财物的募、捐、用当中来。据阿里巴巴社会责任部公布的数据显示，截至 2012 年年底，淘宝公益平台上共有 224 家公益网店，数量较年初的 101 家增加一倍多。这些公益网店 2012 年共筹集善款 2567 万元，较 2011 年增加 1067 万元，其中"免费午餐"公益店凭借自身在公众中广泛的认可度，全年通过天猫网店筹款就超过 570 万元。2013 年捐赠规模超过 3 亿元，主要的网络捐赠平台有腾讯公益（有 116 万用户参与捐赠）、新浪微公益（超过 200 万爱心网友有直接的微公益行为）、阿里巴巴支付宝 E 公益（捐款人次更是超过 1 亿）、易宝公益圈，等等②。越来越多的社会公众选择门槛低、负担轻、捐赠方式更加多样化、任何人都可以参与进来的创新性和体验性都很强的网络募捐当中。值得关注的是，中国慈善事业也开始走向世界。民营企业和个人进入海外捐赠领域。比如 2014 年 7 月 SOHO 中国助学金成立，计划捐助 1 亿美元，用于资助在世界一流大学攻读本科课程的中国学生。第一笔 1500 万美元已经捐赠给哈佛大学。中国"参与全球公民社会运动，在全球治理中的作用日益增大。倡导透明、平等、民主、公正的全球治理，是中国在国际社会的道义责任之所在"③。中国在全球公益慈善资源分配与治理中发挥积极作用，开始承担更多的责任。

综上，从慈善募捐发展的整体态势来看，具有先天募款资格优势的基金会作为募捐社会组织已经成为我国当前募集和吸纳慈善捐款的主力军。其中公募之外的私募式的家族基金会作为重要的慈善新生力量，近

---

① 董鸿乐：《微公益与现代传播的辩证关系》，《新华日报》2012 年 9 月 27 日第 4 版。
② 根据民政部主管的中民慈善捐助信息中心发布的《2012、2013 年度中国慈善捐助报告》，清华大学公共管理学院发布的《中国基金会透明度发展研究报告（2014）》，以及北京师范大学中国公益研究院网站、基金会中心网数据统计。
③ 俞可平：《全球善治与中国的作用》，《学习时报》2012 年 12 月 11 日第 3 版。

年来成为企业家群体办慈善的首要选择①。同时，在新慈善崛起、公益转型的背景下，我国原有的官方慈善机构主动寻求公益转型。红十字会、慈善总会系统的官方公益募捐与民间慈善公益募捐资金链并存发展的雏形已经初步形成：一方面，公益行业内部支持机构，如新型劝募平台等不断成熟，现代慈善公益产业链形成的各个关键节点已被打通。另一方面，社会组织发展的外部支持环境，如第三方评级机构和行业对外交流平台等也日益完善。慈善公益类社会组织的蓬勃兴起，成为"构造自主协商性社会秩序生成机制的主导力量，促进了由单向管理向双向合作的转型，也促进了由消极被动向主动参与的转型，搭建了公益组织社会运作的塑造平台"②。提升对社会组织服务和管理的效能，保障和促进社会组织健康有序发展，是中国社会领域改革的新时代需求。

当代中国兴起的"新慈善的实用价值和外部性功能得以显现"③ 的大背景下，现代慈善的募、捐、用，具有把现代慈善事业与传统旧式善举区别开来的标志意义。现代新慈善体现了新的历史条件下慈善公益精神的演进，展现出与传统慈善不同的时代特点。

（一）传统慈善主"心"，现代慈善主"行"

传统慈善是人们在内在知识境界和道德良心驱使下的外在利他行为，外部社会强制、宣传动员不是其决定性因素。传统慈善观认为如果受外部因素制约，有了除慈善之外的其他企图，那就不是真慈善而是假慈善。唐代孔颖达在注解《左传·文公十八年》中的"宣慈惠和"四字之时指出："慈者，爱出于心，恩被于物也。"做慈善侧重的是一种普世价值观。也就是说传统慈善不仅仅是捐款捐物，提供物资帮助的问题，也不仅仅是为了使被帮助对象、受益人摆脱生活困境获得发展权利

---

① 我国家族基金会有代表性的有 2009 年 2 月曹德旺先生宣布将用曹氏家族持有福耀玻璃股份的 70% 成立"河仁基金会"。2011 年 5 月 5 日曹德旺先生与其妻子陈凤英女士，正式宣布向河仁慈善基金会捐赠所持福耀集团 3 亿股股权，总价值 35.49 亿元人民币，成为中国资产规模最大的慈善公益私募基金会。又如 2004 年 12 月牛根生先生发起成立的老牛基金会。2005 年 1 月牛根生与其家人宣布全部捐赠持有的蒙牛乳业股份，并约定在牛根生有生之年，将股份红利所得的 51% 亦捐赠给老牛基金会。

② 苗梅华：《民间组织的兴起与当代社会秩序转型》，《社会科学研究》2010 年第 3 期。

③ 刘威：《重新为慈善正名——写在〈人民日报〉社论"为慈善正名"发表二十周年之际》，《浙江社会科学》2014 年第 9 期。

的问题，而是慈善行动者对生命价值的敬畏、对弱者生命价值的尊重。慈善义举是无偿的真心付出，体现的是普世的无价的、至上的价值观，如要求回报、感恩，甚至谋求私利，都是与慈善宗旨相违背的，反而会亵渎慈善的崇高本质。而当代慈善观则以外观主义的慈善公益行为来评判，不用推知公益行动者的内心的善良大德。也即现代新慈善具有外在性，其强调外观主义，旨在对活动目的的交代，而传统慈善则"具有内在性，其旨在对行为性质的说明和导致本人内心的安宁"①。

（二）传统慈善强调以己济人的"个人性"，现代慈善更多遵从"公共性"

传统的慈善讲求从自己的身边向外扩展，即这种慈善之举始于个体帮助他人的关爱及使命感的冲动。西方慈善文化里有首先"慈善从自己的家开始"（Charity begins at home），然后惠及亲近、圈子里"朋友"（Friends），继而推广到不特定、无直接利害关系的"陌生人"（Strangers）的说法。因此也就经常以一系列有时为、有时不为的实现简单施予目标的关系和安排而告终。而现代慈善则可以不强调以"己"为圆心推开爱心，而是遵从公益目的，履行现代慈善公益宗旨。简言之，就是一个没有照顾好自己孩子的母亲也可以做现代慈善公益去关爱别人的孩子。她不可谓之传统的"慈"，但她体现了现代慈善公益的"陌生人之间的真情"。因此，从语词词义上说，传统慈善"更强调慈善行为主体内心所具有的善良、仁慈之心及其以此为基础而实施的救助和施舍行动"②。新慈善更加侧重于强调慈善公益实施者对其他不特定主体带来帮助、好处，新慈善的受益对象具有广泛性，新慈善的内容也具有公共性，其内部的资源及权力是分散、制衡且稳定的。因此现代慈善"将捐赠者们的个人化表达愿望转化为满足公共需求的公共行动，是个人兴趣与公共需求的重叠，因此她既有私人功能更有公共功能"③。

---

① 蔡磊：《公益信托法律制度研究》，法律出版社 2008 年版，第 66—67 页。

② 杨道波、王旭芳：《公益性社会组织的法律定位思考》，《理论探索》2009 年第 5 期。

③ ［美］弗朗金：《策略性施予的本质：捐赠者与募捐者实用指南》，谭宏凯译，中国劳动社会保障出版社 2013 年版，第 9 页。

（三）传统慈善侧重"以慈行善"，现代慈善注重慈济的"专业规范"

传统慈善组织体现和流露人类的爱，作为一种行动表现为利他的奉献，即"以慈行善"，因此传统慈善的关照范围和关照对象更为多地表现为对人尤其是人群中的弱者、贫困者。传统慈善观下，救助弱者都是慈善活动的主要方式。这类救助弱者的小额施与受的善举缺乏专业化，也没有职业化。而现代慈善公益性活动的领域更加广泛，甚至成为一种职业，内容涉及环境保护、文化教育、医疗卫生、灾难救助、各种创新性科学研究、宗教、考古等更加细分领域中的更具体公益项目。也就是说现代慈善突破了慈善对象仅限于"人"的范畴，而且更多涉及社会福利、环保生态等"物"的领域，成为一项社会事业以及吸纳社会就业的社会产业。不论是给予财富还是付出劳动，现代慈善的形式更加多样化，慈善公益推进过程中"有力的出力（志愿者），有钱的出钱（捐赠）"是现代慈善的当然内容。现代慈善公益不仅有特定的宗旨和目的，而且具有专业性和规范性，体现为对该特定慈善公益宗旨下个体或组织以及服务对象的利益的关照。比如，医疗救助中对某一特定、罕见病"瓷娃娃"的关注与救助组织。此外，现代慈善公益组织往往具有跨越其设立地，进行跨地域范围和人际范围进行特定细分慈善资源收集以及专业公益输出的特点。而且现代慈善组织活动方式除了救助、施与之外，还包括刺激人们的自立，更多的其他支持和服务尤其是被帮助者的行动能力的恢复方面。卡内基总结新慈善的精神气质是"使社会公众收益的最好方式是在人们力所能及的范围内放一个梯子，让那些能够被刺激自助的人能够攀援而上"①。因此，现代慈善面临的问题更复杂，解决问题的难度更大，甚至需要有更复杂的财会制度、更精细化的减税免税的针对性安排，更专业化地对其筹款、拨款项目的组织评估，甚至有一套管理有效且信誉良好的内部治理机制。现代慈善组织以行为的"专业规范"，保证其有效性和可说明性。

总之，当代中国慈善的复兴，应当与现代慈善的特点接轨。当前基

---

① ［美］弗朗金：《策略性施予的本质：捐赠者与募捐者实用指南》，谭宏凯译，中国劳动社会保障出版社 2013 年版，第 7 页。

于现代慈善的"新慈善"从政府主导到民声涌动，以此为基汇聚而成的"慈善风暴"，成为中华民族复兴的文化符号。从发展战略高度来看，新慈善是社会深度转型期以及经济新常态下的"第三次分配革命"转型机遇。当然，中国慈善文化现代性，以及"新慈善"也只是一个相对概念。因为新从旧出，旧是新之基础。中国文化从古（古代）迈向今（现代）的发展与转型，在西方是指"从 antiquitas（古典）面向 modern（现代）的发展和演进。东西方的现代性和现代化体现的是持续进步的、合目的性的传统连续与发展断裂并行的过程"①。

　　由此，不宜把慈善的现代性与传统性、新与旧当作两个完全割裂、对立的文化标志。现代慈善的活动更多地展现为行为的外在性、公共性和专业规范性，这体现了现代慈善"新"的特点。而另一方面大量、常态化的慈善公益活动，也出现了局部的、个案式的"慈善危机"，即慈善行为的非公共性和不规范性这些旧问题，比如在慈善募捐当中违法违规擅自开展募捐，借募捐之名行诈骗之实。尤其是极端、个案的慈善丑闻所涉及的慈善财产"跑、冒、滴、漏"问题在全民关注的环境下的发酵。比如，中国红十字会因"郭美美事件"陷入信任危机，成都红十字会在汶川地震后设立的募捐箱中的善款因多年未取导致箱内纸币长出白毛，还有上海"红十字会万元餐""河南宋基会事件"、各地慈善协会所募集资金被挪用和滥用事件等，让社会质疑监管的同时呼唤规则。

　　其实，慈善组织在善财募、捐、用方面国家与社会、政府与社会组织以及募捐组织自身"贫血症""败血症"及其"并发症"的出现，往往具有深层次的制度性背景，诸如慈善募捐本身定位的模糊、制度的疏阔、社会收入分配的不公乃至政府缺乏足够的精细化募捐监管，这些都能透过慈善募捐所传递的"病灶"信息直接或者间接地反映出来，这些也是基于中国新慈善发展的悖论之体现。因此，中国新慈善需要有系统的募、捐、用制度来巩固和塑造。作为应对性研究，系统且深入的慈善募捐领域内制度形式与制度内容的规范性研究必不可少。

---

① 冯天瑜：《中国文化生成史》（上），武汉大学出版社 2013 年版，第 14 页。

三　选题范围与视角:《慈善法》背景下募捐制度整合与规则体系完善

(一) 选题范围

现代慈善成为国内外共同关注的热点话题,涉及的内容十分广泛,包含慈善组织、慈善募捐、慈善捐赠、慈善基金、慈善信托、慈善志愿服务、慈善监管 (登记、备案与许可)、慈善免税、慈善商业化等诸多方面。为了防止题目过于宽泛,本书在导论部分首先从语词界定方面限定了本选题的研究范围——慈善话题下的 "慈善募捐",并将对策研究的时空区间设定在中国当代。因为 2014 年 2 月国务院批转了发展改革委等部门《关于深化收入分配制度改革的若干意见》,其中包括大力发展社会慈善事业,改善收入分配机制的内容。从社会第三次分配和收入分配体制改革的战略高度,研究、审视当前中国的慈善募捐制度,不仅能够应和国际慈善公益事业大发展及募捐深度转型的大潮流,而且也能回应中国在利益分化与利益整合并存的新常态下的 "时代性" 课题——社会慈善资源的募、捐、用。社会组织的筹资渠道有政府资助、募捐所得、会费收入、服务收费、外国援助、发行彩票等方式,本书对"善财流" 只选择其中的 "慈善募捐" (不支付对价从社会募集慈善资源) 作为切入点,跳出纯慈善宏观叙事的窠臼,以慈善募、捐、用的资金链 "一滴水折射出大海",对现代慈善话题下的募捐用制度框架与慈善募捐制度预期进行系统梳理和反思。

现代慈善话题的研究范围及本书所处的研究层面,如图 1 - 1 所示。

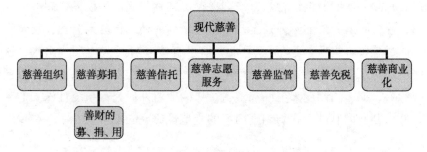

图 1 - 1　现代慈善研究范围示意图

（二）研究视角

明确研究范围和层面的基础上，进一步确定研究的视角，才能进行有限、有效且有价值的研究。对当代中国"慈善募捐"（善财的募、捐、用）的研究可以从不同视角来切入。择要而论，可以从社会学角度对募捐组织、捐赠者以及受益人关系进行研究，分析行动者背后的利己主义、利他主义以及社会交换理论，可以从政治学角度对募捐的公民政治属性进行国家支配社会、政府控制社会组织的体制机制要素进行研究，还可以从管理学的角度对捐赠者、募捐者的策略性施予进行最佳管理效能的规划与要素分析。本书的研究视角与上述社会学、政治学、管理学的理论关注及研究范式有别，是从法学的角度，研究慈善募捐的制度规范逻辑。

法学是一门规范学，是以规则为出发点，通过制度分配权利与义务，又以规则研究社会关系以及社会组织体和个人的共同行为准则。制度的系统性、科学性、规范性是法规范学的落脚点。制度主义学派认为，制度是普遍遵守的行为准则。"制度化的规则明显区别于柔性的道德契约，是主导性的类别系统（classification），这些制度化的规则以及规范体系把社会建构成不断重复的类型（typifications）或解释。"① 慈善募捐组织是拥有公益慈善价值、宗旨和目标的实体。其成员也不是偶合人群，而是具有共同价值观和迎合共同行为规范的共同体。由此，在涉及公共生活、面向不特定对象进行慈善资源收集、分配的募捐共同体（组织和成员）的行为合法性是给定的，需要有主导性的类别系统来建构成不断重复的募捐行为规则。由此，在制度主义视角下，当代中国的慈善募捐需要有系统的制度来进行巩固和塑造。

郑功成先生对当代中国新慈善进行总结时指出："中国当代慈善是一项宏伟的公共道德事业，非个人善行，是有组织、规则、规模，有明确责任义务的公益慈善活动。"② 慈善现代化的发展依靠的是规则、制度的理性化和系统化。中国现代慈善的"组织发达优于个人单干""强制度化和弱道德化"的新慈善精神和理念，需要在慈善募、捐、用制度

---

① ［美］约翰·迈耶、布莱恩·罗恩：《制度化的组织：作为神话和仪式的正式结构》，载张永宏主编《组织社会学的新制度主义学派》，上海人民出版社2007年版，第3页。

② 郑功成：《当代中国慈善事业》，人民出版社2010年版，第29页。

与规则的固化和明确化过程中得以贯彻和落实。现代社会正式的慈善组织结构和慈善组织募捐行为是在高度制度化的背景中产生的。因此理性化的制度要素安排，会推动慈善组织正式结构的兴起和慈善募捐行为的规范化。这是理性化制度安排的影响力（见图1–2）。在一定意义上讲，慈善募捐制度是联结我国当代改革开放所创造的慈善物质文明和慈善精神文明的中间环节，是当代中国社会慈善文明结构中的关键部位，更是慈善法调整的重点领域。

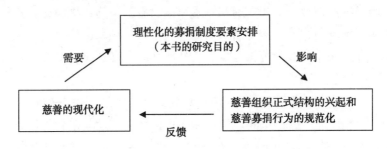

图1–2　理性化的制度安排的影响力和重要性示意图

2016 年的《慈善法》作为中国慈善事业的基本法，通过 107 条规定设定了一个慈善组织正式结构和慈善组织行为遵照国家赋予的价值目的行事的基本法律框架。《慈善法》的出台，对于中国当代慈善的"组织发达""强制度化"具有固化、明确和推进意义。该法作为我国慈善事业的母法，以"规范慈善活动，兼顾捐赠人、受益人、志愿者以及慈善组织自身合法权益，发展慈善事业"为基本原则，对慈善组织、慈善募捐、慈善捐赠、慈善财产、慈善信托、慈善信息公开、慈善监管以及慈善责任方面提供了一个基本，母法意义上的制度范本。

但《慈善法》对于慈善募捐的规定只有 11 条，仅仅对慈善募捐的公开募捐以及非公开募捐的方式、资格、募捐证书验证以及不得强制募捐和假冒募捐进行了原则性规定，奠定了中国慈善募捐制度发展的方向。《慈善法》中的这些开放式的慈善募捐制度要素还不够精细，需要相关的子法和下位法的支撑，尤其是募捐过程中的流程、步骤、方法上的具体权利义务安排还涉及不够。慈善募捐相关配套立法尤其是募捐单行立法的体例、募捐复合监管的体制、基金会管理的相关制度和规定，还需要进一步的优化和修改。中央和地方关于募捐的现行相关规定与

《慈善法》原则不一致的，还要废止。也就是说，《慈善法》已经出台的背景下，慈善募捐领域内制度的整合和系统性研究，亟待拓展和深入。

因此，本研究将以"制度整合与规则体系完善"为研究视角，探讨作为规范事实的中国慈善募捐的发展脉络，系统梳理当代中国中央与地方层面慈善募捐相关的政策法规，兼顾纵向的历史比较和横向的国别、地区比较，分析我国慈善募捐自身定位及外部监管中"国家权力与社会权力""民政监管部门与慈善组织"的涉及个人与群体、群体与组织、组织与组织关系中的动态不均衡及制度运行困境，并吸收借鉴民国时期《统一募捐运动办法》和当代同时期海外慈善募捐制度发展的经验基础上，探索我国慈善募捐制度的理性安排，提出中国慈善募捐制度整合与体系完善的对策，实现慈善募捐制度的条理化、标准化、科学化和稳定化。

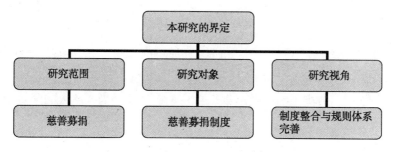

图 1-3　本研究范围、对象及视角示意图

第三节　研究综述与留存问题

一　国内外主要文献分析

募捐既是老问题，也是新议题。宋代以后的"义仓""义社""合会""善会"等是历史上较为常见的民间互助慈善机构。明清时期地方慈善团体、机构对于财物的募、捐、用普遍存在于民间自治规则中。新中国成立后一段历史时期传统社团组织、慈善机构被革命和政治涤荡，国家对社会的控制"一竿子插到底"，直接面对个人。社会中间层没有

政治也没有经济上的存在空间，慈善募捐尤其是民间慈善募捐被禁止。社会资源分配主要依靠政府和单位。对于募捐的研究文献也几乎是空白。20世纪90年代之后在中国新慈善兴起的浪潮推动下，募捐及募捐制度规范才作为一个"新议题"进入研究视野。

（一）国内关于募捐及其制度的核心文献分析

前文指出新中国的慈善募捐在较长一段时期内仅仅是一个学理上的描述性概念。正因如此，始于90年代的在对募捐进行研究的主题词表达上呈现出多种表达方式并存的局面。以现有的本书所涉及的关于募捐的核心文献分析，至少有三种表达方式：一是社会募捐，二是公益募捐，三是慈善募捐。而且通过作者对20年来募捐研究的文献的对比，发现学界对募捐的理解和认识，经历了从"社会募捐"到"公益募捐"再到"慈善募捐"的演进过程。

较早的研究认为："社会募捐是指为了社会公益事业或救助灾难等特定目的，而由一定的人或机构发起劝募，捐助人无偿捐助款物的活动。"[①] 最早是1994年徐冀鲁在对俄罗斯慈善法草案进行简介的基础上在《现代法学》发表《中国社会募捐也应有一定的法律规范》的文章。2006年具有典型研究意义并对《上海募捐条例》出台起到推动作用的成果：刘平、方国平为课题组组长，刘莹、王天品为执笔人的《社会募捐管理制度立法研究》[②] 一文，认为社会募捐体现为四个特点：一是募捐的目的应当是开展公益事业而筹集资金，二是主要是指公募行为，三是面向社会不特定多数人进行的募捐，四是主要是对钱款和物品的募集。此外还有冷传莉在《中外法学》2006年第2期发表的《社会募捐中捐款余额所有权问题探析》一文。朱业明在《人民法院报》发表的《社会募捐善款余额处理》一文，王炳军在《社会募捐行为法律分析——兼谈江苏省善款纠纷第一案》以及如柴振国、潘静《关于社会募捐的法律思考》等论文中，对社会募捐的界定都大同小异地表述为"由募集人以应受捐助情事为号召，向全社会进行普遍通告，以引起社

---

① 肖强：《关于社会募捐的法学思考》，《贵州大学学报》（社会科学版）1999年第4期。

② 刘莹、王天品：《社会募捐管理制度立法研究》，《政府法制研究》2006年第9期。

会公众的关注和同情，进而将这种关注和同情转化为捐助款物的行为"①。侯建星、倪韶红等人 2008 年以上海宝山区为例对社会募捐现状及意向进行调查。曾言在《湖南社会科学》2008 年第 6 期上发表《论社会募捐剩余财产的所有权归属》；2009 年胡加祥在《上海交通大学学报》（哲学社会科学版）上发表《哈佛法学院社会募捐制度研究》，肖强在《贵州大学学报》（社会科学版）上发表《关于社会募捐的法学思考》，郭丽韫、单润泽在《内蒙古大学学报》（哲学社会科学版）上发表《社会募捐的法律性质及纠纷的解决》。对以上成果中关于社会募捐的表述进行归纳，社会募捐一般有三方主体：捐赠人、募集人和受益人。社会募捐的性质是："满足社会公共利益需要的行为。那些为满足公益性事业单位内部需要的募捐，因其既是募集人又是受益人，募集财产使用不具有社会性，并不属于社会募捐行为；社会募捐属于附条件的涉及第三人利益的契约，同时社会募捐还是向社会公开募集财物的行为。那些仅仅针对本机关、团体或者单位员工募集财物的行为，尽管也为了公益事业，但不属于社会募捐行为。"② 由此看来，学界对社会募捐的语词的界定，主要是从国家与社会、政府与民间的二元视角，把官方募捐与社会募捐进行区分而采用"社会募捐"这一词汇，其内核还是"公益""公开"。

鉴于 1999 年 9 月 1 日起实施的《中华人民共和国公益事业捐赠法》中使用"公益捐赠"这一表述，由此正式的文件中也就逐渐放弃了"社会捐赠"这一语词的使用。作为与"社会捐赠"对称的"社会募捐"一词的主题词研究日趋减少。近年来公开发表的只有周贤日的《许可抑或备案：社会募捐的管理路径选择》（《学术研究》2013 年第 1期），周姣娇的《社会募捐剩余财产归属初探》（《法制与社会》2013年第 19 期），张中迅的《美国高校社会募捐实践系统特征及借鉴》（《江苏高教》2015 年第 6 期），但已经不是学术界的主流。

使用"公益募捐"一词进行的主题研究，则基于"公益捐赠"法定概念的对称式学术语词建构，以及"公益"话语在中国勃兴的现实

---

① 柴振国、潘静：《关于社会募捐的法律思考》，《山东警察学院学报》2008 年第 4 期。

② 徐继敏：《社会募捐行为初论》，《行政法学研究》2009 年第 2 期。

背景。比如，秦辉的《政府与企业以外的现代化——中西公益史比较研究》（浙江人民出版社 1999 年），梁治平的《公益法：维权时代法的公共性实践》（《读书》2011 年第 9 期），陈云生的《宪法视野和宪政界域中的公益诉讼》（《法学研究》2006 年第 6 期），刘东华、杨晓雷主编的《公益法律研究》、林莉红主编的《中国公益法论丛》及林莉红、马立群的《作为客观诉讼的行政公益诉讼》（《行政法学研究》2011 年第 4 期）。作为公益法以及公益学术背景的募捐研究也开始增多。关于公益募捐还出现了一本专著《公益募捐法律规制研究》（杨道波、李永军著，中国社会科学出版社 2011 年）。这两位聊城大学的学者围绕公益募捐，还发表了一系列文章：杨道波的《公益募捐法律规制论纲》（《法学论坛》2009 年第 4 期），李永军、杨道波的《我国近代公益募捐事业发展的历史特点》（《广西社会科学》2010 年第 4 期），李永军的《域外公益募捐准入制度考评》（《社团管理研究》2011 年第 9 期），李永军、杨道波的《辛亥革命以来我国公益募捐立法的回顾与反思》（《社团管理研究》2011 年第 10 期），李永军的《改革开放前公益募捐法律规制介评》（《社会保障研究》2011 年第 6 期）以及李永军的《海峡两岸公益募捐立法比较研究》（《社会保障研究》2012 年第 1 期）。这些研究为当代募捐制度建构提供了重要的学术积累，主要涉及历史的梳理、制度的概述和理念的传播。这些成果也是本书的学术起点。

不过募捐毕竟属于民间慈善领域，而不能囊括在无所不包的既涉及公法又涉及私法的"社会公益"的研究领域中。尤其是北大、清华等著名高校的慈善公益及社会组织研究中心对"慈善"话语的拓展和传播，使"募捐"与"慈善"更多地进行研究主题的结合。比如北京大学法学院非营利组织法研究中心（金锦萍团队），中国社会科学院社会政策研究中心（杨团团队），中国人民大学非营利组织研究所（康晓光团队），清华大学 NGO 研究中心（王名团队），清华大学创新与社会责任研究中心（邓国胜、贾西津团队），北京师范大学中国公益研究院（王振耀团队），南都公益基金会（徐永光），中央民族大学基金会研究中心（陈旭清团队，基金会中心网总裁程刚等社会兼职研究员加入），湖南师范大学慈善公益研究中心（周秋光团队），中山大学公益慈善研究院（朱健刚团队），武汉科技大学湖北非营利组织研究中心（陈秀峰团队）以及山东大学社会组织与社会治理研究中心（黄春蕾团队），等等。这些研究机构和研究团队从非营利、非政府、民间、社会的层面以"新慈善、大慈善"角度对中国的慈善公益理论和实践进行全面建构。新慈善与募捐法制研究，也自然而然地在大的国家、社会、民主学术成果和大量相关慈善公益学术文献积累下的，向"慈善募捐"的话语表达靠拢。包括募捐研究先行者杨道波也开始使用"慈善募捐"来替代"公益募捐"进行学术语词的表达。他在 2011 年发表了《我国慈善募捐规制立法的发展、评估与改革》（《广西社会科学》2011 年第 10 期），又在 2013 年发表了《新中国慈善立法的回顾、评估与展望》（《河北法学》2013 年第 5 期）。

通过以上核心文献脉络的分析，理论界对募捐形成三种基本表述：社会募捐—公益募捐—慈善募捐。以这三个主题作为研究的成果，都是基于募捐的民间性、公益性以及公开性进行展开的。三个语词不是冲突的概念，也不是先入为主地认为慈善募捐是公益募捐、社会募捐的二级概念。使用"慈善募捐"是对前期学术积累和中国慈善公益事业向"新慈善、大慈善"转型的必然话语表达。基于此，本书以"慈善募捐"来界定慈善公益组织善财的"募、捐、用"，能够与新《慈善法》的慈善法语境衔接，在学术思想惯性、社会发展背景以及概念本身的正当性之间寻求平衡，具有一定的学术前瞻性，也能与国际慈善话语对接。

（二）国内关于募捐及其制度的相关文献分析

募捐是社会慈善事业研究中的一个子课题。因此慈善法、社会法学研究，乃至社会学、政治学、历史学中关于国家与社会、政府与民间、慈善组织、慈善行为、慈善历史的系列研究成果，都是本书的相关文献，有的还是直接引用文献。

1. 20 世纪 90 年代的主要相关文献

20 世纪 90 年代研究比较著名的有康晓光的《创造希望——中国青少年发展基金会研究》（漓江出版社、广西师范大学出版社 1997 年），孙立平等人的《动员与参与——第三部门募捐机制个案研究》（浙江人民出版社 1999 年），郭于华等人的《事业共同体：第三部门激励机制个案探索》（浙江人民出版社 1999 年），中国科技促进发展研究中心、希望工程效益评估课题组撰写的《捐款是怎么花的——希望工程效益评估报告》（1999 年）；苏力、葛云松、张守文、高丙中的《规制与发展——第三部门的法律环境》（浙江人民出版社 1999 年）。早期涉及民间公益组织、第三部门的国际借鉴与比较研究的有美国学者弗斯顿伯格（Firstonberg，Paul. B.）著、朱进宁等译的《非营利机构的生财之道》（科学出版社 1991 年版），秦辉的《政府与企业以外的现代化——中西公益史比较研究》（浙江人民出版社 1999 年），王绍光的《多元与统一：第三部门国际比较研究》（浙江人民出版社 1999 年）。

2. 2000—2008 年期间的主要文献

2000 年后对于社会公益慈善的研究成果大量增加，有更多的扛鼎之作。比如，资中筠《散财之道——美国现代公益基金会述评》（上海人民出版社 2003 年），加上她之后针对同一主题——美国基金会的两部著作，① 以三部曲的形式力推"社会文化精神为慈善发展的基础"的观点。书中运用大量的数据、资料，较为全面地介绍了美国慈善公益事业历史演变与宏观概貌，把美国基金会的哲学理念和思想动机界定为"散财之道"，对美国的志愿精神、美国精英思想以及"财富的福音"进行了深刻的阐释，并对美国家族基金会、社区基金会以及运作型基金会的发展历史和个案例证。王名的《中国社团改革——从政府选择到社会选择》（社会科学文献出版社 2001 年）以及《非营利组织概论》（中国人民大学出版社 2003 年）对政府与社会的关系、公益产权与基金会的治理进行探讨，阐释了基金会在不同法律体系中的地位，以及建立在公益产权基础上基金会的治理模式和基金会的法律政策环境。还有金锦萍以组织运行视角进行的《非营利法人治理结构研究》（北京大学出版社 2005 年）。

对慈善问题研究的视野更为开阔：其一表现为对中国传统慈善事业的历史梳理，比如有周秋光、曾桂林的《中国慈善简史》（人民出版社 2006 年），王日根的《中国会馆史》（东方出版中心 2007 年），郑学檬的《中国赋役制度史》（上海人民出版社 2000 年）以及蔡勤禹的《民

---

① 资中筠在 2003 年版基础上进行再版、修订的《财富的归宿——美国现代公益基金会述评》（生活·读书·新知三联书店 2011 年）以及《财富的责任与资本主义演变：美国百年公益发展的启示》（上海三联书店 2015 年）。

间组织与灾荒救治——民国华洋义赈会研究》（商务印书馆 2005 年）。其二表现为对慈善组织的国内制度环境研究，比如有俞可平的《中国公民社会成长的制度空间和发展方向》（《中国社会科学》2006 年第 1 期）提出中国的制度环境主要应包括社会组织的定性和定位、组织的成立、登记或注册，对组织的分类及分类监管、控制、引导以及募捐、税收等扶持、激励制度及相关的限制和处罚制度。该文对于私法、私权在社会利益说的影响下需要作出多大程度上的修正进行了考证和论证。这对募与捐过程中的捐赠人财产权在法律上的保护限度以及募捐组织的公益产权的保护限度问题的解决，提供了重要思路。

　　而且在这一段时期，出现了一批国外慈善公益制度的译著。主要是有金锦萍、朱卫国、周虹翻译，美国律师贝奇·布查特·阿德勒等著的《美国慈善法指南》（中国社会科学出版社 2002 年版），对美国非营利目的的慈善组织界定、公共慈善组织的“法定公共慈善机构、依赖捐赠的公共慈善机构以及有免税活动收入的公共慈善机构”三大类划分以及分类管理、私人基金会、慈善机构的商业活动和慈善机构的自我治理，进行了具体阐述。该书较为系统地论述了美国慈善法律体系，对于当时研究和学习美国慈善制度具有重要学术价值；金锦萍、葛云松还编译出版了《外国非营利组织法译汇（一）》（北京大学出版社 2006 年），选取美国、英国、日本、印度、南非、俄罗斯、捷克等国的慈善公益组织登记、管理以及促进法律进行文本上的直接翻译介绍，为我社会组织领域的立法提供了多种选择和借鉴。

　　整体而言，这一时期“非政府组织、非营利组织、NGO、NPO、第三部门”是重要的文献主题词，如邓国胜的《非营利组织评估体系研究》（《中国行政管理》2001 年第 10 期），詹正华的《异质化下的 NPO 及相关税收政策的定位与选择》（《当代财经》2003 年第 11 期），李国梁的《提高我国非营利组织的社会公信度》（《沈阳大学学报》2005 年第 1 期）以及徐旭川的《非营利组织营利行为及其税收政策定位》（《中央财经大学学报》2005 年第 10 期），张守文的《略论对第三部门的税法规制》（《法学评论》2006 年第 6 期）。

　　不过，这一历史时期的研究也更多地是对国外的经验启示的引进与反思，如贾西津的《国外非营利组织管理体制及其对中国的启示》

（《社会科学》2004 年第 4 期）以及《印度非营利组织及其法律制度环境考察报告》（《学会》2007 年第 4 期），田凯的《西方非营利组织理论述评》（《中国行政管理》2003 年第 6 期），周强的《日本非营利性组织发展简史》（《学会》2007 年第 3 期），张建辉的《澳大利亚非营利组织的运行状况及对我们的启示》（《学会》2005 年第 8 期），姚俭建、Janet Colhns 的《美国慈善事业的现状分析：一种比较视角》（《上海交通大学学报》2003 年第 11 期），陈成文、谭娟的《税收政策与慈善事业：美国经验及其启示》（《湖南师范大学社会科学学报》2007 年第 6 期）。

3. 2008 年至今的主要文献

2008 年是中国慈善理论界所界定的"公益元年"。面临地震等巨灾大难的中国，一方面掀起了全民参与的"慈善风暴"，也引发了一系列全民关注的诸如红十字会诚信危机的"慈善丑闻"。杨团研究员提出在"郭美美事件"之后的中国已然进入全民对公益问责时代。中央政府以两个五年《慈善事业发展规划》对公益慈善事业着力进行阶段性推进。在此中国慈善大复兴与大转型时代命题的推动下，社会公益慈善研究的视野更为深入，研究成果的数量和质量也"极速"提升：

其一，民间慈善公益问题研究更多地被探求社会管理改革、治理创新的思想理论界重视。郭道晖的《社会权力与公民社会》（译林出版社 2009 年），以独立的视角论述了国家内部权力制衡之外的社会权力。该书提出社会权力的核心是自治，国家权力的核心是强制力，而私人权利的核心是自由；易中天的《中华史——国家》（浙江文艺出版社 2013 年）认为中华的惆怅在于在公民与臣民之间，说清了君主的来历，而没有弄清民主的模样。未来在没有国界的国家面前需要闯他一会红灯——试问谁能代表中国？如果一定要认祖归宗的话，那就要真正地落实《诗经·商颂·玄鸟》（"天命玄鸟，降而生商"）中"谁是中华的天命玄鸟"问题；许良英、王来棣两位先生的《民主的历史》（法律出版社 2015 年）更是在梳理民主制度在西方的推进历程和在中国的传播之后，认为"人权的确立，公民范围的扩大，适用于小国寡民的直接民主发展为大国民众的间接民主（代议制）"三个因素对于民主至关重要。其中人权的确立最为关键，人民民主和多数决的宪法保障需要有人民做主的基因，而不能陷入"集体主权者"为民做主的民主误区。

康晓光、韩恒、卢宪英则以更务实的态度，在《行政吸纳社会——当代中国大陆国家与社会关系研究》[世界科技出版社八方文化（新加坡）2010年]中认为：国家与社会的关系一方面固然要更加强调社会的自运行以及社会的自律，而另一个视角则是凸显政府社会治理的意义。只是其中的关键是：从政府包揽、运动式应对以及社会管控，过渡为合作治理、规范化建设以及加强服务型政府建设。这一观点在康晓光《依附式发展的第三部门》（社会科学文献出版社2011年）中得到进一步阐发。以上的思想创新，对于思考慈善募捐的法律定位，探讨社会组织进行募捐输入和向社会输出的行为依据，具有重要的思想和智慧的启发意义。

当然，俞可平教授表态的社会善治需要官民共治，王名教授指出公民社会能在现行体制中成功培育，都为本募捐制度策略式研究指明了思想方向。正如资中筠教授在《启蒙与中国社会转型》（社会科学文献出版社2011年）中述说的：中国几千年传统的颂圣文化、君师合一以及家国情怀，在鸦片战争的失利中和亡国灭种的猛省中震荡，从严复的"开启民智"到梁启超的"新民说"，再到现在的人民共和价值论，所承载的观念和思想是新的，是一种外来引进的持续启蒙过程，需要在具体领域进一步展开和挖掘。慈善募捐领域也是如此。

其二，对于慈善与慈善事业本身的研究，郑功成的《当代中国慈善事业》（人民出版社2010年），陈秀峰、张华侨的《慈善唤醒中国》（中国社会科学出版社2011年），赵华文的《慈善的真相》（安徽人民出版社2012年）在坚持对善的追求和对现实思考的前提下，剖析中国慈善的发展与乱象，总结慈善机构运作和改革的经验，拨云见日地探讨如何运营、监督现代慈善。

其三，对于慈善组织以及募捐法律秩序的研究，体现为多层次、多维度的立体式研究格局：

（1）有关慈善基本立法的研究：王振耀主编的《以法促善——中国慈善立法现状、挑战及路径选择》（《社会科学文献出版社》2014年）。王名、金锦萍、黄浩明、陶传进、马剑银的《社会组织三大条例如何修改》（《中国非营利评论》2013年第2期）。金锦萍的《中国非营利组织法前沿问题》（社会科学文献出版社 2014 年）采用法解释学、比较法研究、实证研究等方法对我国慈善法的相关问题作了梳理和回答。郭剑平的《社团组织与法律秩序研究》（法律出版社 2010 年）则从社团组织兴起的角度，分析了在国家与社会二元对立状态下自由主义秩序观与国家主义秩序观各自的构序思想及法律秩序。

（2）对社会治理转型的制度命题研究，有吴思研究隐藏在正式规则之下、实际上支配着社会运行的不成文的规矩的《潜规则：中国历史中的真实游戏》（复旦大学出版社 2009 年）。还有王耀海的《制度演进中的法治生成》（中国法制出版社 2013 年），顾自安的《制度演化的逻辑：基于认知进化与主体间性的考察》（科学出版社 2011 年），对"制度与理性"这一核心命题进行考察基础上，对制度演化的内部逻辑进行了探索，从认知进化和主体间性两个角度出发指明了既有制度分析范式的缺陷及其必要转向。还有吕芳的《制度选择与国家的衰落》（中国政法大学出版社 2007 年）提出：断裂状社会结构，社会的相对剥夺感，以及不能给社会稳定预期和管理理性的流寇式政府，国家衰落背后一定是制度的失败。因此对于我国慈善转型，以及对募捐的管理与善治，需要通过制度来形成稳定预期。

（3）针对募捐制度的研究：杨道波、李永军则以公益募捐为主题，出版《公益募捐法律规制研究》（中国社会科学出版社 2011 年）重点对公益募捐的内涵与外延进行了界定，对我国古代、近代募捐制度进行了梳理，对新中国募捐的历史与实践进行了分析，并对公益募捐行为规范化制度进行了评估。该书也是本书研究的基础性文献。在慈善募捐的"准入"制度问题上，有李政辉《论募捐的管制模式与选择——兼评公募权》（《法治研究》2013 年第 10 期），褚蓥《自由权视角下慈善募捐管理体系之重构》（《四川师范大学学报（社会科学版）》2013 年第 2 期），以及陈杰的《我国公益募捐准入制度之构建探析》（《理论导刊》2012 年第 11 期）。

（4）对于私权保护以及募捐的关联性制度的研究，有许光的《基金会法律制度研究》（法律出版社 2007 年），韦玮的《中国慈善基金会法人制度研究》（中国政法大学出版社 2010 年），金锦萍的《社会组织财税制度》（中国社会出版社 2011 年）以及蔡磊的《公益信托法律制度研究》（法律出版社 2008 年）。

（5）在慈善募捐策略研究与实战分析的研究方面，卢咏的《公益筹款》（社会科学文献出版社 2014 年）全面展现世界顶级非营利机构的运作状况、管理方式和筹款经验，书中有大量的个案举例和实践体会。褚蓥的《募捐成功宝典：用好的技巧做成功的募捐》（知识产权出版社 2013 年）、《新募捐的本质：新理念、新方法、新募捐》（知识产权出版社 2015 年）两本书，分析了常规募捐、电话募捐、街头募捐、网络募捐、义演募捐的战略步骤和具体方式方法。还有知名公益人邓飞的《免费午餐：柔软改变中国》（华文出版社 2014 年）揭示网络时代的学生、知识分子、工人、农民、企业老板、社会名流、政府官员纷纷参与"免费午餐"公益募捐项目，共募款超过 7000 万元，惠及全国 18 个省 328 所学校 7 万余名学生（截至 2013 年 11 月）的标志性事件始末。这四本以行动者视角分析、记录募捐过程的著作，以及公益报纸《公益时报》《中国社会报》上关于慈善募捐的通讯、调查报道、访谈等，将为本书提供具体鲜活的募捐实践样本和实践应对思维，以利于在募捐理论与实践之间进行交叉分析。

尤其值得一提的是，涉及募捐尤其是基金会筹资、用资的域外制度的译著进一步更新：金锦萍等翻译出版的《外国非营利组织法译汇（二）》（社会科学文献出版社 2010 年）选取澳大利亚、新加坡、俄罗斯、波兰、巴西、印度尼西亚等 10 个国家的 15 部法律进行翻译，目的在于为我国尽快出台非营利组织法，填补法律体系中宪法与行政法规之间的法律断层，提供域外制度文本方面可资参考的比较法材料。针对国外的募捐法律规范文本，杨道波等翻译出版的《国外慈善法译汇》（中国政法大学出版社 2011 年）对英国的慈善法、澳大利亚首都特区的《慈善募捐法》、澳大利亚新南威尔士州的《慈善筹款法》等 11 部国外法案进行了整理和翻译，对本书有重要的资料补充作用。

还有廖鸿等编著的《澳大利亚非营利组织》（中国社会出版社 2011 年）对澳大利亚非营利组织与政府的关系、历史发展和合作的新形式进行了较为深入的分析。而丁建定的《英国济贫法制度史》（人民出版社 2014 年）则系统梳理了从中世纪开始一直到 20 世纪英国济贫法制的演变，其中涉及大量为贫民募集捐赠款物，在教堂、社区发给穷人的史料，还有政府整治流浪和乞讨的法令，以及政府发放行乞证，对特定人群的流浪汉的私益、个体募捐进行管理的制度。而诸如徐彤武的《联邦政府与美国志愿服务的兴盛》（《美国研究》2009 年第 3 期）以及吕鑫的《慈善募捐的自由与限制：美国经验的启示》（《浙江学刊》2011 年第 4 期）等以期刊论文形式分析美国、英国、日本等国的慈善监管和非营利事业促进制度借鉴的，则举不胜举，这些文献将在本书的论述过程中作为论据予以采用。

此外，从 2009 年开始的各类慈善公益类"蓝皮书""发展报告"也为本书提供了全国的慈善资讯平台和募捐数据来源。比如中国社会科学院社会政策研究中心杨团组织编写的《慈善蓝皮书——中国慈善发展报告》由社会科学文献出版社每年 6 月份左右出版（2009、2010、2011、2012、2013、2014、2015 年度）。从慈善历史、慈善主体、慈善行为和慈善制度等四个不同视角盘点年度资讯，反映和体现中国慈善事业的发展图景，预测慈善时代前程。除蓝皮书外，还有朱健刚的《中国公益发展报告 2011》（社会科学文献出版社 2012 年），刘京的《中国散财之道：现代公益基金会发展报告》（中国社会出版社 2011 年），孟志强、彭建梅、刘佑平 2011—2013 年的《中国慈善捐助报告》（中国社会出版社 2012、2013 年，企业管理出版社 2014 年），还有关于透明度指数、发展评估指数的，如基金会中心网、清华大学廉政与治理研究中心的《中国基金会透明度发展研究报告（2014）》（社会科学文献出版社 2014 年），徐家良、廖鸿的《中国社会组织评估发展报告（2015）》（社会科学文献出版社 2015 年），北京师范大学中国公益研究院发布的《现代慈善与法治社会：2014 年度中国公益事业发展报告》（社会科学文献出版社 2015 年）。这些资讯蓝皮书和数据报告，是了解中国慈善事业发展的标尺，也为本书的展开提供了量化研究和质性判断的基础。

总之，近五年来北京大学、中国社会科学院法学研究所、清华大学、中国人民大学、北京师范大学、上海交通大学、中山大学、武汉大学、华中师范大学、湖南师范大学、中央民族大学、中国海洋大学、山东大学、华北电力大学、聊城大学、武汉科技大学等高校、科研院所设立专门的慈善公益研究中心、配备学术团队进行慈善公益研究推动。同时，在民政部民间组织管理局（社会组织管理局）以廖鸿副局长为代表的学者型官员以及以徐永光、王振耀等为代表的慈善公益界资深践行者研究者的参与下，在《公益时报》等公益资讯平台对募捐关注面的扩大和记者访谈、报道的深入基础上，我国慈善公益研究的影响和层次也在近五年里有显著提升。针对慈善募捐问题的相关研究，由点到面、由浅入深，成果丰富，观点多元，论证的热点也不断转换，呈现出鳞次栉比、百花齐放的格局。这些代表性研究机构、研究人员发表的文献成果，是本书赖以展开的基础，也是后来者与前人对话的平台。

（三）海外关于募捐的相关文献分析

我国对社会组织的学术界定和思想源流，是以西方的 "non‐profit organization" "non‐governmental organization" "tax‐free organization" "voluntary organization"①等时髦用语为学术背景的。美国非营利组织专家萨拉蒙（Lester M. Salamon）首创性地对非营利组织研究中存在的概念上的模糊性进行了比较全面的论述，研究涉及的范围也较广，对西欧、中欧和拉丁美洲以及亚洲、南美等地区的 22 个国家的社会组织图景进行了展示。萨拉蒙教授提出的基于社会组织的 "结构—运作" 特征而进行的定义认为：凡符合组织性、民间性、非营利性（非利润分配性）、自治性和自愿性的，才可视为社会组织及非营利部门。国内对萨拉蒙的代表作进行了翻译和传播，如［美］莱斯特·M. 萨拉蒙的《全球公民社会——非营利部门视界》（贾西津、魏玉等译，社会科学文献出版社2002 年）、萨拉蒙等人的《全球公民社会——非营利部门国际指数》（陈一梅等译，北京大学出版社2007 年）。

对于组织的内部运行以及制度组织层面的应对冲突的制度要求，则 Pache A C，Santos F 的 "Insider the hybrid organization：An organizational level view of responses to conflicting institutional demands" 进行了专门论述②。Joshua Kurlantzick 站在西方研究角度，分析中国社会发育与中国

① 莱斯特·M. 萨拉蒙对 "non‐profit organization" "non‐governmental organization" "tax‐free organization" "votuntary organization" 对社会组织不同的称呼进行了评价，指出："每一种称呼反映了该领域的某一方面的性质，但同时，每一种称呼又会部分地误导着人们的视线。"

② Pache A C，Santos F，"Insider the hybrid organization：An organizational level view of responses to conflicting institutional demands"，*Academy of Management Journal*，Vol. 56，No. 4，2013，pp. 972 – 1001.

式综合征问题（"China Syndrome". *New Republic*, 2006）。也有专门分析和总结中国公共部门和非营利组织创新理论与实践的文献（"Innovations in China". *Management and Organization Review*, 2012）①。

　　针对募捐中的捐赠及其功能的研究：沃尔德马·尼尔森在其关于美国捐赠事业的专著《大捐赠者传奇》中以翔实的材料全面回顾了美国公益慈善事业，以敏锐的洞察力分析了这些公益慈善事业和基金会的成就与缺憾，提出了"披露—分析—发布—惩罚"的解决方案。对于募捐用过程中的公众信任度，John flanagan 的 *Successful Fundraising*（《成功的募捐》）一书指出："募捐者必须遵守募捐伦理，募捐机构都必须证明它的每一笔捐款都是以慎重的态度来处理的，其原因不仅在于这样做才是正确的，而且更在于如果你不这样做，捐助者就会背弃你。"②

　　关于募捐的社会功能，Edward H. Berman 的《慈善思想：卡内基、福特和洛克菲勒基金会对美国外交政策的影响》认为，有资源输出功能的公益基金会是美国外交政策"沉默的伙伴"③。该书研究了美国基金会的组织架构、内部规则尤其是募捐与慈善分配规则，如何配合美国外交政策对世界其他发展中国家开展资助，又如何通过资助来传播交流美国的意识形态和价值观，培养亲美人士。还有专门对美国和德国非营利部门的投入产出（An Input－output Analysis of The Nonprofit Sector④）进行的分析和评估。

　　对于募捐的法律含义，Bruce R. Hopkins 在 *The Law of Fundraising* 中对美国的募捐是指："为了慈善目的的使用，在恳求和陈述的基础上，以任何形式的请求，取得直接和间接的金钱、贷款、财物或者其他种类

---

① Lan G Z, Galaskiewicz J, "Innovations in public and nonprofit sector organizations in China", *Management and Organization Review*, Vol. 8, No. 3, 2012, pp. 491–506.

② John flanagan ed., *Successful Fundraising*: *A Complete Handbook for Volunteers and Professionals*, Chicago: Joan Flanagan, 2000, p. 22.

③ Edward H. Berman ed., *The Influence of the Carnegie, Ford, and Rockefeller Foundations on American Foreign Policy*, Albany: State University of New York Press, 1983, p. 3.

④ Anheier, Helmut K., "Rudney Gabriel. An Input－output Analysis of The Nonprofit Sector In The USA and Germany", *Annals of Public & Cooperative Economics*, Vol. 69, No. 1, 1998, pp. 5–31.

的财务援助。"① 该书是面对日益复杂的迷宫般的美国联邦和州募捐条例细节进行解释，强调行政、税务和宪法法律的专著，对美国筹款的方法、筹款的专业角色、会计的角色、律师的角色、筹款慈善组织信息披露以及系统的应对式监管等问题都进行了法律顾问式研究讨论，该书第四版补充了每年美国关于募捐影响非营利专业行为的最新募捐法律发展。

对募捐组织、捐赠者以及受益人关系的本质研究，Daniel Lynn Conrad 的 "项链理论" 虽是 20 世纪 70 年代的研究，但即便是现在也生动传神且极富新意："募捐犹如一串项链，募捐组织是项链中间的坠子，左右两端一颗颗珠子分别是捐赠者和受益人。而成功募捐技巧就犹如项链的环扣，是结合项链坠子与两端的关键。"②

募捐过程中捐赠者的捐赠款物给募捐组织去帮助不特定的受益人，其背后的行为动机有 "利己主义" "利他主义" 以及 "社会交换理论"。William Boulding、Ajay Kalra、Richard Staelin、Valerie A 在 "From Expectations to Behavioral Intentions" 的论文中认为："捐款人、受赠人以及募捐组织之间存在一种特定的整合关系。这些整合关系的连接点有地位、身份、法律制度、社群、忠诚以及内心的慈悲等。"③ 在一定意义上讲，捐赠人是通过捐赠借以得到更崇高的名声、满足自己的社会地位，抑或者是捐赠的结果在法律上更有利于自身。当然对于募捐的解释，还有 "减轻罪恶感，解除自己的负向状态。不过募捐中的社会心理学也有自觉自愿，同理心、同情心而产生的纯粹利他行为的解释"④。而从社会交换的角度，在自由和自愿的条件下社会个体成员之间有可交换的东西，可能是金钱、财物、时间、体力等。"他（她）们又有得到

---

① Bruce R. Hopkins ed. , *The Law of Fundraising*, New York：John Wiley & Sons Inc. , 4rd, 2009. p. 117.

② Daniel Lynn Conrad ed. , *Techniques of Fund Raising*, NJ：Lyle Studen Inc, 1974. pp. 15，21.

③ William Boulding, Ajay Kalra, Richard Staelin, "Valerie A. A Dynamic Process Model of Service Quality：From Expectations to Behavioral Intentions", *Journal of Marketing Research*, Vol. 30, No. 1, 1993, pp. 7 – 27.

④ Elliot Aronson, Timothy D. Wilson, Robin M. Akert, eds. *Social Psychology*, 李茂兴、余伯泉译，台湾杨智书局 2003 年版，第 79 页。

社会的（如名誉、地位）、经济的（如免税）、个人心理层面的（成就感、满足感、存在感抑或救赎）的深层次交换关系。"① 2006 年的《经济学人》杂志指出，对筹款部门，在面对社会慈善资源，与政府的竞争合作关系通常需要在维持慈善公益议题倡导角色与兼负责信与能力之间取得平衡。

近年来，西方学者针对 Theories of Nonprofit Organization 的研究，更加关注 Economic 视角，关注非营利募捐中组织创办者、项目策划者及执行委员会的角色与采用商业化的创新手段和规范方式。研究加强非营利组织的造血功能，保证持续性解决社会问题的新的组织形式——"混合社会组织"②。J. Battilana、M. Lee（2014）提出："需要从五个方面认知社会组织实践、组织人员组成、组织结构设计、组织文化和组织间关系等考量因子。"③ 尤其是此类混合社会组织在实现社会价值和商业化运营上的混合特性，兼具社会性和企业性的双重特点。与传统非营利组织一样，混合社会组织强调解决社会问题，创造社会价值。但同时，与商业企业类似，混合社会组织也强调用商业化的逻辑构建组织，特别是在组织结构设计、人员聘用、市场营销、组织间关系、追求经济效益等方面与商业企业异曲同工。

以经济视角，关于慈善商业化限度研究的"社会企业"主题研究在全球范围内引起广泛兴趣，有研究社会企业家的批判与未来的发展方向的④。还有研究社会企业突破市场失灵、政府失灵、社会发展困局的创新思维和创新实践的⑤。当然，基于复杂的制度环境，社会企业的募捐及社会财产经营往往挑战现有的观念和行为，往往也导致混合社会组织在运营过程中比传统的慈善公益组织面临更多的"新进入缺陷和新劣

① Joseph R. Mixer ed., *Principles of Professional Fundraising: Useful Foundations for Successful Practice*, San Francisco: Jossey – Bass Publisher, 1993. p. 80.

② Battilana J, Dorado S, "Building sustainable hybrid organizations", *Academy of Management Journal*, Vol. 53, No. 6, 2010, pp. 1419 – 1440.

③ Battilana J, Lee M, "Advancing research on hybrid organizing – insights from the study of social enterprises", *Academy of Management Annals*, Vol. 8, No. 1, 2014, pp. 397 – 441.

④ Dacin MT, Dacin PA, Tracey P., "Social entrepreneurship: A critique and future directions", *Organization Science*, Vol. 22, No. 5, 2011, pp. 1203 – 1213.

⑤ Short JC, Moss TW, Lumpkin GT, "Research in social entrepreneurship: past contributions and future opportunities", *Strategic Entrepreneurship Journal*, Vol. 3, No. 2, 2009, pp. 161 – 194.

势"（liability of newness）。中国也有李亚鹏的嫣然天使基金经历的慈善晚宴巨额募款，及嫣然天使儿童医院的慈善商业化尝试所引发的社会质疑。这也在印证混合社会组织在日趋深入的慈善转型和社会变革中所面临的考验。

本书主要参考的海外有关募捐的法律文本有：（1）美国：美国法学会制定的《公益基金募捐示范法》，华盛顿州法典第 19 标题卷《Charitable solicitations》（慈善募捐法令），新墨西哥州法典第 57 章《Charitable solicitations》（慈善募捐（第 1 节至第 11 节）），犹他州法典第 13 标题卷《Charitable solicitations》（慈善募捐法），佐治亚州法典第 43 标题卷《Charitable solicitations》（慈善募捐）；（2）英国：渊源于 1597 年《Charitable Uses Act》（善款使用法案），在 1993 年《Charities Act》基础上修订的《Charities Act 2006》（慈善法案 2006）；（3）澳大利亚首都特区《慈善募捐法》（2004），澳大利亚新南威尔士州《慈善筹款法案》（1991）；（4）新加坡：《慈善事业法》（《Charities Act》中的 PART VII "Control of fund – raising for charitable institutions" 以及 PART VIII fund – raising appeals）；（5）台湾地区《公益劝募条例》（2006）、《公益劝募条例施行细则》（2006）以及《公益劝募许可办法》（2006）。这些慈善制度和我国慈善募捐制度所面对的社会、文化、法律和政治环境是不同的，因此他们的制度文本虽然对本书有一定的借鉴作用，却并不能完全适用于我国慈善公益募捐事业。

二　评述与留存问题

（一）现有成果述评

通过前文的文献梳理可以看到，从 20 世纪 90 年代起较长一段时期内，理论界的学术成果对募捐还是处于"社会募捐、公益募捐、慈善募捐"三种基本表述混用的状态，对于募捐的关注度偏低。2000—2008 年期间的对于慈善募捐的研究主要处于学术积累阶段，更多地是在慈善历史研究、慈善基本精神研究、西方慈善公益观念和理念的研究中附带地论及募捐现象和问题。募捐制度层面的探讨，主要是特定历史时期尤其是民国时期的慈善及募捐制度研究，当代募捐制度研究的论文，更多地是对国外的经验启示的借鉴与引进。

　　2008 年公益元年之后，对我国社会组织（非营利组织）立法、慈善立法的研究发展很快。在著述方面，有王振耀主编的《以法促善——中国慈善立法现状、挑战及路径选择》（2014 年）、《现代慈善与法治社会》（2015 年），金锦萍的《中国非营利组织法前沿问题》（2014 年）、《中国非营利组织法专家建议稿》（2013 年），薛宁兰、邓丽主编的《中国慈善法研究与立法建议稿》（2014 年），韦讳的《中国慈善基金会法人制度研究》（2010 年），金锦萍的《社会组织财税制度》（2011 年），褚蓥的《美国私有慈善基金会法律制度》（2012 年），以及蔡磊的《公益信托法律制度研究》（2008 年）。这些都是本书从法学角度进行募捐制度研究的重要文献基础，能够为慈善募捐制度的建构与完善的对策研究做铺垫。

　　但目前国内真正对"募捐制度"进行专门研究的著述，只有一本，由聊城大学杨道波、李永军两位老师撰写的《公益募捐法律规制研究》（2011 年）①。但该书仍然是以"公益募捐"作为核心语词进行制度的论证展开。在 2016 年《慈善法》出台的背景下，对于慈善募捐制度迫切需要进行与时俱进的更新式研究。

　　不仅在著述上，而且在核心论文上，慈善募捐方面的研究表现亦不充分。公开发表的论文中，对于当前中国实践中募捐的现象描述过多，而制度层面的论文较少，演绎的思维和借鉴文献的局限性还比较突出。根据"壹学者"互联网数据库的检索，以"募捐"为主题的论文有1644 篇，但 2010—2014 年间人文社科领域只有 38 篇以募捐为研究关键词的文章被人大复印资料全文转载。收录系数相对于慈善话题中的其他主题研究明显偏低。这一数据表明，慈善募捐的学术关注度不够，该关

---

　　①　甚至目前我国公开出版的以"募捐"为主题词的书籍，除《公益募捐法律规制研究》之外，也只有四本国内著作和一本国外译著：一是褚蓥《新募捐的本质 新理念、新方法、新募捐》，知识产权出版社 2015 年版，二是左成慈《大学募捐十六讲》，南京大学出版社 2015 年版，三是褚蓥《募捐成功宝典 用好的技巧做成功的募捐》，知识产权出版社 2013 年版，四是孙立平《动员与参与：第三部门募捐机制个案研究》，浙江人民出版社 1999 年版，这四本；国外的译者仅有一本，即［美］弗朗金《策略性施予的本质：捐赠者与募捐者实用指南》，谭宏凯译，中国劳动社会保障出版社 2013 年版。除《公益募捐法律规制研究》外，另五本著述都是从募捐策略研究与实战分析的研究视角，不是从法学的制度视角研究募捐问题。学界对慈善募捐制度规范层面的关注还不够。

键词的文章质量整体偏低。

整体而言，我国当前对于专门的慈善募捐制度研究，仍处于起步与发展阶段。即便是对募捐的约束机制的研究成果，整体上也偏重于宏观层面的分析，重宏观叙事，相对忽视募捐制度的中央与地方二级立法的实践性、制度运行的操作性，侧重于宏观应然的建构。另一方面，以募捐制度为主题的论文对募捐具体制度涉及的更多地只是关注募捐备案或者募捐许可以及网络募捐制度，大部分在研究募捐制度时，只是平面化地介绍具体制度的内容，没有立体化地介绍具体制度背后的支撑理论理念、历史资源和现实条件，缺乏制度背后的理论和历史惯性、实施条件的研究。募捐制度领域的有关慈善募捐规则"立、改、废"的知识积累还有较大的发展空间。

海外学者的论文对慈善组织及慈善公益募捐制度的研究，是从个体民主的社会或者经济视角来理解的，通过建立模型来加以论证，其研究目的在于增进社会的公平与社会福利，促进自己与他人的福利。海外学者与大陆学者对慈善公益募捐制度的理解并不完全等同。对于国外的募捐制度文本以及学术研究成果，还不能直接采取"拿来主义"，整体上对慈善募捐制度本土化的分析还不够，需要在对比分析的基础上进行移植和借鉴。

加之受外语水平和研究精力的限制，国内对国外慈善法令和募捐制度的借鉴，采用翻译后二手文献资料研究的多，而采用外语原始文献资料研究的少。即便有募捐外文法律制度分析，但是其对国外的原文的慈善法典及募捐法律，对美国慈善制度的介绍《公益基金募捐示范法》多，而分析华盛顿州、新墨西哥州、犹他州、佐治亚州的州立慈善法典的少。在研究美国、英国、澳大利亚、日本等国的慈善法令、募捐规则时，正面肯定性的研究多，负面否定性的研究缺乏。对慈善基金会制度、慈善组织监管体制、募捐行为规制以及募捐免税的西方法律移植的思维多，而反身思考民国时期的《统一募捐运动办法》以及作为其承袭、发展、改良的台湾现行的《台湾公益劝募条例》《台湾公益劝募条例施行细则》《台湾公益劝募许可办法》以及《台湾各级学校扶助学生就学劝募条例》的华语慈善募捐制度的少。

（二）留存问题

1. 慈善募捐作为"法对象"如何进行定位

慈善募捐是慈善组织聚财和善财的汇合，横跨"募—捐—用"三大领域，涉及"劝募人—认募人—受益人"三方当事人。换句话说，慈善募捐是劝募人基于慈善目的从认募人处集聚财富，又向受益人输捐财物的系列行为。那么这一系列行为在制度理论和制度理念上如何定位？需要进一步研究。

对慈善募捐的定位研究，势必要辨明募捐是三方当事人之间的"合同关系"，即仅仅是这些社会当事人之间的、涉及财产私权利的募捐用，主要涉及诚信度的私法问题，还是不仅仅及于三方当事人利益，而"面向公众、涉及公域、实现公益"，主要涉及透明度的社会法问题？如果是后者，应该进一步追问的是慈善募捐组织的公共性、制衡性以及慈善募捐行为的公共责任性的依据是什么？还是权利吗，抑或是权力？为什么中国历史上的慈善及募捐在与西方走出了相同的宗教募化、劝善、行善的路（中国是佛家募化与道家劝善"募与用"的融入，西方则是基督教、天主教的教会"募与用"的发展）的同时，还会彰显"官方赈济'募与用'一而贯之、士绅与商贾民间慈善'募与用'迎合式发展"？甚至为何在近代会有政治募捐合法化、国防与抗战劳军募捐常态化，在新中国也有一段历史时期是政府部门意志社会化、社会意志虚无化？由此，慈善的募捐用与社会福利、国家政治以及政府治理有天然的联系。募捐社会组织、政府组织、企业组织在慈善募捐中的角色和地位有重合、混淆，甚至被替代。这是中国的也是整个东方的社会治理中面临的现实问题。国家与社会的关系、政府与募捐组织的关系，民政对募捐进行行政监管的基础，对于募捐到底是"宽进"还是"严管"？特别募捐许可及对募捐动态监管的度在哪里？这些都是需要进行论证和解释的问题。正如有学者指出的：中国社会治理格局进入了一种"知识积累的瓶颈期"①。本书认为解决上述问题，需要寻求新的解释体系和破局的突破口。

---

① 李友梅：《中国社会管理新格局下遭遇的问题——一种基于中观机制分析的视角》，《学术月刊》2012年第7期。

　　传统的国家社会慈善理论和现有的法律制度体系中，没有现成的概念来界定解决慈善募捐自身定位问题的依据，在"权利"分析之外，需要关注"权力"，将其作为社会秩序也作为法律秩序中的表述。本书在"国家权力"之外，扩展权力的外延，把"社会权力"引入慈善募捐主体行为依据和苛责依据的解释范畴。这种论证的思路，应是找到慈善募捐赋权与限权的限度，跨越中国官方慈善、政治慈善"募与用""管与控"历史社会现象迷雾的尝试。

　　2. 新《慈善法》的慈善募捐支撑"子法"如何展开

　　《慈善法》的出台，对于中国慈善法制建设而言，只是一个承前启后的重要节点，而非终点。慈善基本法之下的"慈善募捐"子法研究，也只是刚刚拉开帷幕。在《慈善法》出台之前，学术界和实务界对中国公益、慈善、社会福利事业发展的立法突破口和制度建设重点有截然分歧。一些学者包括知名学者的主张是："以出台中国非营利组织法，作为中国第三域立法的突破口，以组织立法带动行为立法，以非营利组织立法统合社会团体、基金会、民办非企业单位立法，进而延伸到非营利行为法。"[①] 而实务界的战略发展规划，也是："在十三五期间将《社会组织法》纳入全国人大的立法计划，争取在 2020 年之前建立由《社会组织法》统领的有关专门法支撑的，并有部委规章和地方性法规覆盖的中国社会组织法律体系。"[②] 因此学界更多的关注点和成果积累在社会组织立法方面，更多地从公益、非营利角度进行结社权、公民权的角度展开。

　　但国家立法的现实安排是 2016 年首先出台的是《慈善法》，而非《社会组织法》或者《非营利组织法》。该法对慈善的内涵进行了广义的接近公益的内涵界定，并包含了慈善组织、慈善行为、慈善监管、慈

---

　　① 如陈金罗、金锦萍、刘培峰等：《中国非营利组织法专家建议稿》，社会科学文献出版社 2013 年版。该建议稿以保护公民结社自由、规范非营利组织的发展为基本的出发点，促进社会公益事业发展。其中的社会公益就包括了社会慈善；马长山：《非营利组织立法的现实进路与问题》，《中国非营利评论》2013 年第 1 期；刘小枫：《加快制定社会组织法》，《人民代表报》2007 年 3 月 12 日第 2 版；张媛：《制定社会组织法突破发展瓶颈》，《法制日报》2015 年 3 月 13 日第 5 版。

　　② 马庆钰、廖鸿主编：《中国社会组织发展战略》，社会科学文献出版社 2015 年版，第 51 页。

善志愿服务、慈善信息公开、慈善责任等框架性内容。也就是说对第三域的涉及第三次分配的中国现实立法，是以《慈善法》作为基本法，而不是社会组织法为基本法。《慈善法》出台之后，自然而然面临的问题是，现行社会团体、基金会、民办非企业单位（社会服务机构）相关规定与慈善语境的衔接问题，与公益慈善募、捐、用有关的法律、条例、规定、办法、方案、意见、通知、指引、解释等国家法律、法规、部委规章等规范性文件梳理、甄别、清理的问题。而现有研究成果对慈善募捐支撑"子法"到底是一部单行法还是一个法"团"（制度群）？募捐用制度到底是集中立法还是分散立法？慈善募捐专门立法的突破口又是什么？如何形成"一元二级多层次"的中国慈善募捐制度体系？鲜有涉及。

3. 慈善募捐制度的"法规则"如何取舍

慈善募捐是涉及公域的社会行为，无法可依和超法干预都是慈善募捐制度整合、取舍中力求避免的。慈善法语境下的慈善募捐制度的问题与对策研究，不仅要有面对慈善募捐的自身定位问题进行的国家与社会二元的"社会权力""秩序权威"视角进行的中观层面分析，而且也要有以单项专题制度梳理为主，同时以海外募捐横向制度对应分析为辅的不同取舍的微观层面的分析。针对慈善募捐的依法、适度、规范、系统的"制度化"命题，如何将募捐法律制度与社会（文化）环境对应？如何保证分点展开与整体关照对应？同时又如何实现制度设置与运作机制在中央立法与地方立法之间对应？

学界目前还没有做的一项基础性工程，是以制度立法形式以及规则内容取舍视角，对地方层面的募捐制度进行系统梳理，比如湖南、上海、江苏、广州、北京等地在对募捐问题"摸着石头过河"式的地方层面的募捐规则进行系统梳理。本书将尝试以"法规则"如何取舍为解决问题的思路，对纷繁与浩瀚的中央与地方、国内与海外涉及募捐关系的权利义务设置方面的具体内容、文本展开方式、框架、内容的纵向线索、横向线索进行整理、归类、评价、借鉴研究，把慈善制度整合与完善的纵向线索（中央与地方的募捐规则）与横向线索（国内与海外的募捐规则）对应，并结合新的慈善法原则和法理念，探索募捐制度如何立、改、废的学术共识。

第四节　研究路径与方法

一　研究路径

全书的结构有六章，大体而言：

第一章是导论，对研究范围"慈善募捐"、研究对象"慈善募捐制度"、研究视角"制度整合与规则体系完善"进行了阐释说明。从选题的必要性和可行性角度，对国际国内慈善募捐用发展的宏观背景进行了分析，还对海内外的关于慈善募捐用的基础性文献进行了综述、介评。对本书的时代背景和研究背景进行综述，梳理出现有成果的留存问题，目的是提出问题，明确本书的努力方向：慈善募捐制度整合与规则体系完善。

第二章从历史的角度，追问慈善募捐的发展之路。对传统中国慈善募捐的发展特点、近代中国慈善募捐的发展特点、当代中国慈善募捐的发展特点进行了条理化分析，对传统中国慈善语境的官方赈济"募与用"一而贯之、士绅与商贾民间慈善"募与用"的发展、近代中国政治性募捐合法化、国防与抗战劳军募捐常态化，以及当代中国慈善募捐领域政府开始从官办募捐向官助募捐转型等历史现象和发展现实进行了勾勒、描述。同时对国外慈善募捐的发展历史进行了概览式分析，西方近代项目营销式的社会募捐、现代家族基金会式的巨额募捐以及当代多元并存的慈善公益募捐，都对当代中国慈善募捐自身发展定位以及制度环境供给具有借鉴和参考意义。预知来，溯诸往。梳理慈善募捐的发展脉络和逻辑主线，解释个人慈善的互助募捐、宗教慈善的宗教募化、社会精英慈善的首善募捐以及官方慈善的行政募捐的分化与进化之路，有利于"道往而明来者"。本章对下一章分析明确当代慈善募捐功能定位，解释当代慈善募捐行为依据，具有基础性、铺垫性论述意义。

第三章对当代慈善募捐的应然制度定位进行论述。当前我国慈善募捐制度理论仍是薄弱环节，亟待加强基础性研究。廓清慈善募捐的合法性基础及行为依据，是进行制度"问题"研究之前先解决制度"主义"之争，是当代慈善募捐制度对募捐的态度是"宽进"抑或"严管"之重要逻辑前提。官方赈济一而贯之以及政治募捐、行政募捐、强制摊牌的传统在现代慈善发展的大趋势之下，应逐渐退出慈善募捐市场。因此在法律制度上应使政府公权力回归到监管、裁判角色，培育社会主体的自主性、自治性，回归慈善募捐的社会本色。当代慈善募捐法律制度要为民间本位的慈善募捐创造良好规则治理环境，脱离过去"强政治、泛道德、弱制度"的窠臼，这显然需要新的理论解释体系，即通过"国家权力与社会权力"分野，划清国家与社会、政府与社会组织的界限，破除公募基金会、官方社团组织的募捐权垄断，给民间组织"赋权"——为其募捐行为提供正当性依据——基于社会权力（社会组织是社会权力的重要权力源，社会权力具有多样化、分散化权威的特点①）。在赋权的同时，鉴于运用社会权力在组织的输入募捐与向社会的输出募捐的过程，是涉及公共性、公益性以及公共责任的"募捐公共事务"，因此在法律制度上又要进行"限权"，即一是保障募捐社会组织内部治理的权力制衡，二是要对涉及公益的社会权力行使过程进行公开。以信息公开为基础的募捐问责，建立慈善组织慈善募捐"公共事务"的公信力。

　　第四章对当今慈善募捐制度供给的实然状态，进行条理化、脉络化整理，并分析制度运行的困境。当代中国中央和地方层面的慈善募捐制度供给状态、运行状态评估是慈善募捐制度的整体性、系统化研究的基础，也是论述未来募捐法律法规规章立、改、废的基础。本章在纷繁复杂的法律法规规章的制度文本中以"中央层面的慈善募捐制度和地方层面的慈善募捐规范"为基本脉络进行制度文本的整理、归类、评价。鉴于作者在收集资料中发现民国时期募捐制度的构建就是采取中央与地方两级推进的方式，而当今中国在改革过程中先行先试地区的地方募捐法规文本也具有重要的应用价值，因此本章不仅从"募捐主体""募捐行为"以及"支撑募捐运行"三个方面梳理中央层面的慈善募捐制度文本，而且选取具有样本和先行性的《湖南省募捐条例》《江苏省慈善募捐许可办法》《广州市募捐条例》《上海市募捐条例》《北京市促进慈善事业若干规定》等地方性立法规范，对其优势与劣势进行对比分析，目

---

① 郭道晖：《论社会权力与法治社会》，《中外法学》2002 年第 2 期。

的是对中央与地方立法两个层面的募捐制度与规范文本进行评估，为慈善募捐制度整合与完善研究提供已有制度文本意义上的线索。本章进而从制度运行实践角度探讨当前募捐制度在国家与社会关系的试错和磨合中成长的运行困境，如中央与地方募捐立法的匹配困境，募捐立法与募捐执法的协同困境，募捐内部自律与外部他律规则的衔接困境，募捐传统制度继承与法律移植的抉择困境。

第五章以募捐制度发展的问题、困境（第四章）为导向，以社会权力规范、监督（第三章）为理论基础，对当代慈善募捐制度的整体性、系统化进行研究，以期达到理性化的募捐制度要素安排的研究目的。即在本章中，从对我国慈善募捐概念、范畴、制度困境、历史制度经验分析过渡到凸显问题意识、思考对策，探讨当代慈善募捐法律制度的理性化安排问题的解决。本章穿插在募捐制度理性化安排的论证中的是把制度发展理念经验的继承与借鉴创新相结合，借鉴海外有益经验，如美国华盛顿州、新墨西哥州的经验、欧洲主要国家的经验尤其是英国的经验、港台的经验，以及传统中国慈善的经验（尤其是民国时期的募捐制度经验），对这些国家、地区的制度经验进行分析、介评，并进行有针对性的借鉴。本章在东方价值理性和西方工具理性的"传统传承、制度移植"之下，从"慈善募捐立法模式选择与监管体制安排、慈善募捐主体与准入制度的选择、慈善募捐过程控制制度的构建以及慈善募捐信息公开制度的落实"四个方面，探索符合我国国情的当代慈善募捐法律制度整合与体系完善的对策。

整体而言，本书写作拟循着制度对象历史描述—制度理论演绎—制度问题分析—制度方案形成的基本思路展开。第一章明确了慈善募捐制度的核心语词的内涵，第二章为制度研究提供历史惯性的分析，第三章为制度研究提供理论基础，第四章为制度整合研究提供实证素材。第五章是整个研究目的之达成，是第一、二、三、四章的逻辑推演终点。第六章是对全书的总结和对未来募捐制度建设和立法的展望。

本书各章节论证的逻辑结构见图 1-4。

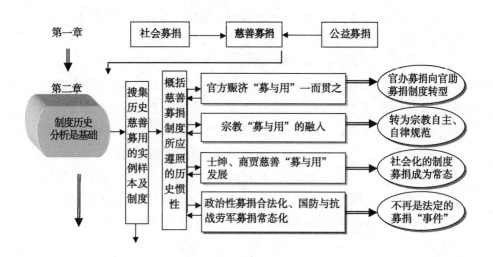

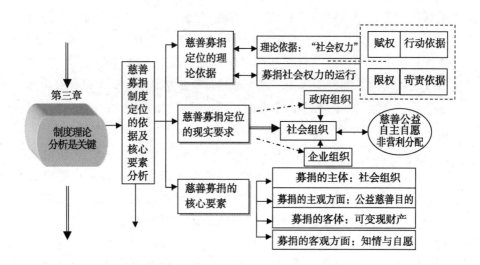

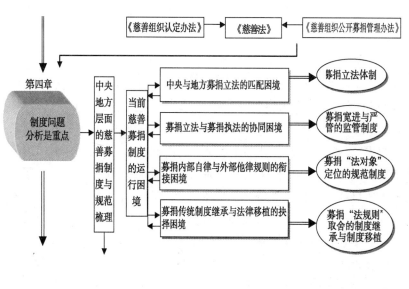

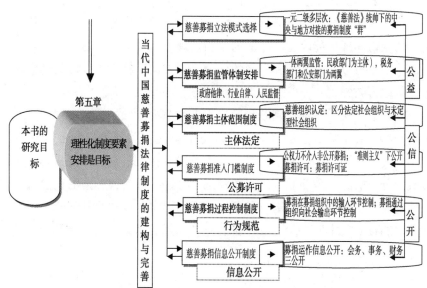

图 1-4 本书各章节论证的逻辑结构

二　研究方法

（一）法律概念的形式逻辑推演法

"法律规则属于精神和意识的王国，属于与自然王国相对的王国。"① 即研究慈善募捐制度，宜采用"概念法学"所强调的"法律体系所具有的逻辑自足性"的基本法学方法论。法学方法论既非"哲学的形式逻辑"，亦非"解题技巧的指示"。因此，法律概念的形式逻辑推演不是简单列举一些确定的规则，而要明确这些规则所规范和控制的行为主体的目的、动机以及行为的后果，用权利义务的配置以及职权职责的安排，以理性和正式的统一规则程序的落实，来确保可靠的法规范适用。即"概念法学中法律行为之概念解释，透过解释方法予以阐明或补充，以确定构成法律行为要素之意思表示明确或完整"②。慈善募捐是慈善募捐法律制度中的核心概念，也是法规范的核心语词，因此对慈善募捐内涵进行诠释，能够确保准确、可靠的法规范适用。即"诠释学上的认识同样也能改变法学上的自明之理。这种解释不是单纯接受性的活动，也可以一种阐发和说明的作为，就如同诠释学可以由法学应用的方法取得新知识一样"③。

以概念法学的理性判断和形式逻辑推演为基础，摒弃主观因素，运用归纳、总结的方法，对本书的研究主题词"慈善募捐"及"公益捐赠、公益募捐、社会募捐以及公募"等相关语词的法律内涵进行逐一理清，分析概念在各项制度之间的联系与区别，对慈善募捐的概念进行质性判断。本书中的导论部分对募捐语词的界定，以及第三部分对"慈善募捐的核心要素"的分析和论证，主要采用此形式逻辑推演和归纳总结方式展开。

（二）制度文本的语义解释法

法学的研究对象是法律，其方法就必须适应法学的法律制度由文字

---

① ［葡］叶士朋：《欧洲法学史导论》，吕平义、苏健译，中国政法大学出版社1998年版，第222页。

② 杨仁寿：《法学方法论》，中国政法大学出版社1999年版，第12页。

③ ［德］卡尔·拉伦茨：《法学方法论》，陈爱娥译，商务印书馆2005年版，第121—124页。

组成的特征。所以法律工作者必须运用文字解释的方法，将文字特征和表达的内容及其差异性作为原则加以解释考虑。文本分析（Text analysis）属于符号学分析，是制度符号的意义及其出台的社会文化意涵的阐发和释明过程，能帮助我们了解制度符号意义上的当事主体之间的连接方式以及与社会结构、意识形态的关系，是相当适于分析制度文本意义结构要素之间及外部结构与内部运作之间所隐含得权利或权力关系的方法。文本分析的理论超越和局限性分析，让实在法找到提升的动力和羽化的质料，以克服部分制度文本的武断性、拘束性的框限。所以，"实在法，尤其是我们国家的现行法，亦需要研究者为之殚精竭虑地进行评注"①。

除法学作为一门规范学，主张运用阐释评注制度文本的方法，组织社会学的制度主义学派也认为，制度是普遍遵守的行为准则。"制度化的规则明显区别于柔性的道德契约，是主导性的类别系统（classification），这些制度化的规则以及规范体系把社会建构成不断重复的类型（typifications）或解释。"②慈善募捐组织是拥有公益慈善价值、宗旨和目标的实体。其成员也不是偶合人群，而是具有共同价值观和迎合共同行为规范的共同体。由此，在涉及公共生活、面向不特定对象进行慈善资源收集、非配的募捐共同体（组织和成员）的行为合法性是给定的，需要有主导性的类别系统来建构成不断重复的募捐行为类型。理解慈善募捐制度整合和规则体系完善的重要性的另一个理论工具是组织分析领域的制度论。

募捐制度在我国是一个重新建构的过程。慈善募捐组织结构是"理性化制度规则的反映，关键是如何让现存的以及将来设立的募捐社会组织能够在募捐行事的方式上吸收和习得新的慈善募捐制度中的做法和程序"③。这其中一个重要的阐释和评注的是有地方立法文本，以及海外相关募捐制度的文本。现有的湖南、上海、江苏、广州等地成文的募捐条例文本或因立法者的局限而未预见，或因情势变更而出现漏洞，也或

① 舒国滢：《法学方法论问题研究》，中国政法大学出版社2007年版，第9—13页。

② ［美］约翰·迈耶、布莱恩·罗恩：《制度化的组织：作为神话和仪式的正式结构》，载张永宏主编《组织社会学的新制度主义学派》，上海人民出版社2007年版，第3页。

③ 同上。

因立法本身理念、方法、手段的选取角度不同，而无法出现概念法学"法典完美无缺"的理想状态。本书第四部分"当代慈善募捐制度供给"当中，更多采取对文本进行批判式阐述的方法，梳理现行涉及募捐的法律、法规、规章文本，并把法律文本放至社会结构、利益格局中进行考量，总结成功的地方立法经验和实践做法。分析制度的优点，承认文本的先进性，更分析现时空制度的不足与不充分，甚至文本的漏洞、滞后或不科学的地方，分析制度内容的越位与缺位，也总结当代中国募捐的制度供给状态与运行困境。基于本书第四部分"盘存式"的国内现行制度文本的解释，第五部分"域外经验"当中，又选择、选取同时代若干国家、地区的募捐法制法令文本（美国、英国、澳大利亚以及国内台湾地区等），进行整理、分析、释明、对比、取舍，借鉴海外关于募捐规范的有益经验，努力使我国的慈善募捐制度在西方工具理性与东方价值理性的糅合中进化。

（三）制度"因果律"的案例样本实证法

募捐是一个社会现实问题。关照现实，在募捐现象、案例样本中进行经验实证，从实践到理论的提炼方法，贯穿于整个研究论证过程中：在第一部分的"全球公益事业发展和中国新慈善的兴起"，第二部分的"慈善募捐发展历史的梳理"，第三部分的"慈善募捐现实形态的归纳"，第四部分的"慈善募捐制度运行困境"等论证过程中，以个案研究（Case Study）推进解释募捐现象样本进行质化研究方法，更多用了杨六斤募款、胡曼丽诉讼、"嫣然天使基金"质疑、壹基金转型与慈善商业化发展、冰桶挑战赛等刊登于《公益时报》等报纸、中国之声等网站上的与慈善募捐有关的典型"人物、事件"进行观察、分析。除了公众资讯平台，还依托每年由中国社科院等研究机构发布的具有专业度、权威性和理论深度的"慈善蓝皮书""公益发展报告""基金会发展报告""慈善捐助报告"及各种关于慈善的透明度指数、发展评估指数，对慈善募捐有关的"数据"进行实证方面的考察。这些资讯蓝皮书和数据报告，是了解中国慈善事业发展的标尺，为本书的展开提供了数据量化的实证基础和制度安排的现实基础。

法学是一门基于实证和问题的规范学，是以规则为出发点，通过制度分配社会中具体当事人之间权利与义务，安排外部监管中的职权与职责，以研究社会关系以及社会组织体和个人共同行为准则的规范性。与之又异曲同工之妙的是组织行为学的新制度论的视角："强调外部胁迫在影响组织方面所扮演的角色，从众的行事方式以及对合法性的需要，最终会在组织领域内以制度符号的同构化和均质化。"① 即强调社会组织在外部压力驱使下而将工作场所职业化，并仿效其他合法性组织而使得行为规范化。这里规范化的过程是迎合合法性、资源提供者的意志以及行动，比如当事人募捐行为实施、监管与管理、许可证与授权以及各种慈善认证的事实与实践。本书对我国募捐制度与募捐实务中的实证资料进行筛选和分析，以募捐典型文本以及募捐典型实务样本中的"人物、事件、数据"进行展开，分析募捐项目设立、募捐组织资金来源、募捐内部治理章程、募捐外部输出运作方式的成败得失问题，以争取为慈善募捐制度设计的"因果律"提供实践、实证层面的支撑。

（四）制度"目的律"的导引建构法

募捐是社会的产物。募捐制度是人类意志的产物。即募捐法律制度既是社会与历史演成之物，又是人类主观设造之物，理性分析以及价值判断必不可少。制度的系统性、科学性、规范性是法规范学的落脚点。因此在募捐现象"因果律"分析基础上，更多还要采取"目的律"的制度论证。"将研究者的主观价值意义融入研究之中，这是法学所难以避免的。"② 法律制度既具经验实在性，又具有价值认知性。"作为规则的法律及其物质设置是客观存在的，同时这些固化符号后面则隐藏了人类对自身的行为的有意识的设计。"③ 而以法律为研究对象的法学方法论中至少应兼顾法律的历史性和主观性之两重品性。法学研究中法治推进的重要意义在于"它能将特定的法价值，甚至新的世界观添加到现行的法律秩序中，促进规律性（regularity）、理性和整体性"④。因此，法律制度的目的是法学研究中的"导引之星"，犹如北极星之与航海者。阐释慈善募捐制度，必先解释制度欲实现何种目的。

---

① ［美］弗朗金：《策略性施予的本质：捐赠者与募捐者实用指南》，谭宏凯译，中国劳动社会保障出版社 2013 年版，第 123 页。

② 胡玉鸿：《法学方法论导论》，山东人民出版社 2002 年版，第 68 页。

③ 李可、罗洪洋：《法学方法论》，贵州人民出版社 2003 年版，第 22 页。

④ 舒国滢、王夏昊、雷磊：《法学方法论》，厦门大学出版社 2013 年版，第 12 页。

　　这就需要以"自由法学"所强调的"依法律自由发现规范"之法学方法论。本书的第三部分"慈善募捐的法律定位及权力来源"以及第六部分"慈善募捐制度的构建与完善"从政府权力与社会权力动态运行的角度，采用目的解释的方法，关注"社会权力"的最新理论，界定慈善募捐的法律定位与权力来源，认为慈善募捐是社会组织依据社会权力而实施的行为。社会权力论隐含着社会治理结构变迁和政府组织、社会组织、企业组织慈善角色转型的时代命题，为研究者提供了一个新的研究领域。社会权力论亦是本书进行慈善募捐制度展开的质性判断和研究目的指引。本书将制度"目的律"为导引，从慈善募捐制度运行困境出发，围绕"政社分开、规范募捐、保障公益"的目的实现，针对慈善募捐输入与输出的过程，通过"整体设计、专项突破"的展开方式，整合募捐理论与实务两方面的材料，进行当代中国慈善募捐制度整合和规则体系完善的研究。

第二章

慈善募捐的发展脉络

第一节 传统中国慈善募捐

"不知来，视诸往。"① 传统中国慈善募与用的发展，绕不开国家、仁政、宗教、社会、道德这几个关键词。孔子、孟子等古代政治思想家认为道德与政治紧密相连，古代典籍中常见的就是保民、爱民、滋养民的"仁政"。传统中国慈善募捐的"募与用""施和受"的发展具有恻隐之心人皆有之、美德至为高贵的道德制高点，又有国家政治、官方慈善在社会福利系统中的重要角色发挥。当今新慈善募捐制度建设与发展亦脱离不了传统慈善的关联性分析。"新"是相对的，新从旧出，旧是新之基。追问慈善募捐的发展之路，是明确慈善募捐法律制度定位、解释当代慈善募捐行为依据的基础。

一 官方赈济"募与用"一而贯之

（一）官方推进的恤老慈幼

作为中国慈善的起步阶段的先秦时期，萌生了慈善的官方推进方式。慈善募捐行为的思想出发点内涵在于"是出之爱心而不求回报的尊重人的生命价值和维护做人尊严的崇高美德。基于爱心、慈悲心、利他心是慈善人群的普遍心理状态，也是慈善事业崇高的重要伦理基础"②。

---

① （汉）董仲舒：《春秋繁露》，中华书局 2012 年版，第 99 页。
② 朱贻庭、段江波：《善德、善举、善功三者统一——论中国传统慈善伦理文化》，《上海师范大学学报》（哲学社会科学版）2014 年第 1 期。

官方通过祭祀活动消灾祛疫。官府以礼养老恤老慈幼，依据年纪和生理状况的不同给予相应的饮食待遇和日常护理。当时的诸侯国还将丰年与灾年各分成大、中、小三等。依据年成，官府在丰年买入粮食，灾年则卖出粮食，实行调剂和接济饥民的平籴制度和通籴制度。而这些官方赈灾活动的财力支持来源于民间的贡赋①。

汉朝以后，统治者重视、提倡以儒家精神博施于民。传统中国，恻隐之心人皆有之，恻隐之心仁之端也。孔子对仁的超越性与可切近性的论证，就是施仁政、仁政就是"不忍人之政"。被尊称为亚圣的孟子，继承并发展孔子的思想，政治上主张法先王，即孟子道性善，言必称尧舜。《孟子·公孙丑上》就有对性善与仁政的著名论述："人皆有不忍人之心。先王有不忍人之心，斯有不忍人之政矣。"就中国传统思想主流的孔孟为代表的儒家看来，治国施行"仁政"是天经地义的。国家慈善的首要目标就是施仁政、广济民，消除百姓的物质贫困和实现特定人群在经济上的自给自足。即官府以仁之心，以民为本，对于无自立之力的鳏寡孤独四类群体，以施仁政而去己饥己溺之心，救助社会弱势群体，如穷人、老人、病人、残疾人、鳏寡孤独等无依无靠之人。但在恤老慈幼、济贫、帮助寡孤独群体的过程中，总是表现为一部分人对另一部分人的施舍。这种"施和受之间的关系终究是不平等的，所以慈善常常带有恩赐性和非制度化的随意性的特点"②。是父母官式的家长制统治，募捐用的社会性、民间性不足。

（二）官方推进的备灾赈恤

汉宣帝时用贡赋、捐税大规模兴建"常平仓"，以备灾荒赈恤之用。官方慈善事业得到了较大的发展。隋唐时期由于国家强盛、国库盈实，全国各州县修建义仓非常兴盛，从粮食入库、储蓄、管理到赈济都有规则可循。两宋时期奉行以文立国，德性的极致就是能够广济天下。因此将儒家仁政思想渗透贯彻于国家的政策诏令，"博施于民而能济

---

① 中国古代的慈善资金与政府财政收入密切相关。农业税赋是指国家向一切从事农业生产并有农业收入的单位和个人征收的一种税负，习惯上称为"公粮"。中国的农业赋税制度起源于夏商周的贡赋制。详细参见郑学檬《中国赋役制度史》，上海人民出版社2000年版，第170页。

② 丁建定、柯卉兵、郭林等：《中国社会保障制度体系完善研究》，人民出版社2013年版，第354页。

众"① 的官方慈善事业进一步发展。仓廪制度是宋代备荒救灾的根基和保障。朝廷非常重视仓廪制度的建设，经常开展带有慈善性质的赈灾活动。不独亲其亲的居养院、安济坊、福田院、漏泽园和慈幼局等慈善机构，设施之全、规模之大，盛极一时。而明清时期官方慈善则不但恢复和发展了前朝的一些官办慈善机构，而且创设了一些新的官办慈善机构，设立了一些恤病助丧慈善机构。这类机构主要有惠民药局、漏泽园等，还设有栖流所，专门收养外来无业或乞食之人的慈善机构。清入关以后，社仓、常平仓等在全国各地照例设置，还新设京通仓、旗仓和营仓等进行官方的慈善赈灾活动。

　　由此可见，传统中国是东方式的官方社会福利供给，是一个强大集权的帝国事务。国家被划分为省、府、县这样的行政单位。地方行政单元所管控的政务，尤其基层一级的县令的统括式职责中也包括对慈济、社会福利的供给。在中国帝王的仁政传统中，慈善事业是社会福利的子系统，官方推进的备灾赈恤在形式上体现为慈善，是备灾以对灾民、乞丐等的赈恤。但从本质上看，官方推进的公益慈善其实是在福利生产、福利筹资、福利输送、福利分配方面对社会福利项目起到了重要作用。其家长式的统治模式，官方赈济"募与用"也不可避免地具有管控、居高临下的意味。善券的发行过程中，政府的"逼捐"现象时有发生，如"康熙三十四年四月初六山西临汾遭遇大地震后，山西府衙便发文要求全省的公差人员捐款给灾民建房子赈灾，募捐具有强制性"②。而一般善券的发行由官员授权批准。负责善券发行日常事务的荣誉官员一般是官员指派其热心慈善或有足够财力推进慈善发展的亲人、朋友。这种善券发行靠亲人、朋友式的信任与托付，更多是以心灵归属和道德而约束具体执行善券发行事务者不玩忽职守。传统善券的发行与格式③，可以从以下样本进行剖析：

　　首先，善券有价值，按面额认购，并有征收期限。据规定，善券价值为360文，一人认购一张善券，也可多人认购一张善券。善款每个季度征收，在三年内必须征收完毕。善券还可以以整户人家根据家族成员

① 周秋光、曾桂林：《中国慈善简史》，人民出版社2006年版，第96—114页。

② 吕洪业：《中国古代慈善简史》，中国社会出版社2014年版，第132页。

③ 朱友渔：《中国慈善事业精神》，商务印书馆2016年版，第53—54页。

和家庭的人数认购相应数量的善券。为了推广善券，鼓励发动亲戚朋友认购任何数目的善券。

其次，善券一般依托善堂善会，有相应的券面格式。一般是向明确捐款捐物的邀劝对象有针对性地发出：

> 受县丞之命协理育婴堂，筹集善款。恳请××××××（住所）×××（姓名）购善券××（数目）张。善款总额共计×××文。×日，×月，×年

再次，善券的认购邀请一般还都会附上道德规劝书，作为善券的附件。道德规劝书力陈慈济的大义和捐款的互益价值。以余钱慷慨解囊，互助社会慈善福利，改善民生：

> 慈悲之心，惠及孤苦。若慈悲之士人捐一文，弃儿便足以生活一天。勿以善小而不为。口角春风，可致他人共襄善举。幸福园中慈之叶、慈之蕾需倾力守护。义举之行，造福他人，惠及自身，泽及子孙。

二　佛家募化与道家劝善"募与用"的融入

中国传统社会慈善事业与佛教、道教关系密切。

（一）佛家募化

佛教自西汉后期传入中国，经东汉到魏晋南北朝时期获得长足发展。魏晋南北朝时期最大的一个特点就是"佛寺办理济贫为主的慈善活动"[①]。佛教教义中的"布施"居于"持戒、忍辱、精进、禅定与智慧"之首，此六者合起来称为菩萨道中的"六度"。大乘佛教福慧双修的理论，强调修福是第一位的修行。《佛说诸德福田经》是佛教慈善事业的理论渊源。佛家宣扬"捐弃浮饰送祸，济物利人迎福，赈灾现享五

---

① 周秋光、曾桂林：《中国慈善简史》，人民出版社 2006 年版，第 261 页。

福，捐款后裔百祥"① 的因果思想，以"财布施、法布施、无畏施"强调人生的付出。其中的财布施就是讲究舍得，只有舍方能得。有财富便可以向人提供财物，帮人渡过难关。布施于人可以从布施贫穷开始。只有学会财布施，才可得到真富裕。南北朝时期之后除个别毁佛时期，各地佛寺众多，不仅在寺院之内接受信徒贡捐，而且有主事募化的"化主"或称"化头"，发心为寺院的募化效劳，专心在外募化财物，并使其笃信因果，公益不沾分毫。

佛寺在募化聚财以供衣钵的同时，也运用自己募化所得的财力乐善好施、济人贫苦。对于贫弱者，知其困厄，如同身受的"众生度尽方成正觉，地狱不空誓不成佛"② 的大慈悲心。佛教圆满的慈善信施，主要体现为赈灾济急、印送佛经善书、开设讲堂言善。明清时期通过佛家募化印送的善书极为普遍，除各式佛经之外，《安士全书》《万善先资》《感应篇汇编》《观世音感应诵》《寿康宝鉴》《历史感应统记》《闺范》等都是通过佛寺印送善书而广泛流传于民间。僧徒们还以源于佛教中的悲悯之心兴设"药藏"，免费施医给药，济世活人，治愈身病心病，慧医兼用佛法。在慈幼办学方面，佛教不仅劝仁人从"业消智朗、障尽福崇"的角度，济人之孤，收养孤儿为子、体恤灾童孤儿离苦，而且一些地方的僧尼也以衣钵余资为本地教育公益，以十方信施为本乡建立讲坛、讲堂，熏陶佛法的同时对幼时知识初开，蒙以养正利国，对于贫儿上中下根的植慧，教育助其自立，帮助贫子弟发展独立助其生计，甚至利用信施、居士的请托，为寒门学子、书生举荐工作。在安老方面，助念养老养病、关怀残疾、寡遗孀娣，使其各得其所。始于明末的烟毒禁戒，也是佛家除患无量的一大领域，不仅宣扬烟毒花钱买害，毒质熏天熏人，而且广传戒烟药房，祈吃烟者试之。佛教还有仁济亡灵，施棺、施济棺殓，建塔，行恤死、卫生之道。佛教僧尼也有募诸善信，各出净资而砌井、燃灯、修桥、铺路等参与民生日用往来交通的公共设施建设。除以"人"为本、为人服务的慈善公益的济贫救难之外，佛教还以"戒杀护生"，食肉为杀劫之因，而捐建放生池，勉放生会，推行放

---

① 释果宁：《佛法即活法》，文化艺术出版社 2010 年版，第 26 页。
② 周秋光、徐美辉：《道家、佛家文化中的慈善思想》，《道德与文明》2006 年第 2 期。

生吃素念佛。以宋真宗时期的典型的佛教募化之西湖赎鱼为例，"杭州西湖数十顷湖鱼迁移，需承买作价八千。当地佛寺恳祈居士、善信随心随力，各出净资，雇渔船、挑运，支付船资、挑资以及日间食用所费数千。捐款交专门的居士负责，收到捐资，当寄收据以报"①。由此可见典型的佛家募化是以特定事项为募款目的，由专人负责，并有捐资收据提供的募用过程。

（二）道家劝善

道教则是中国的传统宗教。它继承与发展了老庄道家思想，把"道"作为天地万物的最高抽象意念，强调人应当顺阴阳之道而行，效法自然。世间万物都是禀道受气而来，无贵贱，因此人要发扬"齐同慈爱"的精神，爱人爱物，追求平等，得天心意，以长吉。《老子》在八十一章中论述"圣人不积，既以为人，己愈有；既以与人，己愈多"。即老子认为不能有独占之心，而是尽力照顾他人，自己也更为充足和丰富。并以此为基础，就能达到"常善救人故无弃人，常善救物故无弃物"的清净和谐世界。《庄子》在《盗跖》篇中就金钱和有财进行了论述："平为福，有余为害者，物莫不然，而财其甚也。……及其患至，求尽性竭财，单以反一日之无故而不可得也。故观之名则不见，求之利则不得。缭意绝体而争此，不亦惑乎！"道家主张平淡是福，多余是害，有财更要能舍，进而去捐助，以在金钱上求得平衡。

信道、修道、行道不是孤高自赏的修仙，履行教义的同时还要有利他的实际活动合而为一，爱人爱物，强调道德，让人摆脱金钱、物质的枷锁，恢复人类原有的少欲的自然和谐状态。"道家主张圣人不积，平为福。"② 有财者要能舍，这样才能达到"修之于身，其德乃真；修之于乡，其德乃长"的效果。因此道教的慈善活动常常以各种消灾解厄、赐福避祸的宗教性仪式行为，来达到社会慈善和谐的目的，其中也融入了道家劝善的"募与用"。

历朝历代，佛教、道教的民间社会活动主要以同善会、放生会、救生局、丧葬善会等的"募与用"而得到财物资金上的补足、平衡。庙

---

① 弘化社：《印光大师说佛教圆满的慈善》三编卷四，赎迁西湖放生鱼募缘疏。
② 李佳谕、王佩玲：《公益劝募的探析》，台湾松慧出版有限公司 2009 年版，第 20 页。

宇、道观的募化、劝善、布施、赈恤、收养贫困者和废疾老人方面，也在客观上发挥了慈济的作用，甚至在一定历史时期发挥了重要的社会福祉作用。佛、道等的理论见解和宗教教义为官方、正统赋税之外的具有社会资源集聚功能的募捐注入了宗教价值判断。比如佛家的慈悲为怀、普度众生等这些宣扬积德行善、乐善好施，道家的道法自然、知足常乐的学说，为中国传统社会趋善行善、扶贫济困、乐善好施提供了思想上的"原动力"。正因如此，佛家募化与道家劝善"募与用"在中国民间社会得以融入，并成为一股重要的民间慈善募捐力量。但佛教、道教的募化劝善具有精神信仰的稳固向心力以及募捐用过程中鲜明的宗教教旨，因而其发展也日趋脱离政治话语和凡尘俗世规则，成为宗教弘法、修行的方式之一，因此也日趋封闭化和宗教自治化。

民国时期鉴于推行训政需要，佛教的寺庙、庵堂，道教的宫观（统称"寺庙"）等应当依照《寺庙登记条例》和《寺庙登记规则》进行相应的表格范式的登记。对于宗教事务，只要不违背良善风俗及扰害社会秩序，宗教活动不"违反党治"，提倡宗教自主和信教自由。但从南京国民政府时期也开始对宗教参与社会公益慈善事业的活动进行制度规范，颁布《寺庙兴办公益慈善事业实施办法》和《佛教寺庙兴办慈善公益事业规则》，要求寺庙必须每年分两次向政府缴纳兴办公益慈善事业的款项，用于济贫救灾、育幼养老、教育、卫生等公益慈善事业，100元未满者出1%，100元以上300元未满者出2%，以此类推。不过对此缴纳的规定是针对佛寺，基督教堂的教产、清真寺的寺产、喇嘛寺庙的庙产收益没有在国民政府内政部的规定之中，并且对于宗教的募化以及使用，从整体上还是被界定为宗教的自主事务，政府部门对宗教的募捐用事务不予过多干涉。

三　士绅与商贾民间慈善"募与用"的发展

"传统代表过去的观念、感情和欲望，是一个缓慢的社会遗传积累过程，更是社会中不同人群综合作用的产物。"① 我国传统基层民间社

---

① ［法］古斯塔夫·勒庞：《乌合之众：大众心理研究》，冯克利译，中央编译出版社2004年版，第64页。

会，家族以血缘为纽带，并通过与地缘的结合，形成了家庭、宗族为核心要素的民间社会结构。同姓有宗祠，巨商大贾聚族而居，重宗谱、立家庙。由此在数千年的传统社会结构中士绅逐渐发展成为宗族的主导力量，他们也成了皇权（天子）以及皇权的代表（官府、官僚）之外对老百姓以及地方社会提供公共治理的重要主体。

士绅与商贾的民间捐资所涉及的"募与用"更多地是以个人、家庭、家族的威望和德行为背景的"好善乐施"。比如"汉武帝元鼎元年，江南发生大水灾，户曹史陆续以个人的捐资设立粥馆，对近六百名无家可归的灾民广施粥食"①。中晚唐时期，民间人士出私资开始突破地缘和血缘的限制，不仅进行临时的小额施予，而且建立公共设施设立公共机构，不仅赡贫恤族、购置田产，而且救济范围有了新的扩大，设立义渡、义井、义庄等对社会弱势群体进行经常性的救济。两宋和明清时期，士绅、商贾笃乡谊、萃善举，捐修文庙、书院、义学考棚、义仓、桥梁道路，具有较强的影响力和资源集聚能力。尤其是在明清时期，民间基于血缘、地缘以及业缘的各式善堂、善会林立，广拓经费来源渠道，为了在财力物力上保障这些善堂、善会的维持与推动，也开始尝试通过出租田地、房屋收取田租、房租，或将银两存入典当获得利息的适当的善财打理和经营活动。

这些民间慈善背景大多为官办支持或官督民办。此类公益性质的募捐主要通过官府文告、聚会讲演和私人交流等方式进行，在募与用的具体实施上更多还是民间社会性。比如"南宋时句容县道路艰难，县令委托当地兴教寺长老率僧徒募捐化缘，当地百姓纷纷响应。资金募足之后，政府放手聘请志愿者管理财物支出"②。加之贩运商业、人口迁移以及科举制度所形成的"移民乡井的群体之间的互济互助，参与群体和社会阶层广泛，使会馆的募用常态化、组织化与规范化"③。

明清时期，地方士绅和商贾逐渐成为募捐，推进赈济、教育（义学义塾）、文化（道德宣讲）等改善民生的重要参与力量。尤其是在晚清，由于皇权的衰落，绅权的兴起，不仅有"社会贤达李金镛、经元

①　吴礼明：《后汉书精华注译评》，长春出版社 2008 年版，第 310 页。

②　张文：《宋朝民间慈善活动研究》，西南师范大学出版社 2005 年版，第 82—83 页。

③　王日根：《中国会馆史》，东方出版中心 2007 年版，第 174—269 页。

善、张謇等人参与大规模义赈、募捐、捐款"①，也有凡人善举的行乞集资"募与用"的点缀。比如清末山东堂邑县来自社会底层的奇特的"乞丐慈善家"武训靠乞讨攒钱办义学，甚至为筹善款而自我牺牲，生吞蛇蝎、破砖碎瓦甚至吃屎喝尿，以苦情求人施舍。到光绪十四年（1888 年），武训用募捐的钱物建起瓦房 20 间，成立"崇贤义塾"②。

甚至在公共安全和社会安全保障方面，地方民间力量为弥补官府缺乏救生、救火部门的不足，而自发设立救生团体和救火团体进行资金筹措和管理运作。芜湖救生局、宜昌红船（富商李云奎募集当地常渡江运货商人的资金，造船三艘，周身漆以红色，为西陵峡两侧崇山峻岭间长江行船提供救生和导航之用）、上海同仁辅元堂的"担水救急"部门（善堂募资在上海设十一处救火处，设司事、水夫，配备灯笼、号衣等消防辅助设施，负责为市民救火）就是其典型形式。以芜湖救生局为例，芜湖湖面辽阔，多惊涛骇浪。救生局设在湖边，以救助落水者和倾覆船只为组织使命。芜湖救生局共有 12 名董事管理日常救人、捞尸、打捞船只及货物等事务。其在管理运作和公益资金筹措方面，体现出募捐的社会性、民间性，程序的仪式性以及募集资金方式的多元性，甚至还有募捐社会公众监督以及以神灵庇护、神灵查验为善款维持奠定民众信任基础的公开征信仪式和程序。

救生局的经费除一小部分来自当地官府，大部分由救生局向社会进行募捐。为增加救生局资金来源渠道，救生局还设有义渡，靠民众捐款，购置义渡船六艘，建立码头和售票所，并有一个旗杆。旗杆挂旗，义渡售票载客摆渡。为了鼓励社会捐款，义渡规定捐款多的人可以获得渡江通票。乘客凭票登船，船满座即摆渡。遇病人、前去就诊的医生以及操办红白喜事的乘客，船坐不满亦启程，体现公益和公共服务的宗旨。救生局每个月对经费来源和实际使用情况的账册，进行严格的公示。每一年还制作年度的征信录。年度征信录一式三份，一份交当地知县，一份留存，还一份年度征信录在祭神时，由所有董事在场在神灵前宣誓，并郑重地在神前焚化。宣誓词为："救生局全靠善款维持。救生大事，不敢

---

① 朱英：《近代中国商人与慈善公益事业的发展》，《湖南师范大学社会科学学报》2013年第 1 期。

② 李泉、邢培华：《千古义丐武训》，山东文艺出版社 2004 年版，第 24—48 页。

滥用善捐，有负众人信任。做此征信录，祈求神灵查验，以示公正。"①

整体来看，"中国传统社会一方面是君臣的皇权运作体系。皇帝是天之子，是万民之主。但秦汉以后的帝国机制更多还是明主治吏不治民以及皇权不下县的官僚法治思想的贯彻与执行"②。因此，真正民间、社会意义的民间社会慈善募捐，以士绅与商贾为主体，以个人在宗族、乡里的影响力进行善财的"募与用"，士、工、商阶层是民间"募与用"的主流和主体。农阶层及凡人善举之"募与用"只是传统中国社会慈善中的点缀。正因如此，中国古代民间募捐的特征表现为"首善繁盛"，普通民众更多地体现为"劳苦大众"，是社会慈善的受者。首善（"士、工、商"阶层）有道德的制高点和居高临下的慈悲救苦救难心，依托义庄、会馆、宗族组织进行"募与用"的普遍化、庶民化和经常化。而这种嵌入体制内的"首善繁盛"与官方赈济的叠加，是基层社会与国家权力互动、补足关系的展现。

中国古代募捐建立在集权帝国、官僚法治的宗法社会之上，"官方慈善、宗教慈善、宗族慈善和士绅商贾的社会慈善交相运行"③。从募捐用的行为实施主体来看，"政府机构、家族宗族、宗教团体、会所、教育机构、慈善组织和善人是古代募捐解困危的主要主体，对中国封建统治者维持其政权有不小的贡献"④，也对社会福利的增进和民生的提高做出了不小的贡献。当然，"社会福利和慈善事业融合中，也分清主次。社会福利制度始终是主导全体社会成员的福利需求满足的主要力量，慈善事业在社会弱势群体的福利满足方面仅发挥其对社会福利制度的补充作用"⑤。因此在社会福利和慈善供给之间的主次关系上，募捐一以贯之的是官方赈济"募与用"，以官府为主体承担对社会的养济为主，在本质上还是属于官方的社会福利供给，民间慈善只起辅助和补充

①　朱友渔：《中国慈善事业精神》，商务印书馆 2016 年版，第 91—95 页。

②　李贵连：《法治是什么：从贵族法治到民主法治》，广西师范大学出版社 2013 年版，第 65 页。

③　周秋光、林延光：《传承与再造：中国慈善发展转型的历史与现实》，《齐鲁学刊》2014 年第 2 期。

④　李永军：《我国古代公益募捐事业若干问题研究》，《广西社会科学》2011 年第 12 期。

⑤　丁建定、柯卉兵、郭林等：《中国社会保障制度体系完善研究》，人民出版社 2013 年版，第 355 页。

的作用，并有极强的集权、宗法、道德色彩。家族宗族、善会善堂、宗教组织的道德自律是中国古代一般性民间募捐的常态。

而涉及地方政务治理、社会秩序稳定的较大范围、较大影响的募捐，官府则对此类募捐活动更多地是官督民办的掌控，采用告示、布告、榜文等形式进行若干规定。乃至以官方的褒扬对民间的公益慈善进行褒奖、鼓励和收编，使个案、特例的民间首善、大德融入官方话语，形成德政的政治象征符号，进而以政治象征符号引导、主导社会百姓的向善、从善的舆论。因此，在中华法系"德主刑辅"的传统下，国家针对募捐的律和例都明显不足，告示、榜文为其常态，系统的制度化、法典化不够，效力有限且缺乏稳定性。

第二节　近代中国慈善募捐

中国古代慈善以官赈为常态，民间的善人善举受制于帝国的结社禁令而更多体现为个体行为，宗法组织化程度高、重道德约束，但制度性不强，多为家户血缘庇护和同乡救助的慈济道德范畴。近代以来，西方慈善的输入以及本土救亡图存中大难大悲大慈的社会现实，晚晴、民国时期的募捐发展有了新的特点。

一　慈善组织的规范化募捐

（一）清末有组织的义赈

清末"丁戊奇荒"，天气亢旱，麦收大坏，山西、陕西、河南大饥，赤地方数千里。1877—1878 年死亡 1000 万人以上，是清代最为惨酷的灾荒。旱灾发生后，人口锐减、经济凋敝，官赈应接不暇，民间义赈发挥了重要作用。山西榆次、平遥、太谷、祁县、介休等县持有功名的商人富户设局开捐，广筹赈粮。"地方富户、士绅参与就地捐输，极大地弥补了官赈之不足。"① 而南方地区，"地方士绅精英通过联姻、行

---

① 郝平：《丁戊奇荒：光绪初年山西灾荒与救济研究》，北京大学出版社 2012 年版，第 255 页。

善、书院和诗社等实践和组织形成网络化的赈济关系网络"①。这些赈灾实践开创了近代民间大规模有组织义赈的序幕，也进一步推动了近代化的慈善政治、法律环境的改善，《结社集会律》《城镇乡地方自治章程》对于集会结社权利的认可以及对地方绅民发挥才智、参与慈善、构建地方基层治理结构提供了重要制度保证。制度内容见表 2-1。

表 2-1　　　　　　　　　清末慈善立法的初创

	颁布时间	名称	基本内容	备注
晚晴	1908 年	《结社集会律》	严禁秘密结社潜谋不法者，学术、艺事、宗教、实业、公益、善举，经久设立则为结社，临时讲演则为集会	1911 年进行修订，颁布《修订结社集会律》
	1908 年	《城镇乡地方自治章程》	地方自治以专办地方公益事宜辅佐官治为主。按照定章由地方公选合格绅民，受地方官监督办理。该章程对慈善有专条表述：所谓善举包括 "救贫事业、恤嫠、保节、育婴、施衣、放粥、义仓积谷、贫民工艺、救生会、救火会、救荒、义棺、义冢、保存古迹，其他关于本地城镇乡善举之事。"	改变中国传统官僚科层制的管理结构，发挥地方绅民才智，构建地方基层治理结构

资料来源：蔡勤禹：《中国近代慈善立法概述》，《南京晓庄学院学报》2015 年第 2 期。

(二) 民国的制度化募捐

民国时期，频发水灾、旱灾等自然灾害，加上频繁的战乱，政治上的不稳定，政府疲于应付各种事变。民间力量承袭了清末参与慈善这一公共领域的传统，慈善回归民间，社会慈善事业有了更大的发展。民国时期社会慈善救助团体甚多，几乎每次出现天灾人祸，都有民间慈善社团的介入，如 "同乡会、青年会、红十字会等等还有进步报刊的募捐动员、组织征募、积极认捐"②。尤其是成立于 1922 年的华洋义赈会，是筑路、治河、修渠、掘井，实施农赈，与国民政府有密切合作，推进农村合作运动的各种计划以增进农村福利的办赈公益组织典范。仅 1920 年华北旱灾和 1931 年江淮水灾救济，政府提供的赈灾款项就达到 570 余万元，成为华洋义赈会募捐资金的重要组成部分。除了政府的拨款之外，"国内

---

① 朱浒：《地方性流动及其超越——晚清义赈与近代中国的新陈代谢》，中国人民大学出版社 2006 年版，第 52 页。

② 周俊利：《大公报社与武汉抗战时期的募捐》，《湖北社会科学》2009 年第 1 期。

外募捐的捐款也是华洋义赈会基金的主要来源。义赈会的国外捐款占了绝大部分，且以来自美国的捐款居多"①。民国时期历次灾害的赈灾当中，"美国红十字会、华灾协济会都积极为义赈会募捐，仅华灾协济会前后捐款就达1177万余元。国外捐款总计达1200万元。1931年以后还申请了银行贷款，这些款项主要用于举办合作社，进行农村放款"②。还有，在灾荒频发、兵燹连绵的民国时期出现了一个庞大的慈善家群体，慈善人物的群体化、慈善机构的多元化、慈善救济的跨区域化。比如说，民国熊希龄就被称为"慈善之父""慈善总理"，还有张謇、盛宣怀等。

　　为保障慈善活动有序开展，南京国民政府出台了一系列有关慈善募捐管理法律法规，使慈善募捐管理制度化、专业化程度得到提高。1929年国民政府颁行《监督慈善团体法》，抗战胜利后又颁布《社会救济法》《监督慈善团体法施行规则》从宏观角度对募捐管理进行指导。1943年颁布《统一募捐运动办法》对募捐进行细化调整。上海（1946年《上海市私立救济设施统一募捐办法》）、广州（1929年《私立慈善团体注册及取缔暂行章程》）、青岛（1929年《青岛市公益慈善教育团体募款限制规则》）等市政府还颁布了地方性慈善劝捐注册办法。③ 政府以强力登记和审批对民间的慈善募捐进行监督和管理，以政府的他律来遏制假冒慈善名义劝捐敛财。

　　民国慈善及募捐法制体系雏形，参见表2-2。

表2-2　　　　　　　　　　民国时期慈善及募捐的制度环境

	颁布时间	名称	基本内容	备注
北京政府时期	1912年	《内务部官制》	内务总长管理赈恤、救济、慈善及卫生等事务 内务部下设民政司执掌贫民赈恤、罹灾救济、贫民习艺、盲哑收容、疯癫收容、育婴恤嫠、慈善及移民等事项	1912年12月公布《修正各部官制通则》，将民政司改为民治司。民治司设置5科，由第4科专管救济及慈善事项

① 蔡勤禹：《民国慈善组织募捐研究——以华洋义赈会为例》，《湖南科技学院学报》2005年第2期。

② 蔡勤禹：《民间组织与灾荒救治——民国华洋义赈会研究》，商务印书馆2005年版，第367页。

③ 曾桂林：《民国时期慈善法制研究》，人民出版社2013年版，第225—228页。

（续表）

颁布时间	名称	基本内容	备注
北京政府时期	1913 年	《捐资兴学褒奖条例》	共 8 条，奖励范围是"人民以私财创立学校或捐入学校"的行为及相关的教育善行，将奖励等级依据捐资数额分为 7 等，其中银质奖（需捐资 100 元）三个等级，金质奖（需捐资 1000 元）三个等级和一个匾额奖（捐资 10000 元以上）	1914 年、1918 年、1925 年三次对该条例进行了修改和完善，补充了团体捐资、华侨捐资、遗命捐资等褒奖情形及 20000 元以上捐资兴学的特奖办法
	1914 年	《中国红十字会条例》	共 11 条，规定红十字会职能、经费、管理等诸多方面。规定中国红十字会应募款设立医院，造就救护人才，并储备医务救护物资和材料	是我国第一部专门以单个慈善公益组织为名而颁布的国家法律
南京政府时期	1928 年	《国民政府内政部组织法》	内政部管理国内民生事务，下设 4 司 1 处，其中，民政司的职掌包括赈灾救贫及其他慈善事项	1928 年底修订的《内政部组织法》增设礼俗司，负责慈善公益事业的褒扬等事项，统计司负责慈善团体的统计事项
	1928 年	《各地方救济院规则》《管理各地方私立慈善团体机关规则》	要求各县级以上政府机构所在地要建立救济院。要求维持原状和新设立的私立慈善机关要将名称、地址、所办事业、财产状况、职员名单等详细造册向主管机关呈报并报内政部备案；私立慈善机关或因某一事件而设立的临时组织之慈善机关，如须募捐款项时，应先呈请主管机关核准，并将收据捐册编号送主管机关盖印方为有效	主管机关可以对各私立慈善机关各项册报随时派员检查
	1928 年	《义仓管理规则》	对义仓的设置、积谷的筹集与使用、义仓管理委员会等进行明确规定各地方的义仓为补充或筹集粮食，可采取劝募方式进行筹措。"劝募办法由县、市政府或地方法定团体邀集辖境内殷实住户或热心公益人士劝令量力认捐，并得选派公正人士登门劝募。其募获之数，亦应开具清册，由县、市政府呈报民政厅备案并公示周知。"（第 8 条）	是中央政府最早制定的有关官办慈善募捐管理的法规

续表

	颁布时间	名称	基本内容	备注
南京政府时期	1929 年	《监督慈善团体法》及《监督慈善团体法施行规则》	对慈善团体的发起（5 人以上有名望者，且无劣迹可指正的发起人）、登记（必须是从事济贫、救灾、养老、恤孤及其他以救助事业为目的的纯粹慈善活动）、检查（凡慈善团体不得利用其事业为宗教上之宣传或兼营为私人谋利之事业，如有违反，主管机关可以将其解散）、造册等事项进行明确规定 规定慈善团体需要在主管机关的管理下，按法定程序和要求进行立案注册方为合法	要求慈善团体发起人要向主管机关备具正副呈请书并附具章程、所在地址、所办事业、登记清册、财产目录、印鉴单、全体社员名册、职员名册、慈善团体的历史沿革及附属机关等相关资料。地方主管机关对慈善团体的呈请进行审核或派员调查
	1929 年	《捐资兴学褒奖条例》	共 10 条，捐赠主体分个人、团体和华侨。捐赠奖励根据捐资多寡，分为 5 等，奖品以奖状形式发放，不再分金银质奖章	颁布的级别提升：北京政府时期由教育部颁布，南京政府时期，该褒奖条例则由国民政府颁布
	1929 年	《捐资举办救济事业褒奖条例》	规定捐资兴办卫生事业、捐资兴办水利防御水灾等各类捐赠都有相应的褒奖办法	
	1929 年	《赈灾物品免税章程》	运往灾区进行赈灾的物品，包括米、杂粮、面粉、衣着、被服、粮食种子、灾区所必需的各项用具及材料牲畜，由办赈机关向主管税收的管局申请免税，由财政部进行审核并颁发免税的护照。持有免税护照，才可享受赈灾物品过卡免税待遇	免税仅限于重大灾荒发生后赈灾物品在运往灾区时的路卡及铁路交通免税。对个人的捐赠没有规定相关的税收优惠
	1930 年	《各省赈务会及县市分会会计规程》	记账单位以国币银元为准；各省赈务会应备有会计现金簿、现金月结表、拨款报销簿、经收捐款清单、工赈清单、采购赈粮清单、现金赈济清单及放赈清单，县市分会也酌情使用各表单；"凡遇赈款收支，应随时按照科目分别记账"；"各项账单发票存根及复写副本等，须由各经手人按口（类别）整理，交由会计负责保管"；"各项支出应有正当之收款人，或其代理人之收据发票等为证。如果事实上不能取得收据者，应当由经收人声叙事实，开单证明。"	是南京国民政府出台的专门的"募、捐、用"财务监督法规

续表

颁布时间	名称	基本内容	备注
南京政府时期 1939 年	《统一缴解捐款献金办法》	共 9 条，其适用范围是凡国内外各项捐款献金，如月捐、慈善捐、慰劳捐、寒衣捐、义卖献金，或其他献金、献值、献息以及捐献金银器具、首饰、房屋契据、有价证券等可以随时变现者，均适用之	国内外各项捐款献金，均缴解财政部统一经收，分户汇存拨用，以应战争之需
1943 年	《统一募捐运动办法》	凡举办公益慈善及文化教育事业而捐募财物，得适用本办法。捐募用途属于全国性者，可以向国内外募集之；属于地方性者，只许在各该地区内募集之。但慈善事业中之灾难急赈不在此限" 要求"凡发起各种募捐运动，应先将计划、用途及募集方式报告该管社会行政机关，会商各该事业主管机关核准。但向国外举行捐募时，须呈经行政院核准"	首次规定捐募行为应遵守的 5 项原则： 一是"应尊重应募人力量捐认之自由，不得以任何方式摊派，并不得以认募人之身份为捐募之比例"；二是"不得拦阻交通或利用其他机会强迫捐募"；三是"以游艺或义卖等名义发售捐券，应当场或利用其他场会公开竞卖，不得派送"；四是"凡关于捐募财物劝募时所发之临时收据、券票，概应由经募机关团体盖印、编号，额面有价值者，不得折扣"；五是"捐募开支应力求节省，在实募 10 万元以内者，以 5% 为限；超过 10 万元者，其超过数额以 2% 为限，不得支经募报酬"
1943 年	《社会救济法》	有两条规定涉及慈善救济组织的募捐 第 46 条："各种救济设施，得于设置时筹募基金，其因事业发展而扩充设备者，并得增募基金，但团体或私人举办之救济设施，非经主管官署核准，不得向外募捐。" 第 47 条："救济经费之募集，不得用摊派或其他强制征募方法。"	是南京国民政府社会保障的"母法"，对募捐监管传承与继受了募捐许可、募集自愿的原则，同时又拓展规定募捐主体资格及募款用途，即以善款建立基金，使之具备理善财功能

资料来源：根据《中华民国法规大全（一）》（商务印书馆 1936 年版）以及曾桂林《民国时期慈善法制研究》（人民出版社 2013 年版）整理。

二　政治性募捐合法化

（一）政治体制之外的革命募捐

清末民初，因为孙中山"革命合法化"① 思想的影响与传播，而正式走入中国历史舞台的在政治体制之外的政治性募捐开始出现：光绪初年《申报》协赈所以报刊登载募捐公告，将募得赈款分期分批汇解，是"实行募赈分离的专门性慈善募捐组织的雏形"②。还有，为了支持国内革命，资助辛亥革命，美洲致公堂成立"美洲洪门筹饷局"③ 专门在华侨中募集革命捐款。尤其在辛亥革命期间，"国内广州、苏州、上海等地商会及其下辖的商团、募捐团为革命军筹集作战资金，募集军政费"④。各地商会积极凑资支持革命党人推翻清王朝专制统治，"四川恤捐会与战地慈善会合并成立上海救恤会，主要进行政治募捐，并救恤战争难民，支持革命军和新政权"⑤。这些自下而上的革命式的政治募捐，因此也具有了多重权力场域中话语表达的含义。作为革命的政治募捐，既是一个聚集社会资源的过程，也是一个社会主体利益博弈的反映。私人利益与公共利益或多元利益的博弈，是革命募捐不可避免涉及的内容。在革命合法化和中国近代政治大变局的背景下，革命性团体和社会组织的募捐，意味着自下而上的社会物力财力乃至人力的集聚，亦与正式的官方政府资源和主体竞逐发展空间，建构社会的行为策略。这种官方正统政治权力掌控之外的，从革命钱财的募捐用中体现出与社会民众的亲和以及向商业资本的渗透，在民间、社会的不同场域（field）中获取资源，体现了政治体制之外的革命募捐的话语表达。

（二）政治体制之内的政治募捐

在对于革命成功、政权建立后体制内的合法捐资，国民政府还有具

---

① 孙中山认为革命就是要为民众取得利益，要为民众谋衣、谋食、谋居乃至解决土地和资本等一系列问题。实现自由、平等、博爱便是革命之大义所在。一国之人皆负革命之责任。参见《孙中山全集》第 9 卷，中华书局 1981 年版，第 532 页。

② 周秋光主编：《中国近代慈善事业研究》上册，天津古籍出版社 2013 年版，第 77 页。

③ 章开沅主编：《辛亥革命辞典》，武汉出版社 2011 年版，第 323 页。

④ 虞和平：《中国史话·近代区域文化系列之商会史话》，社会科学文献出版社 2011 年版，第 69 页。

⑤ 杨道波、李永军：《公益募捐法律规制研究》，中国社会科学出版社 2011 年版，第 72 页。

体的褒奖，按照其"捐资多寡，由市县政府、省政府或隶属行政院之市政府、国民政府分别题给奖匾。已受奖匾者，如果继续捐资，还可以一并计先后数目进行褒奖"[①]。比如在 1913 年的《捐资兴学褒奖条例》，就有 8 条对捐资兴学进行褒奖，奖励范围是"人民以私财创立学校或捐入学校"的行为及相关的教育善行，将奖励等级依据捐资数额分为七等，其中银质奖（需捐资 100 元）三个等级，金质奖（需捐资 1000元）三个等级和一个匾额奖（捐资 10000 元）。1914 年、1918 年、1925年三次对该条例进行了修改和完善，补充了团体捐资、华侨捐资、遗命捐资等褒奖情形及 20000 元以上捐资兴学的特奖办法。

而到了南京国民政府时期，1929 年由南京国民政府颁布的《捐资兴学褒奖条例》共 10 条，把捐赠主体分个人、团体和华侨进行类型化表述。对于社会团体、个人以及海外华侨的捐赠奖励根据捐资多寡，分为五等，奖品以奖状形式发放，不再分金银质奖章。除了《捐资兴学褒奖条例》，1929 年南京国民政府还颁布《捐资举办救济事业褒奖条例》，规定捐资兴办卫生事业、捐资兴办水利防御水灾等各类捐赠都有相应的褒奖办法。这种官方正统政治权力掌控之内的，从本应由政府提供的卫生、教育、公共基础设施建设，体现了社会募捐资源对政治体制之内的福利事业进行"添油加柴"式的帮忙，而不是添乱的话语表达。

三 国防与抗战劳军募捐常态化

民国时期，政府财政往往捉襟见肘，支持前线抗战的慈善募捐，慈善募捐团体向社会各界广为劝募也是这一时期具有鲜明特色的公益现象。尤其是在抗战期间，在爱国主义与民主主义激励下的支援前线、赈济难民难童的募捐活动中，有"中央、省地方政府和各社会团体的共同参与的新特点"[②]。政府极力支持和鼓励慈善团体通过义卖、义演等多种形式，筹集款物支持抗战。比如旅沪同乡会在"一·二八"淞沪抗

---

① 张宪文、方庆秋等主编：《中华民国史大辞典》，江苏古籍出版社 2001 年版，第1480—1481 页。

② 周俊利：《抗战初期武汉募捐特点研究》，《武汉理工大学学报》（社会科学版）2009年第 5 期。

战中的救援活动①。又如在武汉抗战时期，政府、民众联合社会团体成立征募的组织，在武汉组织了几次较大规模的募捐运动，如"汉口大公报社献金、救护伤兵运动、七七献金运动、三十万封慰劳信运动等"②。特别是"七七"献金运动，作为抗日救亡最有影响的爱国募捐运动，原定为三天的募捐活动因民众的爱国心愿高涨而延长了两天，"五天的献金运动中即取得募集100万元的好成绩，大大振奋了抗日前线将士的士气"③。

为有效管理国防与劳军募捐的财物，1941年国民政府还公布了《统一缴解捐款献金办法》（民国三十二年，1943年5月18日进行了修正），其要旨是："凡国内外各类捐款或者献债、献息以及捐献金银首饰、房屋、器具、有价证券等可以随时变现者，均适用该办法。在该办法公布之前所有已经核准各机关团体征募捐款或献金之剩余，均应在该办法公布后3个月内缴解国库核收"④。总之，该办法要求国内外各项捐款献金，均缴解财政部统一经收，分户汇存拨用。各项捐献款统由财政部委托中央、中国、交通、农民四银行及其转为委托之银行经收及其缴解。并规定了具体的经收、缴解手续。该办法以制度的统一安排，尽可能地集中国家和民间的资源支持前线抗战和战争赈济。并且"劳军募捐的媒体宣传、义演义卖等新颖募捐手法被创制和使用"⑤。抗战背景下的募集寒衣运动、文化劳军、鞋袜劳军、献机运动等成为民族民众抗日募捐的重要展现形式。

抗战期间，作为民间社会的各地商会也几乎无一例外地将"联络群情""民族大义"列为自己义不容辞的职责。老乡和同业者通过地缘性、行业性乡帮组织形成声气相通、群力相合的互助网络，不仅在联商

---

① 周峰：《旅沪同乡会在"一·二八"淞沪抗战中的救援活动》，载王国忠、吴玉林主编《红十字运动研究》2016年卷，合肥工业大学出版社2016年版，第204页。

② 武汉地方志编纂委员会办公室：《武汉抗战史料》，武汉出版社2007年版，第409—416页。

③ 周俊利：《国家与社会关系视野下的武汉抗战时期募捐》，《河南理工大学学报》（社会科学版）2009年第1期。

④ 王懋功：《社会法规汇编（中华民国三十五年七月第一辑）》，华美印书社，中华民国三十六年六月二十日订发，第96页。

⑤ 李永军、杨道波：《我国近代公益募捐事业发展的历史特点》，《广西社会科学》2010年第4期。

情、施医、济贫、兴实业方面发挥着举足轻重的作用，而且成为抗战时期开展筹募赈款一个重要的资金和物资的来源。面对经常性的、巨额国防和劳军募捐，为了保证统一捐款献金收支的真实、统一、有效，国民政府还在《统一缴解捐款献金办法》中规定了外部的督查程序，即凡以各项捐献款举办各种事业，其账目及经办情形，由行政院随时派员查核。

综上，民国慈善事业的社会性和现代性，募捐的常态性，推动民国公益慈善募捐规则开始向国家制度化、法制化转变。

第三节　当代中国慈善募捐

1949 年新中国成立后，国民政府时期的以《六法全书》为代表的民国时期的所有法律制度被废除。慈善也因"只讲慈爱，不讲阶级"①而被遗弃。加之在计划经济时代，政府长期统包社会救济和社会福利，单位办社会。个人在单位之下成为名副其实的"单位人"。在国家—单位—个人之间的链条式关系成为社会控制的主体性构成要素，单位体制的资源配置起到决定性作用。虽然在改革开放前，新中国的"慈善募捐确已沉寂但并没有被完全否定"②。但代表国家的政府以及贯彻政府意志的单位办社会，社会资源分配、民间慈善募捐几乎没有存在的政治意义和社会空间。

改革开放给公益慈善事业提供了发展的契机。1981 年中国第一个以公开募集资金的形式为儿童少年教育福利事业服务的中国儿童少年基金会成立。该基金会通过向全国公开募集资金积累善款，其运作的"希望工程""春蕾计划""爱德项目"等在全国几乎家喻户晓。20 世纪 90年代，慈善机构也开始以官办的形式得到恢复。1993 年中国出现第一家地方性官办慈善组织——吉林省慈善总会。1994 年全国性的官办慈善机构中华慈善总会成立。经过二十多年的发展，目前慈善总会在全国拥有 260 多个在各省、市次第设立的协会分会会员单位，形成一种官办

---

① 周秋光：《中国慈善发展的战略思考：历史与现实》，《湖南师范大学社会科学学报》2013 年第 1 期。

② 李永军：《改革开放前公益募捐法律规制介评》，《社会保障研究》2011 年第 6 期。

慈善的热潮。以中华慈善总会为首的官办公益慈善基金会的筹款能力和善款支出量也逐年提高，并且慈善总会、分会、红十字会等官办慈善（公募基金会）占主导地位。截至 2008 年 9 月，慈善协会、红十字会以及民政部门的救灾募捐无论是在总额还是在吸收社会慈善资源的占比上，都呈现出明显优势。

2008 年，是新中国从官方公益向社会公益转型发展的"元年"。在南方雪灾、汶川地震两场灾难的救助活动中，社会各方力量包括个人、企业、媒体和公共知识界、文艺界以高度的热情参与到慈善募捐活动中来。2008 年中国社会捐赠突破 1000 亿人民币，形成了几近疯狂的社会"公益潮"。之后直到 2010 年，社会公众的捐赠社会捐赠总额均过千亿，这与这几年自然灾害频繁发生有密切关系。2011 年即便在"郭美美事件"考问公益组织募捐诚信的影响之下，社会捐赠总量依然达到 845 亿元。而中民慈善捐助信息中心在第三届中国公益慈善项目交流展示会上发布："2013 年我国募捐的总额约 989.42 亿元，占同年 GDP 的 0.17%；比 2012 年增加 172.09 亿元，同比增长 21.06%。款物捐赠总额中，货币及有价证券捐赠约 651.75 亿元，占 65.87%；物资捐赠折价约 337.67 亿元，占 34.13%。"[1] 2016 年，仅中华少年儿童慈善救助基金依托互联网更新支付工具、增加筹款方式以及互联网的透明工具，"8 个月就募得善款 1.5 亿元，其中基于互联网大数据平台的个人捐款占比 60%，企业捐款 40%。该基金会自成立起六年内募款总额已超过 7 亿元"[2]。

整体而言，当代中国的募捐呈现出以下特点：

一　基金会是法定的常态募捐主体

2004 年的《基金会管理条例》，从"募款"角度，把"募集社会公益慈善资源的基金会分为公募、非公募"[3]。该条例成为激励民间参

---

① 彭建梅主编：《2013 年度中国慈善捐助报告》，企业管理出版社 2014 年版，第 97 页。

② 皮磊：《对话秘书长：六年筹款七亿元，我们每天都有危机意识》，《公益时报》2016 年 8 月 28 日第 4 版。

③ 贾霄燕、荣冀川：《新中国慈善立法的基调演变——以慈善组织为切入点的分析》，《河北法学》2014 年第 7 期。

与慈善募捐的制度途径。这使我国公益慈善募捐，尤其是非公募的慈善募捐进入快速发展期。随着 2004 年我国第一家纯民间非公募基金会"温州市叶康松慈善基金会"在浙江省民政局注册，以及国家"001 号"非公募基金会——香江社会救助基金会正式成立，开启了非公募慈善募捐的序幕。非公募基金在此后的 10 年里发展势头超过了公募基金会。中国公益研究院发布数据显示："截至 2006 年底全国有基金会 1144 个，其中非公募基金会只有 349 家，其余大部分仍是官方背景的公募基金会。"① 但 "到 2011 年 6 月我国非公募基金会的数量就超过了公募基金会，达到 1143 家。到 2013 年 6 月非公募基金会的数量已经达到 1835 家，私募基金会的募捐能力不断增加，数量也在 10 年内增长了10 倍"②。

2016 年的《慈善法》对"慈善募捐"的定义，采用更为宽泛和广义的现代新慈善内涵：在《公益事业捐赠法》的公益范围基础上，扩大到帮助困难地区、社会个人和特定人群改善生活条件和事业发展条件，并促进新型城镇化过程中的城乡社区发展和保护环境等其他领域的募捐用活动。包括"帮助预防、减轻突发事件造成的损失和影响，向特殊困难社会群体或者个人提供精神抚慰或者法律援助，帮助弱势群体实现平等享受文化、卫生、体育、教育、科学、社会福利发展权利等维护社会公共利益的其他活动"③。

二　慈善募捐及大额捐赠主要还是靠"事件"推动

中国慈善募捐在经历的自然灾害、环境污染、贫困等重大事件中，"唤醒了资本阶层、社会精英、普通民众的慈善意识，并大额、全民参与的形式多层次展现"④。中国公益开始提速，进入慈善公益发展的快车道。比如说地震、洪水等重大灾难事件的赈灾筹款上；活动筹款是拉动捐赠的主要途径。中国的人均 GDP 在 2008 年首超 3000 美元，2009

---

① 张帆：《中国企业慈善路径之变》，《中国经济时报》2007 年 10 月 24 日第 2 版。
② 王战：《中国基金会 10 年翻 4 倍捐赠总量与美相差 24 倍》，http：//news. xinhuanet. com/gongyi/2014 - 04/23/c_ 126420657. htm，2016 年 3 月 15 日。
③ 民政部政策法规司：《公益事业捐赠法与慈善法之间的关系》，载《中国慈善立法课题研究报告选编》，中国社会出版社 2009 年版，第 125 页。
④ 陈秀峰、张华侨：《慈善唤醒中国》，中国社会科学出版社 2011 年版，第 23—33 页。

年超过了 4000 美元，2010 年城市化率超过了 50%，从富人慈善到平民慈善，都显示了民间慈善力量广泛被事件或公众型的筹款活动推动的特点。2011 年，中民慈善捐助信息中心新闻监测统计，全国各类大型募捐活动共募集近 150 亿元善款，大额捐赠更多需要事件推动。"2011 年 3 月陕西省榆林市神木县的慈善晚会募捐到慈善公益金 38.1801 亿元用于医疗卫生、文化教育和社会保障，其中来自企业和个人的 20 多亿善款分 5 年时间逐年到位，其中最主要的捐赠主体是当地煤炭企业及企业家们。在环保、赈灾、扶贫等重大实践议题下，中国内地企业家和名人开始成立非公募基金会进行私募募捐。如蒙牛乳业牛根生斥资 1.39 亿美元成立老牛基金会，世纪金源集团主席黄如论捐赠 4500 万美元投入医疗和扶贫领域。"① 并且在非公募基金会的事件性募款与捐款中，"大额捐赠以及带附加条件的捐赠逐渐增多，杨休、释妙乐、裘国根、吴文刚、河南雏鹰农牧集团侯氏家族、贵州茅台集团、紫金矿业公司等个人和企业的单笔捐赠金额在 1 亿元以上"②。

三　媒体、互联网成为放大募捐影响力的重要平台

近年来慈善募捐方式更加多元，不仅义拍、义卖、慈善晚会、慈善晚宴等募捐方式变得常见，而且还出现了许多的实践创新。尤其是在媒体、互联网技术的带动下，更加无缝对接的沟通方式、更快捷的捐款手段，让募捐信息的转发和在线捐款充满体验感、易用性。以中央电视台《梦想合唱团》和湖南卫视《天生一对》为代表的公益节目，将电视节目、慈善项目和慈善捐赠紧密结合，打造了打破行业界限、带动社会公众参与的慈善参与新模式。《梦想合唱团》通过明星回故乡组团合唱参加比拼，实现家乡公益梦想的形式，在赢得巨大收视率的同时，取得了 2.6 亿元的募款佳绩。之后撒贝宁主持的《梦想星搭档》更是收视如虹，公益募款资金巨大。湖南卫视与芒果基金发起的《天生一对》节目，从 2012 年 3 月 30 日到 6 月 1 日为 18 个省市贫困地区学校累计捐赠

---

① 中国公益研究院：《中国年产 172 位百万美元捐赠方捐赠 11.8 亿美元》，http://gongyi.sohu.com/20131218/n391973435.shtml，2015 年 2 月 10 日。

② 白璐：《中国慈善捐赠进入百亿级时代》，《中华工商时报》2013 年 2 月 26 日第 12 版。

56 辆"快乐校车";作为互联网平台,2012 年腾讯公益网络捐款平台募集的善款也超过 1 亿元,新浪微公益平台有超过 190 万人次的捐款。除了大型网络平台,网络微公益也百花齐放。这些媒体与互联网募捐以公共信息平台的广泛社会影响力不仅带动社会公众对新兴民间慈善组织的熟悉及其各类慈善筹款项目的关注,也带动了社会公众对慈善募、捐、用系列行为的监督。电视媒体、报纸、互联网等社会公共信息平台在放大募捐影响力的同时,也在一定程度上助推了"全民慈善"到"全民问责"的慈善款项使用透明度、有效度的慈善募捐机制的深度转型。

四 政府开始从官办募捐向官助募捐转型

近年来慈善募捐市场开始从官办向官助转型,政府进一步淡出行政募捐。尤其是公众大量参与社会公益事业,对于强制募捐、多头募捐、募捐资金违规使用等违背法治的事件,社会公众以实际行动对官方公募基金会"用脚投票",转而对有切实明确公益目的民办专项基金会追捧。这些都助推着一些地方政府从官办慈善的位置上退下来,尝试转化为"慈善日"环境的营造者和慈善公益的监管者以及公共服务的提供者身份,变官办为官助,切实把中国慈善募捐定位为"民办官助""民办官促"。

政府归位的同时,也让社会开始复位。一些具备实力的民办基金会,比如壹基金,开始明确自身定位,主动由运作型组织向资助型组织转型,承担起了出资人、孵化者的职能,将所募集的或自有慈善资金以招投标等形式委托给基层慈善组织去运作,以更有效率地履行捐赠人的要求和机构使命,从上游带动和引导整个慈善事业的价值链。不少公益组织也在加快向公益资金"募、捐、用"的专业化方向转型,开始与政府"营造对话""合作"和"共生"转变,涌现出更多理性、智慧的公益及募捐创新,在环保、教育、养老和科研领域紧贴社会的需求,进行细分式慈善募捐和公益供给,形成官方慈善与民间公益的合力,共同推动社会公益慈善事业发展的雏形。一些过去的大型官办慈善组织,通过内部治理结构改革、精准的需求定位、专业的项目设计和运作,以及全面及时的信息披露赢得了社会公信力,并创造了诸如"母亲邮包"

等品牌项目。还有一些公益组织开始尝试兴办社会服务机构，探索社会企业的发展道路。例如，中国红十字基金会嫣然天使基金出资3000万元成立北京嫣然天使儿童医院，免费为全国贫困家庭患有唇腭裂的儿童进行救治和康复训练，儿童医院收益也不分红。爱佑基金会2012年9月在深圳成立爱佑和康儿童康复中心，并希望今后建立连锁儿童康复机构，以推动国内残障儿童康复事业的发展。

在政府对募捐进行他律的同时，慈善募捐自律也开始提上组织化的日程，而不是过去的"二政府"状态。比如，2013年4月王健林、牛根生、黄如论、杨澜等人发起成立纯民间性质的宗旨是"联合慈善力量，沟通社会各方，促进行业自律，推动行业发展"的中国慈善联合会。这是我国慈善领域联合性、枢纽型、行业自律性组织。

第四节　国外慈善募捐发展历史概览

一　欧洲早期的教会募捐与民众互助募捐

宗教慈善活动是欧洲早期社会福利和公共服务中的一种重要资源。西方宗教史学界有"宗教是慈善之母"的论断。在《圣经》新约、旧约中都有通过慈善建立起富者与贫者之间生命的关联的内容。"或是依靠信德，或是遵照上帝（基督教）、天父（天主教）的意旨在生活中行善。"[1] 最古老的宗教慈善募捐形式，是基督教在"博爱是人类与生俱来的同情心"的教义中规定："一个教区（社区）的富人也有责任捐钱捐物给教会，教会募捐入款的1/3或1/4应当发给社会、分给穷人。"[2] 此外每逢重大节日，教堂还以特别募捐的方式向基督徒募集财物，直接救济穷人。其中最为典型的是"圣诞"募捐：爱心人士在圣诞节前后捐献物品、救助穷人的，被教会看作是尼古拉斯式的圣诞老人。圣诞募捐活动理念强调今生爱的施与及善行会使个人的灵魂生命更强壮，与神的关系也更亲近，将来也能得到神的怜悯。"圣诞节的第二天圣斯德望

---

① 赵林：《西方宗教文化》，武汉大学出版社2005年版，第368页。
② 李向平、文军主编：《中国信仰研究》第3辑，上海人民出版社2013年版，第2—3页。

节（Feast of Saint Stephen），民众也要向穷人或自家仆人赠送礼品盒，盒内装有礼物、钱或食物。"① 新教对信徒和社会输出的财富观是占有财富让人有懈怠的危险，到达永恒安息的彼岸世界，就是要"以劳动和施舍钱财来增加上帝的荣耀"②。18 世纪英国的圣公会要求教区内的居民在圣诞节来临的前四周内，将捐款放到募捐箱内，在圣诞节第二天，由教堂神职人员把这个箱子打开，里面的捐款则悉数发放给穷人。

早期西方世界与宗教慈善并行的慈善募捐还表现为"民众互助"。凡是教会、国王不提供的服务或者领主做不到的事，由邻居之间互相接济，对穷苦者进行帮扶，比如集资民众自组救火队，在发生火灾时进行救火，乡间熟识的农民帮助邻居建造谷仓等等（如今在乡间或某些教区仍然如此）。中世纪晚期，一些德语国家也开始流行圣诞集市。圣诞市场上所卖的东西为自制的特色食品或二手物品。卖出所得的款项会按物主的心愿进行捐赠。从中世纪开始，英国济贫的发展涉及大量为贫民募集捐赠款物，在教堂、社区发给穷人，还有政府整治流浪和乞讨，以及政府发放行乞证，对特定人群的流浪汉的私益、个体募捐进行管理的内容。以至于到了 18、19 世纪的英国，贫困人群受到富裕邻居的帮助与接济成为一种惯例的权利。并且以政府推动的社会济贫的风气十分兴盛。这也引发了"政府扶贫管理机构的权力过于集中以及接济、捐赠的官僚化，只会导致社会整体性的瓦解，进而发生了社会抵制政府扶贫的运动的质疑"③。此外，在社会的艰难时期，欧洲的行业协会也会集资照顾他们的会员，尽管很有限。但也是贯彻社会自主、自助、自足、自立的社会化尝试。就主流而言，教会募捐和基于社会独立性的民众互助式募捐，是这一段时期社会公共性的主要表现形式。

二　近代募捐项目营销的社会募捐

到了 19 世纪末，除宗教募捐之外，西方的社会募捐开始多了起来。募捐亦开始摆脱原有的宗教教堂中的神职人员的范围限制，以及邻里之

---

① 高文兴：《圣诞节也是慈善节》，《公益时报》2014 年 12 月 9 日第 16 版。
② ［德］马克斯·韦伯：《新教伦理与资本主义精神》，李修建、张云江译，九州出版社2007 年版，第 233 页。
③ 丁建定：《英国济贫法制度史》，人民出版社 2014 年版，第 167—168 页。

间、熟人之间的互助救济小范围限制。募捐开始有公益领袖以个人的影响力和募捐形式化符号的象征意义，而进行更广泛意义上的公益慈善财物的聚集。比如英国利物浦码头用悬挂的大号水桶接路人投掷硬币，因为人流量极大，水桶中积攒的硬币数量也惊人。受此启发，1891 年美国人 Joseph McFee（约瑟夫·迈克菲）发起"拎水桶募捐"帮助穷困人士的圣诞节公益活动。他自己拎着一个水桶，在旧金山走街串巷，募集善财，开展接济穷人的慈善公益活动。此后美国各地的 Salvation Army（救世军组织）形成了在圣诞节用红色水桶来进行街头募捐的传统。历史上悠久的 Kettle Drive（水桶运动）成为沿用至今的全球性具有国家影响力的募捐运动。

除具有影响力的名人为主导发起推进的亲力亲为的项目式募捐运动之外，以报纸等公共媒体作为"传声筒"，发动民众尤其是普通大众作为参与者和践行者，形成共同体一起做"公益众筹"也开始初露端倪：1885 年美国出版商人约瑟夫·普利策（Joseph Pulitzer）通过《纽约世界报》向社会公开发起了一个目的为筹集资金建造自由女神像基座的众筹项目。项目承诺对捐资者做出授予自由女神像章的荣誉回报。这次《纽约世界报》的报纸募捐，以登报公开募捐的众筹项目形式得到了世界各地共计超过 12 万人次的捐赠。这次募捐筹款为至今仍耸立在纽约港成为美国自由精神象征的女神像的基座建设，提供了 10 万美元公益资金的支持。

与此同时，在传统"面对面"慈善的社会募捐项目中，向社会公众进行平民式募捐的实践形式和操作方法，也不断创新，重视项目式的营销和社会推广。如在圣诞期间受欢迎的还有儿童类公益组织，公益组织的志愿者们装扮为圣诞老人的形象，用募集来的善款向有物质需要的儿童发放各种礼物。又如天使树（Angel Tree），通过教堂为服刑人员子女举办圣诞晚会、发放礼物；圣诞儿童行动（Operation Christmas Child），号召个人向第三世界国家的儿童捐赠一个装有礼物的盒子。还有，许愿基金会（Make – A – Wish Foundation），向有严重疾病的儿童发放礼物。这些社会募、捐、用是对中世纪教会慈善、互助式慈善的继承和发展，体现了公益性、社会公共性以及募捐发起者的内部自主性和募捐方式方法的灵活性。

三　现代家族基金会的巨额募捐

工业革命之后，机器工业产业使资本主义社会财富的积累速度空前，美国甚至称之为"镀金的时代"。但财富主要集中在少数的私人、少数家族手中。两极分化下社会的矛盾开始尖锐化。"黑幕揭发"诸如大资本家与国会议员勾结，在国会中通过有利于他们的法令等这些造成贫富两极分化的深层次问题持续被披露，新闻媒体关注和揭露社会的不平等现象及腐败丑闻在 20 世纪初开始更是头条不断。大财团的巨头们为了改变其在公众心目中为富不仁的形象，纷纷在慈善募捐领域倡导"阳光财富""分享财富"的积极作用。公益捐助在富人们看来不但应是一项义务，而且是捐赠人自己的一种精神寄托。社会精英"在巨富中死去是一种耻辱"以及富豪感恩与助人的荣誉心理和宣扬捐赠、鼓励募捐之榜样文化的激励，对于这些富有家族发展出一套慈善募捐赞助模式——成立基金会，的确是功不可没。"更重要的是基金会的慈善思想传统和社会价值。"① 公益资金的集聚以对资本财富的导引力，通过"公益慈善非营利"打破工商资本财富流动规律的内聚力，把工商财富平滑地吸引到公益慈善这一方，承兑为社会公益财产，成就非官方的、社会属性明确的民间慈善公益事业。

这种社会财力的向公益慈善领域循环流动的重要性，著名科学家朱传榘先生有一个解读：有人将美国的发达和强大归功于美国的自由民主、军事科技，其实这只是一个方面，从另一层面上说，美国的强大还归功于它具有形形色色的公益组织——基金会。美国式捐赠财富观的引导下逐步建立起来的大额公益资金捐纳财富流动过程，为近现代西方的社会进步作出了突出的贡献。美国社会中重要的中介力量——公益慈善基金会，例如，从卡内基、洛克菲勒、福特、克里夫兰，成为现代公益慈善领域巨额募捐的标杆。以当时的美国为例，"当时的富豪慈善家捐赠数额之巨，一家基金会的公益投入就超过联邦政府一年的教育经费投入。而在英国伦敦慈善机构的收入中，机构的投资以及其他收入所占的

---

① 资中筠：《美国富人为何如此热衷慈善——在天则经济研究所的演讲》，http：//culture. people. com. cn/GB/27296/4546172. html，2016 年 6 月 10 日。

比例也有较大的增长，约占 55% 左右。个人捐款所占比例则有所下降"①。这些巨无霸式的、资金孵化式的慈善公益基金会对 20 世纪以来人类的教育、文化、医疗卫生、扶贫事业提供了资金上的来源和物质上的供给。基金会的巨额募捐所得被用于大规模地开展资助教育教学、社会福利以及与别人竞争中也会败下阵来的穷人和社会边缘人士。比如，1913 年在纽约成立的洛克菲勒家族的私人基金会，其募捐所得大量用于资助医疗卫生事业的发展。20 世纪 40—70 年代由洛克菲勒基金会发起并资助，在南美和亚洲缺粮国家开展的培育优良粮种的实验室计划——"绿色革命"，诺贝尔奖评委会对该项目的评价是"拯救了缺粮国家 10 亿人的生命"。甚至青霉素等很多对人类发展有巨大帮助的发明都是由该基金会资金支持而研发成功。现代家族基金会的巨额募捐在助推人类公益事业的快速、深度发展上功不可没。

四　当代多元并存的慈善公益募捐

第二次世界大战结束后，以美国为首的发达国家的经济、社会进入大发展时期，欧洲也在战后复兴中向福利社会发展。"普遍互助"式的西方慈善公益组织，通过社会公益机制直接地推动社会公益事业发展和对其他需要帮助的人进行救济。在募捐以及公益财产的分配上，"淡化受益人对个体捐赠者的感恩转为对社会的感恩"②。西方公益慈善募捐进入宗教募捐、民间互助、富人慷慨解囊以及公募基金会、私募基金会进行慈善竞争和资源供给的"共存"的阶段。

募捐按照现代社会公益事业发展的规律，也开始从传统到现代进行全面转型，慈善从个人行为向有组织的现代慈善公益系统发展。因而现代慈善募捐，也就不再被简单地看作"募"和"捐"的相加了，还包括对善财的管理、信托、处分甚至适当的社会化经营。从卡内基到洛克菲勒，从福特到凯洛格，从索罗斯到比尔·盖茨及其夫人梅琳达·盖茨以及巴菲特，这些社会精英几乎都通过各大基金会的庞大财力的分配使

① 丁建定：《1870——1914 年英国的慈善事业》，《南都学坛》（人文社会科学学报）2005 年第 4 期。

② 袁同凯、郭淑蓉：《论"救济型"佛教慈善组织的生存逻辑》，《西北民族研究》2014 年第 2 期。

用而影响社区服务、教育、科学研究、医药卫生以及环境可持续性发展等广泛领域，同时以专业化、组织化、规范化管理慈善资金和物质的收与支。这些慈善的现代化转型不但对美国本土社会有深刻影响，而且也影响到全世界。资中筠教授将美国基金会的功能传神地概括为"散财之道"①。而中国近年来的公益热潮和"公益问责"的叠加，也是围绕一个"用钱""花钱"的诚信度和透明度问题展开。因此对于慈善募捐组织而言，其智慧和尊严不仅仅体现为让人们信任募捐组织的"募"而把财产"捐"出来，而且体现为社会化、专业化、高效率地"用"善财的过程中进一步去宣扬和彰显该组织的志愿者行动和社会服务宗旨。对于公益慈善组织而言，花钱的智慧和聚财的智慧同等重要。由此看来，慈善募捐还有"散财"（将聚合在慈善募捐组织的财物按照一定的规则和程序进行使用、分配给受益人）意义上的慈善募捐。

募捐组织不仅加强财务管理，而且更重视自身健全的人事管理，加强募捐工作人员及志愿者的专业化，进行募捐形式创新与内容创新。不仅有摩根、洛克菲勒、卡内基、梅隆等的管理和传承家族资产成立的家族办公室，还有近年来规模巨大的比尔盖茨家族、巴菲特家族的基金会。从卡内基到洛克菲勒，从福特到凯洛格，从索罗斯到比尔·盖茨与梅琳达……这些家族基金会谋求有组织、有规范性和经常性的社会事业。很多私人、家族基金会的理事会、秘书长、干事等角色的治理结构具有社会化、制度化特点。

当代慈善公益募捐的多元化发展中，英国还出现一种特殊的筹款方式：慈善商店。慈善商店是慈善公益组织进行适度商业化筹款的一种创新性尝试。1942 年成立在英国牛津的乐施会，于 1948 年在牛津宽街（Broad Street）开设慈善商店，以出售特定的商品或者产品而取得消费者的资金。慈善商店以自身收入而自给自足，进而运用销售所得进行公益活动。慈善商店有组织、科学地用钱，每笔钱的用途都会加以严格评估，以保证对社会慈善资源的可持续募捐和销售能力。当前乐施会在英国本土已超过 700 家，在世界各地也有分店。英国慈善商店的鲜明特点

---

① 资中筠：《财富的归宿——美国现代公益基金会述评》，上海人民出版社 2006 年版，第 122 页。资中筠：《散财之道：美国现代公益基金会述评》，上海人民出版社 2003 年版，第 10 页。

就是非政府、民间属性、市场化运作。"英国的 Myton Hospice 总部及分部一年的运营经费共需要 880 万英镑，其中78% 的经费通过捐助或经营慈善商店来筹集。"① 在慈善筹款的创新发展方面，还有不以营利为目的的获取收入的社会企业的兴起。社会企业作为"快速、灵活、机遇驱动、创新性资源获取为特征地为慈善募款提供商业化模式，是公益与商业要素的联合，成为当代慈善募捐领域可持续、大规模变革的力量"②。慈善商店、社会企业的风行，是当代商业与公益联姻的尝试，也是对传统慈善制度规范的挑战。

在美国慈善筹款方式也进行了提高募捐效率方面的多元化优化尝试：联合劝募。联合慈善募捐是慈善公益组织建立募捐联盟，委托一个募捐机构代表联盟内所有慈善组织进行统一、联合式募捐。"1918 年美国联合劝募协会（United Way of America）在芝加哥成立。截至 1929 年，美国联合劝募总会已经有 353 个地方会员组织，其年度募捐款高达 40 多亿美元。"③ 联合募捐通过统一的专业联合劝募行动，使联盟内各慈善公益组织能够节省投入自行募捐的时间和人力，能更专注于本慈善公益组织的公益行动、提升机构服务品质。联合募捐也可以减少各募捐机构单独募捐而使民众不断被干扰的重复劝募。比如，美国纽奥良市的联合街头募捐就给已经捐献者的胸前佩戴红色羽毛以作识别，成为联合募捐的新风气。联合募捐在节省机构分别劝募的时间和人力，并减少各募捐组织不断对捐赠者造成烦扰方面有明显优势。随着经济全球化，在跨国公司的推动下，美国联劝组织开始国际化，推动全球慈善资源的供给与分配。联合劝募组织专业化分工，聘用专业劝募人员进行募捐经营以及进行慈善信托。由专门的联合劝募组织策划和实施的有组织、大规模、有规范性和经常性的联合劝募，成为当代成熟慈善市场的常用募捐运作方式。

进入 21 世纪之后，值得关注的是，在计算机与网络、实体经济转

---

① 高文兴：《旧物的故事：英国慈善商店源流》，《公益时报》2014 年 10 月 22 日第 16 版。

② ［美］保罗·C. 莱特：《探求社会企业家精神》，苟天来译，社会科学文献出版社 2011 年版，第 5—13 页。

③ 李允晨：《美国慈善发展对我国当代慈善发展的借鉴与启示》，《湖南师范大学学报》 2013 年第 1 期。

型以及金融服务变革的共同作用下，慈善募捐的"互联网众筹"模式得以诞生与发展。2001 年世界上最早的众筹网站（美国的 ArtistShare）建立，其众筹平台主要面向音乐界的艺术家及其粉丝，被称为"众筹金融的先锋"①。以互联网为召集方式而开展的公益越野骑行和徒步的同时进行筹款被越来越多的社会公益筹款组织采用，甚至更加新颖、奇特的形式也在不断出现。流行于美国之后在整个 2014 年风靡全球的带动公益众筹的"冰桶挑战赛"等等，成为当代慈善募捐依托互联网撬动社会公益，凝聚社会零散公益资源的新杠杆。当代的慈善募捐呈现出大额劝募、巨额捐赠、全民公益众筹、全球联动、互联网募款等多元并存的局面。

小　结

本章对慈善募捐的发展历史、来龙去脉进行了历史纵深的梳理。我们在研究慈善募捐制度时，首先要对制度规范客体所存在的历史条件和现实状况予以澄明，在此基础上尽量全面客观地展现客体的整体发展环节与运行规律，以明确当代慈善募捐法律制度的目的宗旨及制度的功能定位。本章借用历史断代分析方法，把传统中国（指鸦片战争之前的历史，以帝国为特点）、近代中国（指鸦片战争之后到新中国之间的清末民国历史，以民国为主要展现）、现代中国（指 1949 年中华人民共和国成立至今的历史，以人民共和国为主要展现）各个历史时期关于慈善及募捐用的特点及制度化尝试，对慈善募捐用进行历史性的描述，以反映客体的发展变化，进行表象之后的内在关联性和规律性梳理的尝试。

中国当代慈善募捐的发展，体现了古今、中西元素相互交混、共时交叠的多重性和纷繁性，体现了多层级变革互叠的当代生成。纵观国外慈善募捐的发展历史和中国慈善募捐的发展脉络，我们几乎同态地发现东西方公益慈善源于"善"德，乐善好施、发扬人道、救死扶伤、赈灾济贫都是关乎人道的普世价值。东西方公益慈善的源点和终点是一致

---

① 高文兴：《始于 300 年前的众筹》，《公益时报》2014 年 11 月 25 日第 16 版。

的。慈善被定义为"人类社会福利和进步的利他主义关怀"①。慈善是
对他人遭受苦难的一种厌恶。不同时代的人们据其所属的时代和共同体
的利他价值体系来判断进而采取相应的慈善行为策略和募捐用安排，同
时各个社会公共利益、互助利益的共同体的价值体系又都不是孤立和封
闭的，具有社会整体的公益和慈济价值和效应。也就是说，东西方话语
中的慈善募捐源于对其所爱的人以及人群追求幸福的一种欲望，出于对
不特定人的不幸、苦难而产生的同情心和怜悯心。因此，东西方语境下
的慈善募捐一词的内涵有共通之处："一是强调无偿性的付出、捐助，
不求感恩和回报；二是在帮助者与受帮助者之间没有直接利益关系，不
是世俗的利益输送，而是对不特定弱者的帮助和支持。三是不仅仅及于
个体行为，更多的是一种公益事业，是社会公众建立在自愿、无偿基础
上对于社会弱势群体、边缘群体以及生态环境进行救助的行为的总
和。"② 东西方的慈善理念以及募捐用的行为动机具有可通约性，慈济
及社会福利的供给具有普适性。

　　不过，东西方"善德—善举—善功（修福、功德）"的演进不是单
一路径。中国慈善募捐的发展和西方社会福利发展有不同。慈善事业建
立在人类恻隐之心或宗教信仰的基础上，社会福利建立在公民权利基础
上。西方慈善募捐走过了"欧洲早期的教会募捐与民众互助募捐、近代
募捐领袖的社会募捐、现代家族基金会的巨额募捐、当代多元并存的慈
善公益募捐"的发展之路。中国的慈善募捐则体现为"官方赈济'募
与用'一而贯之、佛家募化与道家劝善'募与用'的融入、士绅与商
贾民间慈善'募与用'的发展"，具有典型的东方式慈善与社会福利统
括式发展的传统。

　　没有传统，社会的文明是不可能的。从古代到近代乃至现代东西方
慈善募捐的发展脉络中，走过了从个人慈善（互助募捐）、宗教慈善
（宗教募化）、社会精英慈善（首善募捐）、官方慈善（行政募捐）的分
化与进化之路。本书认为"官方赈济'募与用'一而贯之、佛家募化
与道家劝善'募与用'的融入、士绅与商贾民间慈善'募与用'的发

---

①　[美]乔治·恩德勒：《美国的慈善伦理与财富创造》，《上海师范大学学报》（哲学
社会科学版）2014 年第 1 期。
②　王文涛：《"慈善"语源考》，《中国人民大学学报》2014 年第 1 期。

展"，都反映了传统中国的一直对官方力量的倚重，而对民间自愿结合的社会团体持谨慎和怀疑态度。无论是宗教团体还是社会精英阶层的互助、公益乃至社会福利式的社会团体，代表的是与国、天下相对的私利，甚至是对国家权力和社会秩序起破坏作用的小集团，因此其募、捐、用也被控制在自愿、小圈子以及官方背书并掌控的范围内。具体到慈善募捐中，官方赈济募用的一而贯之的传统在近代项目营销的社会募捐、现代家族基金会的巨额募捐、多元并存的慈善公益募捐的国际发展新趋势面前，需要进行一定的转型和开新。也就是古斯塔夫·勒庞所说："当某种传统的结构的有益成果已经变得破败不堪时，即便有一部分群体会死抱着传统观念不放，但另一部分力量则努力摧毁这种传统。一个民族的发展就是在传统的稳定与求变中求得平衡。"① 没有对传统慈善和传统慈善募、捐、用（重官方轻社会、重个人轻组织、重道德轻制度）的一定意义上的破坏，中国当代新慈善以及新慈善募捐的进步是不可能的。

　　当然，民间社会的互助式以及慈济式的募、捐、用一直作为中国社会现象的一部分而存于每个时代，只不过在政治秩序稳定时以隐性、补充、非主流甚至秘密的状态发展。而在政治秩序及官方秩序遭到破坏时则以显性、活跃、积极的状态发展。尤其是到了晚清以及民国时期的近代，在中国政治秩序重构以及西方政治经济社会理念和实践模式引入的传统与现代化的激荡中，近代化的步伐既有政治秩序动荡之下政治性募捐合法化，国防与抗战劳军募捐的常态化，又有以国家正式供给的法律制度来对近代中国社会群体之间以及社会群体与国家之间互动关系中募、捐、用进行稳固和明确的尝试。民国时期，募捐用行为的制度化包括按照政府颁布法令的规定进行募捐财物的统一募捐，要求慈善公益组织进行的规范化募捐，提倡为国防建设、慰劳国军举办公益募捐及文化教育事业的慈善募捐，并对其进行整齐划一的制度管理。

　　道往而明来者也。社会互助、宗教共济、政府行政以及"能力大者责任大"的精英慈善，在家庭手工作坊到工业大生产再到金融互联网信

---

① ［法］古斯塔夫·勒庞：《乌合之众：大众心理研究》，冯克利译，中央编译出版社2004年版，第64页。

息时代的发展当中，从个人、家庭和教堂庙宇、公司企业步入公共领域，一个非常重要的内容就是对慈善资源的"募财""用财""理财"，演化为社会化、专业化、高效率的慈善公益"募与用"系统。现代慈善募捐也理所当然地成为一个横贯公益慈善组织、个人、企业组织和政府组织的大系统。需要处理好个体与群体组织、群体组织与群体组织以及群体组织与国家之间的关系，并在法律制度中进行相应的权利与义务、职权与职责的安排。

因此，公共场域的慈善组织、社会团体的规范化，募捐行为的组织化制度化也在近代化的发展浪潮中得以螺旋式发展。当代中国慈善募捐法律制度的安排应跟踪客体的发展与变化，应对客体所出现的新情况，把握国内外慈善募捐的整体发展状态尤其是东西方慈善募捐历史过程的主导趋势，以此为基础预测其发展，为当代国家募捐正式制度的布局打好基础。

第三章

慈善募捐定位的依据及核心要素

慈善募捐之解释，既有确定构成法律行为要素之意思表示的意义，又有将特定的法价值，甚至新的慈善世界观添加到现行的法律秩序中，促进规律性（regularity）、理性和整体性的意义。

通过前一章的分析，我们中国式慈善募捐用的特征与范围主要是济贫赈灾（鳏、寡、孤、独、幼等救济）、互助互利的社会福利、民众福祉（建桥、铺路、砌井、义渡、救生、救火等服务）。这些济贫救灾以及社会公共服务的供给过程中，动态博弈的是官方和民间控制的相对效率：在中国式慈善募、捐、用中，既有地方、宗亲有声望的士绅民主募、捐、用的民主实践，更有"慈善机构在官方控制之下，处于官方例行工作和分赃制度这两个极端之间的摇摆"①。几千年传统中国帝国朝廷没有相应的律令也没有设置专门的济贫慈善执行机构，而只是统括在地方官"县令"的综合性事务中，由此东方慈善募捐事业中一个先天的缺陷是慈善国家管理制度的缺陷，地方治安官、征税管、公共建设官以及济贫官甚至慈善赈济官都由宽泛的县令的家长式统治而表现为"法律的无效性"。

这种慈善领域"法律的无效性"历史惯性，在当代慈善募捐法律制度研究中不可忽视。因此对慈善募捐自身的定位进行分析，即追问慈善募捐到底是什么？募捐的行为依据为何？"面向公众、涉及公域、实现公益"的慈善募捐组织的公共性、制衡性以及慈善募捐行为的公共责任性的依据是什么？是权利，抑或是权力？

---

① 朱友渔：《中国慈善事业精神》，商务印书馆 2016 年版，第 17 页。

第一节　慈善募捐定位的理论依据

一　理论依据："社会权力"论

在传统的国家社会慈善理论和现有的法律制度体系中，既然没有现成的概念作为解决慈善募捐自身定位问题的依据，那么可以把"权力"概念作为社会秩序也作为法律秩序中的表述，进行权力外延的扩展。即在"国家权力"之外，把"社会权力"引入慈善募捐主体行为依据和苛责依据的解释范畴。这种论证的思路，是跨越中国官方慈善、政治慈善"募与用""管与控"历史社会现象，找到慈善募捐赋权与限权的质性判断和限度的尝试。

募捐社会组织所能行使的具有社会公共精神的权力，作为社会组织的"能力"范畴的词汇表达，本书赞同并采用郭道晖教授所使用的"社会权力"这一分析概念。权力是"个人或集团通过威慑力量不顾反对而把其意志强加于他人的能力"①。权力是具有影响力、支配力的一种社会关系。社会权力是从权力的多元化、社会化的研究中引申出来，最早的使用是郭道晖在1991年第1期的《法学研究》上发表的《论权力与权利的对立与统一》一文。郭教授认为"权力不是仅仅只有政治权力一极。在国家权力之外还应当有一种新型的权力——社会权力。国家权力的拥有者或主体是国家，社会权力的拥有者则是社会组织或公民个人"②。从权力的立基的角度看，"作为社会公权的社会权力建立在社会主体权利（人权和公民权）的基础上，具有比一般私权更大的权威。社会权力分散并落实于民间各式社会组织"③。从权力的来源和展现形式角度看，"社会权力与国家权力同源（都来源于社会，来自人民）、同质（影响力、支配力、强制力）、同值（都是治理国家和服务社会的手段）。社会权力的政治社会基础是人民的结社、集会自由权以及人民

---

① ［英］罗德里克·马丁：《权力社会学》，丰子义、张宁译，三联书店1992年版，第81—82页。

② 郭道晖：《论社会权力与法治社会》，《中外法学》2002年第2期。

③ 郭道晖：《社会权力与公民社会》，译林出版社2009年版，第54页。

的社会参与权。基于社会网络、社会合作、社会信任和社会公益的社会组织是社会权力的核心主体"①。把社会权力引入募捐社会组织的主体权能当中，用来解释社会组织在社会慈善公益领域的动员力、整合力和影响力，能为"政社分开"理论支撑，也可以为我国社会治理创新中对社会组织设置更严格的公共责任和公共信息披露义务，提供一个全新的思路。

（一）社会权力是人民权力社会化的体现

人民是一个政治概念，也是一个社会概念。因为人民是共和国的主人，国家的一切权力属于人民，政府的权力是有限的。从政社分开角度来看，社会专指相对于国家与政府的民间社会。社会权力也是相对于国家权力（政府权力）而言，社会权力的逻辑起点是从国家与社会权力相对论。"国家权力的核心是强制力，因此政府推行的是强制的国家权力。社会权力的核心是自治，因而社会组织执行的是社会自治的社会权力。"② 政府与社会是"整体共进"的双系统。政府权力以国家暴力机器为后盾，是建立在强制力基础之上的"硬权力"。而社会权力是相对于政府权力的文明的、软性权力设计，是非强制性或强制性较弱的权力。

社会权力是人民权力在社会领域的延伸与民主化展现。"权力产生的直接原因是威信，具有最高威信的阶级将取得最大的权力，多数人的威信给大众以优势地位。"③ 人民权力被写入宪法，得到了较好的实现和保护。我国宪法规定："中华人民共和国的一切权力属于人民。"社会主义制度的优越性，恰恰就是把人民视为一个整体，并使其成为凝聚国家政体的最高权威。人民整体的主体地位不仅体现为整体意义上的最高权威（人民权力政治化），也体现为人民权力的民间色彩和社会化权力（人民权力社会化）。人民是社会权力的最高主体。人民权力的社会化其实是人民个体社会身份在国家与个人之间寻求平衡与对接的过程。

以马克思主义观点看来，国家的政府被理解为"阶级统治的政治组织，当人类进入共产主义高级阶段，政府组织将为更高级的社会组织所

---

① 郭道晖：《社会权力与公民社会》，译林出版社 2009 年版，第 146 页。
② 胡祖文：《论合法社会权力与国家权力的动态平衡》，《人民论坛》2011 年第 26 期。
③ ［美］罗斯：《社会控制》，秦志勇、毛永政译，华夏出版社 1989 年版，第 60 页。

代替"①。而这种社会组织就是人民权力的集合体，同时也是人民个体的网络化。中国特色社会主义在社会治理探索中提出"两新组织"是指新经济组织、新社会组织，"两新人员"即两新组织的人员。"把社会主义目标的坚定性与两新组织发展的吸收、借鉴策略的灵活性结合起来，是智慧地将新型社会主义推向前进。"② 这为以个体化人民为构成的民间公益慈善的组织化、网络化的"自立、自愿、自治"提供了坚实的人民权力社会化逻辑。人民概念之下，对于这些具有公共精神的团体或个人来说，公共利益可以作为一种象征来为其行为提供合法依据。社会权力与国家权力之间的信任和伙伴、友谊，社会权力与资本权力的合作乃至联姻。

（二）社会权力与公共性、制衡性、公共责任联系在一起

权力展示的是"能力"，与权威宣示、影响力、贯彻力、执行力乃至强制力联系在一起。因此在法律领域也有权力神圣、权力不自由的命题。从确立社会组织公共责任角度看，应当"认真对待权力，并把权力与公共性、制衡性、公共责任联系在一起"③。

社会权力的行使有两个向度：一是维系社会组织内部的秩序，组织的法定代表人及职能部门对组织成员行使组织章程所规限的内部行政管理权力，二是社会组织对外行使的社会权力，包括对国家机构和对其他不特定的个人、单位及其他团体行使其影响力、支配力，即发挥社会组织作为公共机构而具有的影响和支配社会的力量。任何组织都必须有某种形式的权力作为基础。只有通过权力的贯彻力与执行力，才能实现组织目标。社会组织的社会权力不仅要理解为从上至下的利益的垂直渗透，还需要作为一个社会系统内的水平的相互影响和交流的过程来理解。社会组织的社会权力不仅有纵向的权力监督，也有组织内部的横向权力监督。

可以说，纵向、横向相结合的社会权力监督的实质就是社会的权力

---

① 《中国大百科全书·哲学》，中国大百科全书出版社 1988 年版，第 273—274 页。

② 邓航生：《社会学视野下的"中国经验"》，《光明日报》2009 年 12 月 3 日第 10 版。

③ 权利与权力是法律与法学共同关注的一对核心范畴。从私法的"平等、自由"理念延伸而来的权利"神圣"，应当"认真对待权利"。主体平等、行使权利自由是以权利义务为轴心的"权利本位论"关注的重点。

监督和权力制衡的相结合。"不能简单把法治理解为一个主要调节国家与公民关系的秩序框架，经济权力和社会权力之需要法治的规训程度不亚于行政权力。"① 相对于社会权力自然状态和原性表达的权力而言，社会权力作为政治承认的权力也应有理性地分配社会权力，用法律手段明确社会权力，这样的募捐组织结构才是有效的。对募捐社会组织的设立、募捐资质、资金筹集运用、内部运作机制、责任承担等进行正式规则化明确规定，推进公益慈善募捐由泛道德化向制度化过渡，使募捐系统组织"弱化道德色彩，弱化个人意志，弱化情景化决策，强调组织化分权运作"②。

　　基于社会权力的慈善募捐的显性特征应当是以合理合法性为基础的理性的权力行使过程，反映了社会结构实现多元化；社会利益实现多样化；处于多元结构中的人们实现普遍的身份平等并恪守公认的行为准则及制度。基于社会权力的慈善募捐是需要通过一定的立法程序，把权力、权利的实现方式与步骤视为公共物品。"以法律制度作为保障。通过民主决策的方式迫使特殊的个体利益向普遍的整体公共利益让步，避免某个或者某些利益集团的跋扈。"③

　　由此可见，募捐社会组织的行动依据是"社会权力"（基于公共精神的组织影响力、支配力），募捐社会组织的苛责依据也是"社会权力"（公共领域的权力阈限、权责对应）。前者让募捐社会组织基于自主、自治而具有高效的动员能力和社会整合力，后者则让募捐社会组织行权谨慎，用权适度，以公共权力的分权与公示，落实权力不自由和公共权力的公共责任。政府组织以国家强制权力为基础，社会组织以社会权力为基础。二者都是以公共精神、公域苛责为基础的公共权力机构。

　　当然，国家强制力代表的政府（建立在人民权力政治化上，以强制力为基础的"硬权力"实施者）与作为社会强制力代表的社会组织（建立在人民权力社会化上，以自治为基础的非强制性或强制性较弱的

---

① ［德］哈贝马斯：《在事实与规范之间：关于法律和民主法治国的商谈理论》，童世骏译，三联书店2003年版，第305页
② 刘威：《解开中国慈善道德枷锁——从"恻隐之心"到"公共责任"的价值跃迁》，《中州学刊》2013年第10期。
③ 季卫东：《法制的转轨》，浙江大学出版社2009年版，第186页。

"软性权力"实施者）之间，不是分庭抗争的关系，更不是"人之得即我之失"的零和博弈，而是行政吸纳、整合社会力量，形成国家向心力的排序博弈。

二 募捐秩序之根源：权力模式

权力的权威与秩序的威望，是国家、社会中按照一定顺序和秩序分配国家有限资源与协调社会重大利益的"执牛耳者"，与权威宣示、影响力、贯彻力、执行力乃至强制力紧密联系在一起。

中国传统国家集权控制社会的模式下，"政者，正也。君为正，则百姓从政矣"。政治权威才是传统治道（治国、治社会）中的"正道"，政治是国家、社会资源分配和利益协调的根本之道。国家权力总是集中而强悍。君权更是政道中的"正"之源。君权天授中的帝制威权，同武力、强制、权柄等斗争因素联系在一起，也与统治、支配以及牧民、滋养民的含义联系在一起。

社会权威、民权在政治权威、君权面前是俯首、恭顺和被"吸纳"的状态。于是"传统权力模式被一元化地理解为专制、统治、管制。以帝制、君主为典型秩序威望符号的家国之治"①。"君"与"父"是家国之治中"执牛耳"。"臣"与"子"则只是家国政治统治下的受体。"家长"统治抑或"个人魅力"统治下"子民、臣民"自由与秩序的问题被理所当然地转变为被统治与服从。"民间结社、民间组织活动受到官府的严格控制，并对具有自治属性的民间社团的成立和发展形成了制约。"② 社会组织的自治空间以及民间资源的动员能力和涓滴效应还被人为限制、排挤和被代表。而这种国家社会权力一元化的权力的权威与秩序的威望，更容易滑到管制、支配、压迫与威胁甚至暴力的悬崖边。社会活力会因此而释放不够，政治权力生态自身也会因此陷入相对封闭、保守甚至僵化的困境。

改变国家社会权力一元化的秩序威权，确立国家社会权力二元模式，有以下两个层面：

---

① 李贵连：《从贵族法治到帝制法治——传统中国法治论纲》，《中外法学》2011年第3期。

② 苗梅华：《民间组织兴起与当代社会秩序转型》，《社会科学研究》2010年第5期。

（一）社会"能力权威"的培育

社会能力权威培育的根据是社会自由与社会公平。我国慈善募捐发展历史进程中的一个重要特征是官方赈济"募与用"一而贯之，慈善"募与用"的"政府官方性""乡里家国性"无可避免地导致国家的权威不断增强，而社会的权威则明显式微。毋庸回避的是，当代中国治道转型，还面临帝国时代传统专制政治与社会能力萎缩的历史惯性。

社会公平建设，需要在"渴望服从，又向往权力"的臣民思维之外培育社会个体的公共精神，同时在"强国家—弱社会"之上着力培育社会组织的"自主、自愿、自利"本性。从政社关系来看，社会政治的非常重要的内容就是国家的二维分析、双重建构，即"民族—国家和民主—国家"的双重化建构过程①。公正的体制安排是对国家统治社会的一元化的权力的权威与秩序的威望进行适当优化和分解。因为"权威形式是有多样性的，它是从专制走向民主的关键。社会权威形式的多样性是指除政治权威体制、机制、人物外，尚有社会权威制度、文件、符号等形式。社会自治的功能从国家权力中解放出来。

新中国成立后，人民成为国家的主人。"人民个体具有自我整合、自我管理、自我发展的重要空间。"② 社会领域是人民群众人际交往和社会活动的栖息之地，是特体社会利益和诉求的汇聚之地，也是社会公共产品提供和消费（包括民间慈善、社会公益）的主要场所。我国未来的政治的终极体制是"人民天下"，而不是过去的家国天下或者国家天下。

因此，社会"能力权威"的培育，需要社会具有"象征性权威"：确立"社会独立性"，尊重"社会人、社会权力"的社会逻辑、民间立场。慈善募捐事务的去政治化、去垄断化，对于社会组织独立性的而言，就是给予足够的"募、捐、用"权威使之能够改变它的慈善资源的动员力、影响力和整合力，给予慈善社会募捐足够的社会自主性培育，而不仅仅是同情社会组织，或者是选择性地忽略社会组织的社会能力。社会组织的象征性社会权威，表现为强而大的政府还权于社会组

---

① 徐勇：《回归国家与现代国家的建构》，《东南学术》2006 年第 4 期。

② 王名、丁晶晶：《中国社会组织的改革发展及其趋势》，《公益时报》2013 年 10 月 15日第 2 版。

织，使之成为社会慈善资源"募、捐、用"的承载主体，让公益慈善以自身独立的组织、协调和动员能力，与政治权力、资本权力的强势逻辑保持适当距离，维持自己相对独立的民间慈善运行逻辑。

具有生命力的社会募捐事业无须传统政治封闭、官方慈善垄断的特殊限制，而是需要着力呵护其"社会性"。募捐社会组织作用于社会领域，体现社会规则，注重社会公益，而在"己"（私域）与"群"（公域）之间，更偏重于"群"（公域），由此而奠定社会能力权威的领域范围。具有社会"能力权威"的慈善募捐社会组织，涉及公益竞争、公共物品供给、募捐组织外部效应、募捐公共信息偏以及公益产权的善财分配不公等，而具备了公共权力机构所具有的权威宣示、权力释放、权力执行乃至权力滥用的原性特征，需要"权力为公"，防范"权变危险"，进行"权力阈限"，以用权程序理性保证决策结果理性。

（二）国家与社会"整体共进"的发展

虽然"社会力量对国家也能造成一定程度上的侵蚀"[1]。各种社会组织以社团、基金会等形式在国家与社会的排序博弈中，展现社会群体所具有的对国家和政府的第三方影响力，成为社会制衡的重要力量。但这种改变单一权威形式的专制型、统治式权力模式，倡导多元权威形式的社会制衡，是以柔性和渐进的方式推进的，属于国家与社会整体共进式发展。

国家与社会"整体共进"的发展的目标是：国家、政府自上而下的"国家权力"朝向有利于社会活力和社会妥当性发展的方向运行，同时把体现社会自由的人民民主思想，落实在追求自由、福利"自下而上"的社会共同体运动之中。"社会自由是通向伟大之路。"[2] 把自由与伟大联系起来，这种"自上而下"的国家权力与"自下而上"社会权力的开新、转型，是符合历史发展趋势的"顺势而为"。即便在马克思主义的观点视角，国家是整个社会的正式代表，是社会在一个有形的组织中的集中表现，但国家也不是社会的全部。国家与社会的"交互主体

---

[1]　［美］乔尔·S. 米格代尔：《社会中的国家：国家与社会如何相互改变与相互构成》，李杨、郭一聪译，江苏人民出版社2013年版，第13页。

[2]　［法］托克维尔：《政治与友谊：托克维尔书信集》，黄艳红译，上海三联书店2010年版，第113—120页。

性"更让二者不能退回到帝国时代单纯的主体客体关系中去。主客体关系模式比较适合人与物、人与自然的关系。而交互主体性适合于人与人、人与社会、人与国家以及以人为本的国家与社会的关系。

以交互主体性为基础的国家与社会"整体共进",就是改变帝国、官僚、帝制传统社会的主体客体关系中,不让基础性权力(国家通过其公共行政权力渗透到社会,并以官僚体系集中协调社会活动的权力)和专制性权力(家国精英、国家精英凌驾于社会之上的权力)成为帝国、家国主义的唯一变量。国家社会权威的多元化以及国家与社会的交互主体性,正是在淡化政治权威、分散社会权威、限制极权权威的过程。建立国家权力主导性的同时建构、培育社会权威,"以国家与社会的互动性,作为社会方向上的社会个体的组合和资源的整合常态,是矫正与纠偏强国家—弱社会的基本途径"①。强国家在当前国际国内局势之下是必要的、也是必需的,而弱社会向大社会的转化甚至强化,是国家和社会整体共进的重要体现。

这种社会公共权力与国家行政权力的共进式赋权的主体安排,能在"社会法治的程序安排上更加突出交互性,优化社会主体机制、社会活动方式和社会秩序状态"。②进而能够真正巩固国家与社会彼此联合和相互强化的整体共进,形成"强国家—大社会"③的局面。在政社分开、政事分开的社会治理创新当中,培育成熟的现代社会治理,对传统治道的变道不是改弦易帜,而是建立国家与社会"整体共进",尊重国家权力主导性的同时使社会自运行具备"自主、自愿"的社会属性。也就是说,承认和尊重"行政吸纳社会"大背景下政府组织拥有强大社会资源动员力、影响力、支配力,还要扶持、培育、容忍作为"社会自主性"代表的社会组织的资源动员力、影响力和支配力。这是对我国当前社会组织总体上已经进入快速发展时期的形势与趋势的"顺势而为"的社会治理转型。

以基金会、社会团体、民办非企业单位(社会服务机构)为主体

---

① 於兴中:《法治与文明秩序》,中国政法大学出版社 2006 年版,第 315 页。
② 卓泽渊:《法的价值论》,法律出版社 1998 年版,第 253 页。
③ [英]迈克尔·曼:《社会权力的来源》第二卷上册,陈海宏等译,上海世纪出版集团 2007 年版,第 68 页。

的社会组织，发挥公益慈善的社会动员力、影响力和贯彻力、执行力，成为慈善捐款"募、捐、用"，形成公益产权的核心主体。慈善社会组织"自立、自主、自愿性"无法被国家强制权力逻辑、资本营利逻辑这两种当今社会的运行逻辑所替代。募捐的社会性成分比个人魅力成分、国家政治成分更多。

当前能够看到的是，我国最大的具有公募资质的慈善募捐团体红十字会（隶属于卫生部）和慈善协会（隶属于民政部）作为公开公益慈善资源"募、捐、用"的社会组织体，正在慈善风暴与公益问责的选择与放弃当中"去行政化"以回归社会组织的"民间性"原义。依据《中国红十字会法》的规定，红十字会受政府的资助和监督①。慈善总会则受民政部门的直接监督和管理，同时具有天然的公开募集社会慈善资源的资格，其汲取的募捐资源达到90%以上，并以公益慈善孵化的形式实施大量慈善公益项目资助活动。根据《2011中国慈善捐助报告》，2010年度捐赠只有1.3%流向了官办慈善和基金会之外的社会团体、民办的学校、医院和福利院，而其中真正能被草根公益组织所募集的资源更是微乎其微。

不过，根据《2012中国慈善捐助报告》《2013中国慈善捐助报告》《2014中国慈善捐助报告》的跟踪分析，流向民间社会组织的社会捐赠额在逐年增加，民间社会组织的慈善资源动员力、影响力和支配力逐年提高。尤其是以壹基金、嫣然天使基金等明星、企业家建立的民间基金会在慈善募捐的总金额以及资金的使用效率方面，异军突起，为我国当代公益慈善事业发展创新做出了巨大贡献。官办与民办社会组织并存，高大上与草根社会组织虽然在慈善募、捐、用方面能力有大小、发展亦有先后，彰显了"政治社会转向社会政治的社会治理创新中社会主体的复兴与百舸争流"②。

总之，这种在募捐领域，国家与社会的"交互主体性"体现了从

---

① 《中国红十字会法》第5条规定："人民政府对红十字会给予支持和资助，保障红十字会依法履行职责，并对其活动进行监督。红十字会协助人民政府开展与其职责有关的活动。"

② 这种发展格局有些类似于市场经济建立过程中，国有企业面临痛苦转型，集体企业逐渐萎缩，而民营企业则在市场的大潮中异军突起，发展迅速，成为重要的市场主体。

帝国"臣民社会"向共和国"人民社会"转化过程中社会身份权威与威望的"整体共进"式确立。有活力且可持续的社会权威与威望应从人民自由与秩序的关系中加以界定，即为了人民社会自由才需要政治秩序，而为了社会秩序才需要多元化权威。活跃的人民个体社会身份实化的社会可以通过传送人民群众中各个不同部分的需要和表达他们的利益而改善社会运行状态。社会自由、自主作为现代慈善精神的特质而发挥其关键性的作用，也彰显了人民的民主与自由是民间慈善的独立逻辑。当代中国慈善公益的募捐与捐赠通过"去政治化的治理机制的转化，将不信任焦虑予以疏导和分散，通过社会多元价值的相互竞争，淘汰和边缘化官方垄断慈善和社会福利的意识形态，能够培育理性的社会文化"①。公益产权提供者（捐赠者）与公益产权使用者（募捐社会组织）主体的分离，为慈善社会组织的意志与慈善公益宗旨利益相悖留下了空间，也为募捐社会组织涉及公域的权力的异化创造了空间。由此募捐社会组织的运行过程，其实也是运用具有社会公共精神的权力的过程。只是这种权力是特定募捐社会组织在特定空间范围内（管理慈善募捐公共事务和协调社会慈善资源领域）才能有效行使的权力。

三 慈善募捐社会权力的运行与开新

从代表公共精神的国家政治权力运行与开新的角度来看，"二千年来，中国传统之'治'法，有良法与恶法之别，但专制性质是没有变化的。从秦汉到清末的中国社会是以先秦法家理论为基础的专制法治社会。经历近代社会大转型，民主法治（就是西方的 Rule of Law）是社会历史发展的必然归宿"②。这种民主法治是"国家法治"建设为视角的赋权与限权，其表现是政府权力清单、政府信息公开、政府科层责任、行政服务绩效等。而"社会法治"则是对同样代表公共精神的社会权力的建构与解构。

作为社会价值极点的"人民权力"之社会化，慈善募捐社会组织权力的运行与开新，有双层内涵，一是正向的赋权，二是反向的限权，

---

① 强世功、张佳俊：《社会冲突与秩序重建》，《文化纵横》2012 年第 6 期。
② 李贵连：《民主法治：法制现代化的诉求》，《政法论坛》2012 年第 3 期。

也体现为在对募捐社会组织的社会权力赋权与限权当中，进行权威宣誓、权力分解、权力公示，以保证社会权力服务于社会公益，服从于民众监督，在公示、评价、批评、罢免当中保障社会权力的"伺服性"。

（一）募捐社会组织的赋权

对作为人民权力延伸与民主化展现的社会权力，是相对国家行政强制权而言的。在社会自由、自主的领域，基于社会权力的慈善募捐需要公权力的尊重，排除不必要的干涉和限制。募捐社会组织相对于政府组织而言是行政相对人的社会主体，而相对于社会公众以及内部成员，则又具有扁平的权利义务结构，以及垂直的权力职责结构，具有公私混合、相互渗透的混合性特征。

在募捐社会组织面前，参与社会公益、做善事是所有社会成员的基本权利，募捐参与主体多元和广泛，公益捐赠不仅是国家领导人、明星、企业家等的专利，而普通民众也通过公益众筹、志愿者、社工充分发挥个人优势参与社会公益。就集体行动的逻辑看来"在分层明显、圈子熟识的小集团中容易出现包办集体事务的人，但在大集团中很可能需要制度的安排，以制度化的内部权威形成成员之间的合作"①。因此作为现代募捐社会组织在脱离个人魅力式的精英主导慈善的制度性公共选择转型中，需要一个有强制力的制度安排来保证对组织内部治理机构而非个人进行赋权，以此形成制度化的内部权威。

另一方面，社会组织的自治与独立的权力来源于人民权力的延与民主化。社会权力是公益财富分配法则的社会第三次分配的权力，正是在第一次分配（市场的生产要素直接联系）、第二次分配（政府的宏观管理和收入调节）仍然实现不了社会的贫富均衡和公正发展的基础上，在一定的道德水准和文明程度的影响与驱动之下，通过富足者把自己的财产向公益慈善组织进行财物方面的捐赠和分配的权力运行过程。这种第三次分配权力，体现了利益与强制连接之后的社会繁荣发展的可能。正如《权力与繁荣》中强调的："我们必须既要理解从自愿交换中得到的

---

① ［美］奥尔森：《集体行动的逻辑》，陈郁、郭宇峰等译，格致出版社、上海人民出版社2014年版，第79页。

收益，还必须理解强制与力量的逻辑。"① 明确社会组织在募捐中的地位、性质，承认社会组织的社会募捐的主体性，是现代法治以人权和民主、公民权威和有效政府、救济和保护性价值为基础的权力逻辑。

在权力的分工中，社会权力涉及公益慈善的募捐公共事务的内部权威和强制力，而国家权力则从社会回到政治、行政领域。与此对应，政府逐渐退出劝募市场，让慈善募捐真正市场化、民间化，给社会组织独立募捐提供成长空间。募捐社会组织的公共性，体现为与私人、个体的捐赠公益意思表达相比，募捐社会组织基于公共精神以自身组织力对社会慈善资源传导影响力、支配力，建立能够给予社会共同利益最大决策权的政治体制。

当然，在"行政吸纳社会"的体制下，政治与社会的关系互动与双赢体现为政治的尊重不仅会克服"强政府、弱社会"，防范"弱政府、强社会"，而是培育、锻造"强政府、大社会"的格局："政府的出现或延续，既是国家内在自我扩张倾向的结果，也是对其日益增加的职能包括由公民不断界定的各种新的职能要求积极回应的结果。大社会则在很大程度上产生于自身要求，特别是建立在公民个体权利要求基础上的具体或抽象的、整合良好或支离破碎的权利要求，以及约束国家（政府）权力并参与社会管理的客观需要。"② 强政府在募捐领域的体现是对募捐社会组织和募捐行为的监管效能的权威，大社会在募捐领域的体现则是募捐社会组织自身的自立与自主，同时通过第三次分配的社会机制形成慈善资源的自足。

（二）募捐社会组织的限权

社会权力在募捐社会组织中的植入，集中人力、物力、财力履行慈善公益宗旨，其本质是基于社会影响力、支配力而进行公益积累、分配社会公益财产的用权现象。

在中国当代慈善募捐的发展脉络的梳理中，我们关注到公益慈善事业的快速发展，也看到一系列公益失灵、志愿失灵事件的爆发（募捐的

---

① ［美］奥尔森：《权力与繁荣》，苏长和、嵇飞译，上海世纪出版集团 2014 年版，第122 页。

② 王丽萍：《一个"大政府 大社会"的时代》，《中国青年报》2012 年 12 月 31 日第2 版。

羸弱或者善财的挥霍、慈善的异化），社会权力的主观、随意、极端以及权钱亲和，用权者的无所顾忌、无所约束的状态需要在社会权力的运行与开新中，得到充分重视。在确立权力公共性、混合性基础上，还应正视社会权力对私权的行使附加了社会义务的"限制性"。"溺爱社会权力反而损害社会权力，权力行使者都具有权力的行使者和权力的制约者的双重身份。"① 公共权力的放松、放纵是权力治理中必须正视的问题。

为了克服募捐社会组织的松散和随意，募捐公共权力的运行需要一定的监督和约束机制。募捐社会权力必须受到制约，这就需要有慈善募捐的限权，通过沟通私权与公权的桥梁"组织章程"进行在内部治理上进行权力范围限制，明确社会组织机关决策在募捐中方式和步骤，为募捐在组织中的输入与向社会输出提供明确的规则指引和规范化的依据。

人民权力社会化，社会权力赋权给了募捐社会组织，社会权力就在社会组织"官员"手里就处于一种持续性的行使状态。社会权力的行使体现为募捐社会组织机构的常设性，即建立组织的内部治理：有会员的募捐社会组织的的权力机构是会员大会或者会员代表大会。由其选举产生的理事会是执行机构。没有会员的募捐社会组织的权力机构是理事会。监事会或监事是监督机构。理事长、副理事长、秘书长、监事作为运用权力、使用权力的主体表现为"主体常务性"、所在"机构常设性"以及实施"公务日常化"。

"赋权"之后的募捐社会组织"治权""限权"的主要内涵是：妥当的行为规范（保障社会组织募捐的自主性的同时克服随意性，针对募、捐、用进行行为边界的设计和监管体系的构建）以及基于信托责任而履职的德才兼备的职业担纲者（特别是整合募捐成员进行封闭管理的追踪、反馈、公示，落实其忠实和勤勉义务），克服渎职、怠工、滥用甚至把公权力异化为权力为己、权力为私。

社会权力因为具有权威性、不可放弃性、可交换性、扩张性，而使得社会组织的用权具备组织权威，拥有内部行政管理秩序的同时，还通

---

① 龚喜球、易海涛：《论和谐社会权力公共品供给》，《前沿》2006 年第 11 期。

过"分权、公示"让社会组织的会长、理事长、理事、秘书长等社会组织"官员"依法、合规行使权力，正确理解社会公共利益原则，遏制长官意志、家长制、一言堂的权力原性释放，将完整而混沌的社会权力以制度化的方式，分为几个部分（权力机构、执行机构、监督机构的权力）及几个阶段（方案、决策、批评、监督、追责、罢免等）进行行权，并通过财政收支两条线（管权不管账，管账不管钱，管钱不管权）明晰公益财产的"募、捐、用"的财务会计管理流程。募捐社会组织也因涉及公共利益，民众地社会组织募捐的公共行为和所发布的募捐公共信息具有知情权。

募捐社会组织内部关于公开进行社会募捐的决策过程和募捐方案、募捐项目决定，甚至发起、参与、管理募捐的社会组织"官员"部分的个人信息都要因为"募捐公共事务"的贯彻与执行，而进行公示、公开。这是因为责任政府所强调的是通过对公共行政责任的承担和追究。责任募捐社会组织也是基于"对公共行政的有力约束和控制，制止滥用权力的各种现象，从而实现社会权力与权力责任的高度统一"①。募捐用权组织妥当的行为规范与德才兼备的职业担纲者，需要公示制度是破除募捐"暗箱"，使募捐权力执行者、实施者产生裸露感并发挥"裸露焦虑"效应的积极力量。

总之，慈善募捐社会组织中的募捐权力，因其社会属性，已经超越靠保障自由和尊重私权利的传统私法理念，植入社会规制、监督的因素，而属于社会法。慈善募捐的运行与开新，也就体现出社会法规制的两个方面特点："一是要有保（保护、保证、确保）的一面，二是要有障（通过设置障碍来阻隔、遮挡、防护）的一面。"② 即对于慈善募捐中的自主、自愿进行保护的同时，也强调制度化的强制与力量的规范逻辑，形成社会主体的稳定制度预期。

第二节　慈善募捐定位的现实要求

慈善是陌生人之间的真情，需要人性之善、社会之善、国家之善。

---

① 倪健、民主：《组织力》，人民出版社 2009 年版，第 12 页。

② 张守文：《社会法的调整范围及其理论扩展》，《中国高校社会科学》2013 年第 1 期。

但慈善募捐涉及对慈善资源的"募、捐、用"，重要到甚至可以说是社会的第三次分配。它具有"社会"公共性。从西方慈善募捐的历史脉络来看，无论是欧洲早期的教会募捐与民众互助募捐，还是西方近代募捐领袖的社会募捐、现代家族基金会的巨额募捐以及当代多元并存的慈善公益募捐，都体现了"社会性""民间性""公益性"。

而我国的慈善募捐的发展历史，则是官方赈济"募与用"一而贯之、佛家募化与道家劝善"募与用"的融入、士绅与商贾民间慈善"募与用"的发展，体现了"政府官方性""乡里家国性""士绅商贾首善繁荣性"。

由此，我国的慈善募捐在进行近代化、现代化转型过程中，一方面需要达成共识的是慈善募捐的组织发达优于个人慈善，另一方面在组织化慈善募捐中还需要进一步理清的是"什么公共组织，以何种角色"进行募捐事业的推进。也就是说，需要在涉及公益慈善领域的社会组织、企业组织、政府组织在"社会、国家"之间进行组织定位。

一　社会组织

慈善募捐必须由"符合条件的社会组织"实施慈善宗旨的募、捐、用。而我国的社会组织，经过前一章的历史梳理，新中国成立后1981年以前在"高度政治化的单位社会"下原有的基于地缘、血缘、业缘、信缘乃至江湖的社会组织（善会、善堂、慈善会、会馆、同乡会、救济会、协济会、基金会、义赈会、义庄、宗族组织）趋于瓦解，这是新中国社会组织被"碎片化"的过程。1981年以后的30多年间，鉴于经济市场化发展和行政法制化发展，社会"组织化"重新发育、成长。尤其是经历了80年代的兴起与繁荣，90年代的规范与清理之后，近20多年来呈现出强劲的"社会公共性"张力与能力。但何谓"符合条件的社会组织"还需要从理论与实践两个层面进行廓清，并进行募捐社会组织核心内涵的总结。

（一）社会组织在理论上的理解

我国对社会组织的学术界定，是以西方的"Non‐profit organization""Non‐governmental organization""Tax‐free organization""Voluntary organization"①等时髦用语为学术背景的。如果采用"政府、市场、社会"三分法，"凡是政府行政组织、营利性企业组织之外的都是社会组织"②。社会组织用来统称"非营利组织、非政府组织、免税组织以及自愿组织"这些词汇，用来指称代表具有社会福利服务输送，或社会倡导功能的非官方机构。

国外主要从组织结构、行为方式、资源来源以及公益产权的角度把握非营利组织的特质。对于公益产权的社会组织普遍能认同的是美国莱斯特·M. 萨拉蒙教授所提出的基于社会组织的"结构—运作"特征而进行的定义，认为"凡符合组织性、民间性、非营利性（非利润分配性）、自治性和自愿性的都可被视为 NPO（非政府组织)"③。按照非营利社会组织的内部控制方式，如果组织的最终控制权掌握在各个捐赠、资助人手中，则几方共有。如果组织属于一个创办者资助设立，其管理委员会亦相对固定，则属于创办者独有。

英国麦纳顿勋爵（Lord Macnaghten）在 Income Tax Special Purposes Commissioners VPemsel 案中对社会组织的认定问题提出该组织必须是法律上的纯粹慈善性，而其慈善宗旨有"四大主要类别，即济贫、促进教育、推广宗教以及旨在让社会得益但不属以上任何一类的公益行动"④。强调非政府、非营利组织"无论是实际开展的公益组织活动，还是在管理公益组织的内部事务中均有显著的志愿、自主参与特点，特别是由志

---

① 莱斯特·M. 萨拉蒙对"non‐profit organization""non‐governmental organization""tax‐free organization""votuntary organization"不同的对社会组织的称呼进行了评价，指出："每一种称呼又反映了该领域的某一方面的性质，但同时，每一种称呼都至少会部分地误导着人们的视线。"参见李亚平、于海编选《第三域的兴起：西方志愿工作及志愿组织理论文选》，复旦大学出版社1998年版，第31页。

② 西方学术界较为流行的是用"剩余法"来界定社会组织。这种观点认为，现代社会存在三类组织，一为政府组织，二为商业组织或营利组织，剩余的组织就是非营利组织。也就是说，既非政府机构，又非商业组织的组织，即为非营利组织或非政府组织。这种分类方法构成了"三部门理论"的基础。剩余法的优点是简易，缺点是过于空洞，对三类组织的跨界，尤其是公益与商业的融合，未能得到反映，无法确切地指出现代非营利组织的新属性。

③ ［美］莱斯特·M. 萨拉蒙：《全球公民社会——非营利部门视界》，贾西津等译，社会科学文献出版社2002年版，第17页。

④ 王名：《英国非营利组织》，社会科学文献出版社2009年版，第56—58页。

愿者组成的理事会和广泛使用志愿人员的人的聚合特质"①。

按照非营利社会组织目的、服务对象、服务类型、资金来源、志愿者使用、受益者规模，同时参考税收目录进行了官方非营利组织以及民间非营利组织划分。在台湾地区则以"民间团体"或"民间组织"指称那些符合立法、政策而获准登记，较具社会运动色彩的不以营利为目的公益组织。社会组织的核心内涵是有资格接受社会捐赠，并接受社会托付履行公益宗旨。"社会组织按照税收立法即便营业，享受减税的优待，也无需缴纳营业税，但该组织应以非营利为主，营业盈余应用于公益目的，不能分配会员。"②

国内对于社会组织的定义更多受国外非营利、非政府理念和观念的影响。按照俞可平教授的定义，是指"有着共同利益追求的公民自愿组成的非营利性社团，具有非政府性、非营利性、自愿性和相对独立性四个方面的显著特征"③。清华大学王名教授则认为社会组织是"社会转型过程中由各个不同社会阶层的公民自发成立的、在一定程度上具有非政府性、非营利性和民间社会性特征的各种社团形式及其社会网络形态。社会组织是在社会体系中主要致力于社会治理，提供社会服务的组织形态。"④ 从外延上看，"社会组织指政府与企业外面向社会自主提供某个领域公共服务的组织实体"⑤。中国人民大学王绍光教授认为民间社会组织必须符合"组织性、民间性、非营利性、志愿性、自治性这五个标准"⑥。清华大学的秦辉教授基于中国文化传统和对民间社会发展历史的梳理，认为"社会组织与以强制求公益的政府部门不同，也与以

---

① ［美］莱斯特・M. 萨拉蒙等：《全球公民社会——非营利部门国际指数》，陈一梅等译，北京大学出版社 2007 年版，第 12—13 页。

② 赖惠珍：　《非营利组织之策略与规划的重要性》，http：//www. pbf. org. tw/html/content. asp？NSID＝3&MG VOL＝70&ID＝719，2015 年 1 月 7 日。

③ 俞可平：《中国公民社会：概念、分类和制度环境》，《中国社会科学》2006 年第 1 期。

④ 王名：《非营利组织概论》，中国人民大学出版社 2003 年版，第 71—72 页。

⑤ 张尚仁：《"社会组织"的含义、功能与类型》，《云南民族大学学报》（哲学社会科学版）2004 年第 2 期。

⑥ 王绍光：《民主四讲》，生活・读书・新知三联书店 2008 年版，第 120—129 页。

资本求私益的市场经济组织不同，是以志愿求公益的民间组织"①。以"自愿求公益"②，较为精确地概括了第三部门的最主要的特征。

　　社会组织在理论上可以分为社会团体、基金会、民办非企业单位（社会服务机构）三大类：对于"社会团体"在理论上的理解，徐家良教授认为合乎法律原则的社会团体具有平等性和非营利性，是自然人、法人和其他组织以会员身份自愿组成的公益或者互益的社会组织。社会团体的组织目的、组织原则、组织结构决定社会团体的组织性质。按照性质与任务的不同，可以划分为"专业性社会团体、行业性社会团体、联合性社会团体和学术性社会团体"③。对于"基金会"在理论上的理解，陶传进、刘忠祥认为"作为特定的社会组织的基金会，与专业化资金筹集与专业化运作密切相连，是基于捐赠人捐赠而形成的社会财产为基础的财团法人"④。对于"民办非企业单位"在理论上的理解，则需要"把握民间性、实体性、服务性和非营利性四个特征，是社会资金举办非营利的社会服务实体，包括法人型民办非企业单位、合伙型民办非企业单位以及个体性民办非企业单位"⑤。民办非企业单位（社会服务机构）综合民政和工商两大系统，既要进行社会组织的民政登记，也要进行营业组织的工商登记，其重要功能在于扩大社会公共服务的供给，提高社会公共产品的竞争度和服务绩效。

　　综合国外、国内对社会组织的分析与概括：社会组织是建立在社会公益产权基础上，主要依靠募捐、发起人集资、自身提供有偿社会化服务所得支付慈善、公益支出，以社会工作者及志愿者组成的内部治理，对外提供社会公益服务的民间组织。

　　因此，理论上对社会组织的理解，首先可以进行"反向排除"：剔除政府组织、企业组织以及政治性、宗教性组织。即社会组织不包括以下主体：（1）政府机关、行政机构；（2）以营利为目的的企业组织；

---

①　秦辉：《政府与企业以外的现代化——中西公益史比较研究》，浙江人民出版社1999年版，第6页。

②　秦辉：《第三部门、文化传统和中国改革——关于中国第三部门历史、现状与未来走向的若干问题》，http://www.china-review.com/sao.asp?id=4307，2015年9月2日。

③　徐家良：《社会团体导论》，中国社会出版社2011年版，第2—10页。

④　陶传进、刘忠祥：《基金会导论》，中国社会出版社2011年版，第10页。

⑤　景朝阳：《民办非企业单位导论》，中国社会出版社2011年版，第3—7页。

（3）国家举办的或者以国有资产举办的、公营性质的事业单位[①]；
（4）以财政性资金为主要资金来源的社会服务组织、社会福利单位；
（5）经本单位批准成立，在机关、团体、企业、事业单位内部活动的机构内部组织；（6）政党组织、宗教组织。

不过，基于"剩余排除法"基础上的"第三域"的社会组织界定，还显宽泛和疏阔。因此进行排除法的第三域界定的基础上，还可对社会组织进行"正向规定"的动态特征与功能的描述，即为了帮助社会困难群体或者特定公益事业，受益群体是社会上不特定的多数人群的提供社会公益和慈善服务的传统慈善社会组织和新公益社会组织：

其一，传统慈善社会组织：主要是指涉及济贫、救灾、养老、助残、恤孤、养育弃婴、收养孤儿、收容拐卖妇女儿童、收容流浪乞讨、养老、教养社会边缘人士、技术培训、救生、施医药、施衣保暖、施粥御饥的各类慈善团体，或在其组织章程上具体载明举办以上善举的非营利组织。

其二，新公益社会组织：主要指相对于传统慈善组织而言的，不仅仅关注饥寒、困顿的"人"的福利，而且在环境保护、扶贫开发、社会整体教育、医疗、初级卫生、社区服务等领域提供各种公益"事业"型服务的"不以营利为目的民办社会服务机构、科学研究机构、医疗卫生机构、社会公共文化机构、社会公共体育机构和社会福利机构，乃至孵化类的培育和扶持型的社会组织"[②]。

（二）社会组织在实践中的定义

新中国社会组织的发展是用 30 年走了西方的三四百年的压缩的现代化发展过程。因此在实践当中，社会组织的称呼以及设立的条件程序、监管方式等都是在改革中尝试，与本土的政治、经济、社会环境的

---

① 根据《事业单位登记管理暂行条例》（2004 年）规定，事业单位是指国家为了社会公益目的，由国家机关举办或者其他组织利用国有资产举办的，从事教育、科技、文化、卫生等活动的社会服务组织。随着市场经济的深度改革以及"政事分开"进程的推进，在我国除了一部分根据公法设立的具有公法人性质的事业单位依然保有其公法人身份外，还有相当一部分事业单位会在事业单位的改革、分化与分流中成为具有公益法人性质的社会组织或者甚至商法人性质的公司企业。

② 赵凌云：《分类培育发展社会组织的对策研究——以北京市东城区为例》，《中国民政》2011 年第 2 期。

磨合过程中逐渐形成了"社会团体、民办非企业单位、基金会"的称谓。

社会团体、民办非企业单位（社会服务机构）和基金会的实践使用依据，是始于 20 世纪 90 年代的有关社会主体登记、管理的三大条例：

其一，社会团体。始于 1998 年国务院发布的《社会团体登记管理条例》的第 2 条规定："社会团体是中国公民自愿组成，为实现会员共同意愿，按照其章程开展活动的非营利性社会组织。"也就是说，社会团体属于民间社会组织，但对其范围并没有做出列举式规定，也没有明确的活动范围限定。

其二，民办非企业单位（社会服务机构）。20 世纪 90 年代初一些事业单位开始部分转向私人或社会资金兴办，在政府与市场之外出现了有别于社会团体的民办非企业单位。根据 1998 年国务院发布的《民办非企业单位登记管理暂行条例》的第 2 条规定："民办非企业单位是指社会团体、企业事业单位和其他社会力量以及公民个人利用非国有资产举办的，从事非营利性社会服务活动的社会组织。"也就是说"民办非企业单位"与"社会团体"相并列为民间社会组织行列。2016 年我国《慈善法》将民办非企业单位的名称改换为社会服务机构。1998 年的《民办非企业单位登记管理暂行条例》也被国务院最新的《社会服务机构登记管理条例》替换。社会服务机构的核心要素体现为"自然人、法人或者其他组织""主要利用非国有资产"、其宗旨和目的是"提供社会服务"。而社会服务机构的组织定位则是"非营利性法人"，即以非营利为组织底线，以区别于营利性的企业组织。

其三，基金会。2002 年民政部门改变以前将基金会纳入社会团体法人管理的做法，而将其单独视为"财团法人"① 一类的民间组织进行

---

① 《基金会管理条例》改变基金会原来的社会团体法人角色，恢复其财团法人的本来面目。这种变化看似我国相关立法的进步，但仔细推敲起来又会发现它实际上是与我国《民法通则》有关法人制度的规定相冲突的。因为在我国的《民法通则》里，法人包括四类：机关法人、事业单位法人、社会团体法人、企业法人。很显然，基金会法律特征与上述几类法人均不相符。只有对我国法人制度重新修订，才能较好地解决基金会等 NGO 相关立法与民事法律制度的衔接问题。详细可参见杨正喜、唐鸣《论我国 NGO（非政府组织）发展面临的法律障碍及解决途径》，《北京交通大学学报》（社会科学版）2007 年第 3 期。

管理。在实践成熟基础之上，2004 年国务院修订出台《基金会管理办法》。该《办法》第 2 条规定："基金会是指利用自然人、法人或其他组织捐赠的财产，以从事公益事业为目的，按照本条例成立的非营利性法人。"因此，我国民政部门以及各种社会蓝皮书在统计社会组织的发展情况时也基本采用此三分法，把中国社会组织概括为三类：社会团体、民办非企业单位（社会服务机构）、基金会。作为三者整体的社会组织涉及救灾、抚老、救孤、助学、助医等各个领域，成为我国社会保障体系的重要补充。据民政部慈善与社会捐助处的初步统计："社会组织每年平均接受的社会捐赠 300 多亿元，2008 年甚至达到了 1000 多亿元，在社会组织工作的社会工作者将近 10 多万人，依托社会组织从事志愿服务的志愿者达到了近 6500 万。"①

而对于以上的三类社会主体的统称，则没有一个被广泛使用且明确统一的概念。只是将社会团体、民办非企业单位（社会服务机构）和基金会统括为"民间组织"。直到 2007 年 10 月党的十七大文件中首次使用了"社会组织"概念，对民间组织、非营利组织、非政府组织、第三部门等称谓进行了统一，从人民当家作主、政治民主化高度进行了社会组织的战略定位。作为民间组织管理的主要部门——国家民政系统也随之启用"社会组织"这一概念。

实践中，民政部门对以上三类社会组织，以是否通过行政登记、批准作为是否合法，甚至是否具备相应权能为前提。根据民政部《取缔非法民间组织暂行办法》的规定，为了维护社会的稳定和国家安全，针对社会团体和民办非企业单位以及后来的基金会的组织活动，社会团体未经批准擅自开展筹备活动，未经登记的组织擅自以社会团体或者民办非企业单位（社会服务机构）名义开展民间组织活动，以及被撤销民政登记后私下继续以登记的民间组织名义进行活动，均为非法。② 违法行为发生地的两名以上出示证件的民政执法人员可对非法民间组织进行调查。由此可见，只有经过民政登记、批准的民间组织活动才是合法行

---

① 郑远长：《对中国特色慈善事业发展模式的思考——兼与学者商讨慈善会的定位》，《中国社会报》2009 年 11 月 26 日第 4 版。

② 蓝煜昕：《试论我国非营利部门的法制环境指数》，载清华大学公共管理学院 NGO 研究所编《中国非营利评论》第 4 卷，社会科学文献出版社 2009 年版，第 214—215 页。

为。近年来社会组织登记改革对于登记批准制度进行了一定的完善，针对社区服务类、环境保护类社会组织只需进行备案即可。但对于政治性社会团体等涉及社会稳定和国家安全的社会组织，除比较特殊的民主党派和参加中国人民政治协商会议的人民团体外，则还是适用严格的审批、登记制度，否则就缺乏合法性，被民政主管部门取缔并公告宣布该组织为非法。到2016年第一季度，"我国登记在册的社会组织数量有66.48万个，其中社会团体32.9万个，基金会4841个，以及过去是民办非企业单位，新近以社会服务机构进行统计的数量达到33.1万个。这些社会组织在2015年全年接受各类社会捐赠额达到610.3亿元，各类累计收入2929亿元，形成固定资产2311亿元，而在教育、农业与农村发展、文化等公益慈善领域的支出额达到2383.8亿元"①。社会组织在财富集聚以及吸纳就业方面，作用凸显，成为不可忽视的社会第三主体。

而在事实意义上讲，社会组织还有超越民政登记、审批、备案、监管范畴之外的，也是客观存在的"广义的社会组织"，比如共产主义青年团、妇女联合会、工会等人民团体类组织，中国科学技术协会、全国归国华侨联合会、全国工商业联合会以及中国作家协会、中华全国新闻工作者协会、中国文学艺术界联合会、中国宋庆龄基金会、中国人民外交学会、中国残疾人联合会、中国法学会、电影家协会、戏曲家协会、美术家协会、中国红十字总会、黄埔军校同学会、书法家协会、杂技家协会等官方背景的群众组织及依法免予登记的社团。它们也是以公益和非营利作为宗旨的广义的社会组织。不过鉴于其资金来源、工作人员级别和薪酬标准都具有"类政府机关"的特点，这些"参公执行单位"官方性有余而民间性不足，因此在本书中不将其作为"政府、市场、社会"三分法中的"社会组织"看待。

从实践角度，广义上概括事实上存在的社会组织，还有一个径路就是以组织的社会功能作为判断标准的"接地气"的社会组织。比如，强调居民、村民的自我管理、自我治理的广泛分布在城镇地区的"社区居委会"和农村地区的"村民委员会"；突出业主自身的权益，

---

① 张明敏：《两办意见发布，专家有话说》，《公益时报》2016年8月22日第5版。

体现业主自治的在物业管理区域内由业主代表组成的并在房管部门、街道办事处备案的"业主委员会"；以及在街道、社区备案而没有在民政部门备案的在单位、社区活动的健康兴趣组织、公园街头活动的各种文体群众组织，在基层农村的农民自组织以及依托互联网在电子信息传递和公益活动贯彻的网络虚拟社团等。社区居委会、村民委员会、群众文体兴趣组织、网络虚拟社团这些草根、基层组织具备了社会组织之"民间性、公益性、非营利性和自治性"的核心特征。但其游离于民政登记、审批、备案、监管范畴之外，此类"灌木丛"式的社会组织，本书视其为"未定型社会组织"。虽然大量而且客观存在，但因群众自发的发散性和随意性，而应当对此类社会组织权能进行局部限制，比如募捐权能。此类社会组织不应具备募捐的组织权利能力。

对于某些境外海外基金会的代表机构、外国商会、公益咨询机构、项目执行机构、带有宗教性质机构以其他组织形式在境内展开公益活动的社会公益组织及其在华代表机构，因为国家主权、政治控制、社会维稳，涉及政治、信仰、国际等因素，宜定位为"分类管理"思路。根据2016年4月全国人大常委会通过的《境外非政府组织管理法》第21条的规定：境外非政府组织及其代表机构不得在中国境内进行募捐。其在中国境内活动资金只能是中国境内合法取得的其他资金，包括境内的银行存款利息，其资金主要来自境外的具有合法来源的资金。资金也只能存放于通过民政部门备案的中国境内的银行账户。境外非政府组织的代表机构、办事处在中国境内进行项目活动资金的收付也只能通过该备案的中国境内的银行账户进行收付，包括接收其境外募捐的资金、财物。

综上所述，要成为"符合条件的社会组织"，实施公益宗旨的募、捐、用，必须国内合法具备募捐能力和资格的社会组织之核心内涵。

（三）募捐社会组织的核心内涵

既然本节的命题是"慈善募捐是社会组织基于社会权力而实施的行为"，那么社会组织就应放在公益慈善募捐的话语体系中，尤其是放在慈善募捐的组织定位、组织权能层面进行解释：

首先，募捐社会组织宗旨目标的公益性。

　　公益目标与宗旨是募捐社会组织的核心要素。募捐社会组织目标可以是单一的，也可以是具有内在联系的目标体系，不过都有一个灵魂要素：为公众而非私人利益设立。动员社会的力量做善事而不谋利，是公益慈善的最基本逻辑。以公共利益实现（或公共物品提供）为使命，是慈善募捐合法性和适当性的"试金石"。社会组织在一定时间和空间内要争取实现募捐的目的和结果，可以是救助活动，如救灾（备灾、救灾）、救济贫困（扶贫、济困）、扶助困难的社会群体和个人的活动（促进老年、青少年、妇女、儿童、残疾人事业发展）或者奖励对社会有特殊贡献的人员（见义勇为）等传统慈善活动；也可以是环境保护、扶贫开发、社会整体教育、医疗、体育、社区服务、公共设施建设等领域提供各种公益"事业"型的新社会公益活动。为了保证公益性逻辑的实现，任何一种组织都有其特定的公益目标，公益目标甚至可以分层为总目标、阶段目标、部门目标。总目标要为社会组织指明方向，起导航作用。阶段目标要有可行性和连续性；而组织部门目标一般是明确的、具体的，围绕某一特定的目标才形成从事共同活动的专项公益活动。目前在民政部门直接登记的工商经济类、公益慈善类、社会福利类、社会服务类社会组织，都应当具备"公益性"这一灵魂要素。

　　其次，募捐社会组织治理的自主性和志愿性。

　　治理的自主和志愿是募捐社会组织的组织特征。在政社分开的前提下，社会组织彰显民间性、自主性的基本要求是社会组织不是政府的一部分也不是企业组织的一部分。因此，募捐社会组织是基于社会公益目的而形成的"人合"系统，其对组织成员的管理应融入组织章程和内部治理规章形成组织向心力，而不是对政府部门或者作为捐赠方的企业的向心力。并且，"自主性"强调募捐社会组织不受外部力量包括行政力量、资本力量的控制；而"志愿性"则是募捐社会组织员工的重要特征，募捐社会组织经过对自愿参加该组织的人员进行审查与考核，聘请为募捐志愿服务、不领薪水的工作人员。即便有领薪水的专职、全职募捐人员，其基本特征也是可以放弃应有的报酬，或者可以接受比一般单位用工行情低的薪水，甚至在组织的理事会、秘书处有不受薪的理事、秘书长负责管理该组织的募捐事务。也就是说，志愿服务、奉献精神是募捐社会组织内部治理的基调。当然募捐志愿服务的基础是自愿，即募捐社会组织的志愿者、社工乃至职业社会工作者，自愿进入或退出募捐组织，在募捐事务的执行上进出自由，来去自愿。甚至在互联网募捐中，募捐志愿者通过网络联系，依托虚拟空间的线上即时联络，线下碰头实施共同的募捐行动，特定的目标完成之后又归于解散。因此，募捐社会组织内部治理需要面临的问题是流动性、变动性很大的志愿者、社工，但对于单独募捐的募捐组织而言其组织治理的自主性和自愿性是必须明确的。

再次，募捐社会组织运行的非营利、非分配性。

不以营利为目的，没有利润目标是募捐社会组织的运营特征。募捐社会组织一般也是由会费收入、募捐收入、有偿服务收入及其他合法收入组成的"资合"系统。其筹集财物资源的模式总体包括"民间捐赠、政府支持或公共部门支付、私人付费等"[1]。在"募、捐、用"的运行过程中因与组织章程有关的有偿服务收入和其他租赁、买卖、服务而取得的合法收入与收益，都会导致非营利组织会计账簿上的"盈余"产生，但这些盈余不能当作损益计算和盈余分配。社会组织可以盈利，但是盈利不得在成员内部分配。换句话说，任何组织和个人侵占、私分、挪用社会组织的"善财"，社会组织的收入、利润和财产不能分配给会员、理事、管理人员或者员工，只能进一步运用于公益宗旨的项目。即便到民政部门进行了注销登记或者注销备案，该拟注销的社会组织的剩余财产依规妥善处理，将其捐赠给与之宗旨类似的社会组织。如果该组织章程有确定性的约定，则也可以按社组织章程的规定处理，这是社会组织的"非分配"的约束条件。

只有让募捐社会组织具有"宗旨目标的公益性""内部治理的自主性和志愿性""组织运行的非营利、非分配性"，善财的"募、捐、用"才被界定为对公益的追求和对公害的解决的"聚财之道与散财之道"。因此在绝大多数国家和地区，慈善募、捐、用是一种公益的变迁力量，能够依赖社会公众的捐赠而维持组织运作，并享有来自官方政府的免税

---

[1]　郭国庆、李先国：《国外非营利机构筹资模式及启示》，《经济理论与经济管理》2001年第12期。

地位。① 在公益市场发达的英美国家，不仅有募捐社会公益组织基于自身募捐资格而实施的单独募捐，而且还出现了"一大批专门从事劝募的机构或组织的联合募捐。联合募捐的具体实施人，在美国《公益基金募捐示范法》上被称为领薪募捐人，是接受公益机构的委托，为公益机构募集资金并领取相应报酬的一类特殊主体"②。我国对慈善募捐的组织主体权能的设定，一是要明确慈善募捐是社会组织行为，二是要精细化为不是所有社会组织都具有募捐权能，募捐社会组织必需要有"宗旨目标的公益性""内部治理的自主性和志愿性""组织运行的非营利、非分配性"。

二　政府组织

近代以来虽然我国社会组织的民间规范化募捐趋势有所加强，但官方一直都是社会秩序和安全的提供者和维护者。传统中国慈善中官方赈济"募与用"一而贯之，以官僚行政（以官为中心）为核心的威权系统长期扮演着"全能父母官"的角色，在慈善资源的分配与支配当中起决定性作用。作为历史资源的官方慈善的发展惯性，让民国以后政治性募捐合法化、国防与抗战劳军募捐常态化以及新中国的"行政募捐、政令式募捐"有了深厚的滋生土壤。因此，在确立"慈善募捐是社会组织行为"的命题基础上，还需理清政府组织在慈善募捐中所应扮演的角色。

（一）政府主导的"行政吸纳社会"

政府是社会治理的重要组织体。中国政治领域推行垄断一切权力的"单极结构"，在社会领域也因强大的吸纳能力抑制了民间组织的发育需要的资源和养料。由此，作者赞同著名学者康晓光教授提出的"行政吸纳社会"是中国大陆国家与社会秩序基本特征的观点："在行政吸纳社会体制下，社会被动（无奈的、被迫）或主动（自愿、主动）接受

---

① 我国的社会组织就可根据《企业所得税法》及其实施条例，财政部、税务总局出台的《关于非营利组织企业所得税免税收入问题的通知》和《关于非营利组织免税资格认定管理有关问题的通知》来依法享有税收上的优惠。

② 许光译美国《公益基金募捐示范法》（美国法学会1986年制定），载许光《和谐社会的公益力量：基金会法律制度研究》，法律出版社2007年版，第347页。

从属地位。行政吸纳社会是政府强效能的结果。强势政府下的社会稳定性，以积极有为的'父爱主义'集权与极权制度的存在与合法性进行确认。其政治利益和价值远远大于'守夜人政府'，也超越了现代西方的单纯'福利政府'的扁平设计。行政吸纳社会的本质是代表国家的政府在所谓的'私域'中拥有广泛的话语权和影响力。"① 以行政机构为主体的国家政府组织，因其有自上而下的庞大、完备公权力行政系统，有充分税收支撑的公共财政供给，还有庞大的官僚行政人员，而使其具备解决社会冲突的能力。这种能力的核心内容就是"基于威权和权威的行政权力的贯彻与实施，并且还是在大多数情况下不需要暴力的贯彻与实施"②。比如在 1998 年的特大洪灾、2003 年的抗击 SARS 疫情、2008 年汶川特大地震等重大自然灾害或社会事件面前，政府对国民的动员能力、社会资源的调度与分配力都是强而有力的。连福山也承认"各种治理主体中各有长处，政府在其中起了统筹的作用。这就给行政治理质量、政府质量注入了新的使命和涵义"③。

因此政府不仅垄断外交、国防、国家安全等国家政治事务，而且因其"行政吸纳社会"的公共资源、公共权力系统，而对社会慈善具有领导、规划和统筹协调的主导角色。作为社会自治共同体的社会组织是无法与代表国家的政府抗衡的。在"行政吸纳社会"的社会的海洋生态中，各类社会组织可以是庞大的"鲸鱼"，但不能是好斗的"鲨鱼"。政府才是社会海洋生态系统中的整合力量。代表国家的政府对包括慈善募捐在内的各种社会事务进行鼓励、支持、培育、监管、禁止、惩罚，授权或委托部分公共权力给社会，扩大社会参与，同时又整合民政登记管理机关、业务主管单位的力量，形成重大决策、具体行政行为乃至制订政策法规。比如，2008 年后，除了中共中央办公厅、中纪委、国家监察局颁发的文件外，国务院办公厅发布《关于汶川地震抗震救灾捐赠资金使用指导意见》《关于加强汶川地震抗震救灾捐赠款物管理使用的

---

① 康晓光、韩恒、卢宪英：《行政吸纳社会——当代中国大陆国家与社会关系研究》，世界科技出版社八方文化（新加坡）2010 年版。另外康晓光的《儒家宪政论纲》（载《历史法学（第五卷）》第 105 页）也对"行政吸纳社会"的命题进行了详细论述。

② ［美］罗伯特·杰克曼：《不需要暴力的权力——民族国家的政治能力》，欧阳景根译，天津人民出版社 2005 年版，第 70 页。

③ 邵梓捷：《福山的新声音：什么是治理？》，《中国青年报》2013 年 12 月 23 日第 2 版。

通知》等系列文件；民政部发布《救灾捐赠管理办法》《汶川地震抗震救灾资金物资管理使用信息公开办法》《关于全国性公募基金会开展救灾募捐活动审批程序的说明》等系列文件；财政部、国税总局发布了《关于认真落实抗震救灾及灾后重建税收政策问题的通知》《关于个人向地震灾区捐赠有关个人所得税征管问题的通知》等系列文件；审计署发布了《审计机关对社会捐赠资金审计实施办法》《严格抗震救灾款物审计纪律若干规定》等系列文件。

（二）政府与慈善的"政社分开"

然而"行政吸纳社会"并不代表塑造政府高于社会框架。以"税赋支付行政支出的政府无法也不需要包办社会的一切"①。政府自办服务的模式，社会公益乃至慈善活动都由政府公共行政提供，以金字塔形的官僚机构垂直供给所有社会公共产品，包括竞争性社会公务服务，将会直接导致一个大而全的政府出现。这与精简机构，构建有限政府和集约化政府的精神相违背。现代政府政治力和社会慈善应当保持彼此的距离和相互的尊重。父爱式的中央集权，也应在一定程度上进行地方分权。政府公共权力更应当适当远离社会慈善，让民间慈善有发展的自由空间。这种社会慈善的自由度，体现为"活力社会"：代表社会各阶层、群体、职业、兴趣的人群通过自主、自愿的组织化过程，以第三域的社会组织，进行合法适度的募捐筹资，参与社会第三次分配的同时参与社会公共事务，满足社会不特定成员的经济利益、社会利益和文化利益。

因此，"传统政府部门意志社会化，而社会意志被虚无化。过去政府组织替代民间社会的政社权力生态需要改变"②。我国在经济体制的市场取向的改革中行稳致远，为全面建成小康社会奠定了坚实基础。政治现代化，从传统社会臣民到现代社会公民的转型与发展，一个重要的

---

① 中国法学会行政法学研究会副会长朱维究教授引用权威统计数据表示，我国政府的文教、科学、卫生以及社会保障等公共服务性支出由 1978 年的 13 万亿元，增长为 2006 年的 1100 万亿元，增长了 89 倍；而维持政府自身运作的行政管理费，却由 1978 年的 4.9 万亿，猛增至 2006 年的 560 万亿，增长了近 114 倍。

② 蔡科云：《政府与社会组织合作扶贫的权力模式与推进方式》，《中国行政管理》2014 年第 9 期。

因素是"社会个体的经济社会权利和文化教育权利的扩大"①。"政治领域垄断一切权力的单极结构也需要逐步向政治和社会领域分享权力的多极结构转变。在这一转变中，社会上产生了相对自由流动的资源和相对自由活动的空间，培育了有效运行、服务公益的非营利体系。"② 社会事业改革创新和创新社会治理体制"需要全能型政府治理的转轨，也需要社会改革与社会治理的转向"③。生存型公共服务（比如吃、穿、住、行）和发展型公共服务（比如教育、医疗、文化、就业、社会保障、社会扶贫等），需要"让社会组织和社会资本全面参与这些公共服务生产供给"④。从改革经验的积累来看，我国已经取得的经济体制改革经验"政企分开"的发展经验，能够为社会体制改革"政社分开"提供智慧。即从 20 世纪 90 年代起政府不干预企业的经营自主权。"一方面，向企业放权让企业获得了市场经济发展的主体地位，另一方面，围绕国有企业改革推动市场主体多元化发展，为外资企业、合资企业、民营经济等多元竞争主体创造公平的发展环境，使得市场成为资源配置的基础力量。"⑤

与上述市场经济建设中"政企关系"改革和市场经济转型类似，行政手段和官方公益垄断成为社会关系网络中正式的同时也是隐蔽性排挤社会的手段。因此政府与社会组织应当有分权也有分工。2012 年 11 月党的十八大针对创新和加强社会管理创新的战略定力和战略眼光，明确要求"加快形成政社分开、权责明确"，使得这种"基于合作的分工、分权"的社会改革与社会治理转向的趋势更加明朗。其实，政府权力与公益慈善分家，放下对所有的社会自治领域的全面控制，向开放的社会过渡和转型，反过来也能为经济发展的提质增效继续提供强大的社会动力。让政府和社会组织职能分开，政府以税赋支付行政支出，运用政治权利为人民服务。而社会组织则代表"活力社会"，通过民间力量

①　施雪华：《政治现代化比较研究》，武汉大学出版社 2006 年版，第 115 页。

②　［韩］河皙亨：《中国转型期国家与社会关系变化的途径》，《北京行政学院学报》2003 年第 5 期。

③　李培林：《社会改革与社会治理》，社会科学文献出版社 2014 年版，第 21 页。

④　陶希东：《社会体制改革需解决五大问题》，《学习时报》2013 年 8 月 16 日第 3 版。

⑤　刘翠霞、顾理辉：《"行动者"的缺席：当代中国公民社会研究理路的反思》，《南通大学学报》（社会科学版）2009 年第 6 期。

和公益慈善，主要靠募捐支付慈善支出，以社会内生力量调整收入分配结构、扭转社会贫富差距过大困扰下的"中等收入陷阱"，为社会服务。

（三）政府对慈善募捐治理的"公权安排"

具体到慈善募捐领域，"政社分开"的关键是政府要在慈善募捐政治社会包括法制环境的营造上，不越位、不缺位、回本位、补空白的"公权安排"：

首先，政府不越位。慈善募捐在"行政吸纳社会"定位为"民办官助"。政府是慈善募捐的公共服务的提供者和慈善募捐秩序的监管者。政府不能在通过税收获得了社会的公共资源的同时，又通过直接纳捐，以慈善为名来获取公共资源再来从事公共事业。政府的"裁判员"权能应该明确政府官方责任和民间慈善的界限，克服集权思维的行为惯性，脱离公益慈善事业"官办民助"。更重要的是，政府从具体的慈善行为当中退出，不再替代慈善组织直接动员捐赠，也不再去设置捐赠点。根据"政府不越位"的界限，政府作为政治部门和社会监管者，需要从公益劝募的慈善市场中退出，让"裁判员"与"运动员"角色分开。即便是近年来各地方政府推出直接募捐领域，而只是设立"慈善日"，但直接发公文劝募、用行政手段刮"慈善风暴"，也有越界之嫌。根据 2013 年 11 月 22 日 11 时开始至 11 月 25 日 11 时止的《公益时报》与搜狐公益的"益调查"结果显示，"超七成网友认为政府应少做政令式募捐，过半网友并不认可政府下发通知号召慈善日捐款的做法。51.46% 的人不认可慈善日募捐，认为政府出面组织的慈善捐款，虽说是自愿原则，但实际性质是逼捐。对于怎样促使募捐活动得到社会更加主动的参与的问卷提问，59.23% 的人选择是改变宣传手段，让大家能够体验到具体的公益项目，让项目来打动人心。30.1% 的投票者支持公布善款用途，让捐赠者能查询到自己的捐款流向和捐赠效果，还有9.71% 的网友支持改变以行政手段开展募捐的做法，由公信力高的公益组织来发起的做法"①。

其次，政府不缺位。政府是全国最大的资源支配者和巨大的财政资

① 高文兴：《过半网友不认可"慈善日"募捐模式》，《公益时报》2013 年 11 月 26 日。

源的掌握者，政府资源的划拨调配中体现，提供救灾、救济等公共服务，对公益慈善组织进行孵化等都是其法定职责。孵化类公共产品因为少部分人支付公共产品的费用而大多数人免费享用，私人企业提供此类服务基本上是无利可图，只能由中央及各级地方政府提供。目前上海、北京、广州、武汉等地政府都设立了专门的公益组织孵化基地、孵化园、孵化器。这些对于单独募捐能力弱的社会组织有重要的公益资金方面"输血"意义；另一方面政府不能缺位的是：控制外部性。当经济活动、公益慈善活动的负效应产生时，是市场失灵、公益失灵的表现，需要政府面对那些产生外部负效应的组织或者个人进行强制收费、收税，然后补贴给那些产生外部正效应的组织或者个人。也就是政府应立足法定职责，致力于维护法律和秩序，为自由的市场机制和独立的社会机制创造和维持一个稳定的政治环境。社会服务的外包必须在一个适当的法律框架内进行才可持续。因此，除了指导意见之外，中央及地方政府有必要推行适当的条例法规，以规范社会服务的购买，并给予科学的监督。完善健全的制度体系是政府行政工作规范进行的基本保证，使得各类组织体拥有平等的权利，努力实现机会均等，维护公益慈善组织发展的公平性。

再次，政府回本位。政府在"不越位"的同时，还要明确本职，强调履行好各级政府的公共服务职能的同时，做好对慈善募捐的监督者。政府部门依法监督的内容主要有：民政部门要对募捐活动的审查与备案，募集财产的管理和使用进行日常监督，审计和财政部门要对募捐组织的财务会计，公益事业捐赠票据的使用，以及履行信息公开义务的状况的审计和财务监督，对讲究效益的政府采购公共服务等方式来培育和扶持慈善事业的实效性进行评估。而"税务部门则以公平的税收政策，通过慈善募捐税收优惠门槛准入和募捐的免税程序规范来监督慈善组织和慈善募捐行为"①。政府通过对公益捐赠的税收减免制度对捐赠予以鼓励，依靠相关的民政法律法规对慈善募捐予以监督，促进透明募捐。在公共服务的供给过程中，尤其是政府部门建立、完善购买公共服务的法律法规和政策环境的过程中，重点对社会组织参与公共服务供给

---

① 金锦萍：《慈善立法的基本问题》，《湖南师范大学社会科学学报》2013 年第 1 期。

进行规范和控制。用法治的方法和制度的方式，引导社会组织参与社会治理的有序进行，防止官方以及官办慈善组织形成的公益垄断，在提高供给的公平性的同时促进公共服务质量。

最后，政府补空白。慈善募捐是社会的事情，但是大灾大难或者特定紧急情况下，当社会无法快速集聚资金或者出现"志愿失灵"时，政府应当"补空白"，有紧急救市、强力整合社会资源的机制和功能：（1）在突发性自然灾害和重大安全事故发生之初，紧急救助急切需要接受食品、医疗、水和卫生防御救助的情况。还要进行社会组织的信息系统和数据库建设，完善社会组织信息收集、整理、分析、沟通和发布机制，健全信息通报与报告制度，将对慈善募捐的监管由被动转变为主动，由事后监管前移至事前监管和事中监管。（2）营造政府与社会组织合作的"伙伴关系"。平等的横向协调方式跟社会、跟政府用财政资金的输灌功能，以及资金使用过程和绩效的审查与评估，做好社会服务购买的卖方，科学评估公益慈善组织开展公益项目及慈善募捐的成熟度，评判社会组织能"在多大程度上自立、自主运作，在政府退出的领域能够顺利承接，防范出现社会服务和社会控制的真空地带"①。也就是在社会治理中政府需要改变过去粗放式、疏阔式的立法方式，对慈善募捐的募、捐、用等制度空白的环节进行具体立法，依法进行评估、审计，运用法治思维、法治方法跟社会、跟社会组织打交道。（3）海外、国外捐赠者出于直接捐赠资源输送的不便和基于对人民政府的信任，要求人民政府代表当地受益民众或者当地的公益慈善组织接受捐赠，政府应当做好接收、保管和移交工作。县级以上人民政府在接受了国外、海外捐赠之后，应当尽快按照约定和捐赠协议，将受赠财产转交当地非营利的事业单位或者公益性社会团体，也可以直接分发给当地的具体的受益人或者运用专款资金兴办具体的公益事业或者运行具体的公益慈善项目。

总之，政府是靠税收运作的机构，收税是政府的权力，而以行政劝募方式收公益捐款就越权了。过去，政府组织直接做慈善，政府出面迫使企业和个人捐款，地方政府举办的官办慈善机构通过行政发文方式劝

---

① 封寿炎：《激活社会组织　改进社会治理》，《解放日报》2013 年 11 月 22 日第 5 版。

募慈善募捐的状态，需要矫正。政府需要把握政治权力边界，在不越位、不缺位、回本位、补空白的"公权安排"基础上，更多从信息、政策方面去引导和扶持募捐社会组织，包括制度层面规范慈善募捐、精神层面奖励慈善募捐、操作层面监管慈善募捐。

三　企业组织

企业作为市场经济组织，以产权明晰为基础、以经营自主为核心，从事经营性的商品生产、流通或者提供服务。其典型是公司、合伙企业、个人独资企业等以人的要素和财产要素相加的商事结合体。企业是营利性组织，将经济利益摆在首位是企业组织行动的圆心，兼有涉及社会责任、公益慈善资金供给，甚至有商业与慈善的跨界。由此，企业组织资金的"募、用"方面也就有多重角色。

（一）作为商事筹资人的企业组织

资金也是企业组织赖以生存的物质基础。企业组织的资金来源主要有设立人的投资、营利销售的收入、投资收益、租金收益等，但由于资金的损耗、资金的回收以及资金的分配等在日常的生产经营、投资活动乃至资本总量的扩张、结构的调整过程中，往往出现资金缺口，需要进行以企业名义的筹资活动。"企业筹资是通过金融市场或者社会筹资渠道，利用商业筹款方法进行的资金筹措、集中的专项财务管理活动。"[1]既然企业组织是营利性部门，需要以较少的投入博取更大的利润并分配给投资人。因此"企业筹资要遵循效益原则、及时原则，是依照金融法，经过银行、证券、票据、保险渠道，对银行借贷资金、政府财政补贴资金、证券、信托、保险、融资租赁等金融财务公司资金，乃至民间资金、海外资金进行相应的筹资活动"[2]。

商事筹资是作为营利性组织的企业缺乏资金时向社会的融资，因此只能"在商言商"，要么通过证券法中的公司股票的发行、公司债券的发行为途径，进行资金的直接筹募（作为股票、债券的发行人，通过证券公司等中间机构向不特定的社会公众广泛地发售有价证券，以公开路

---

① 杨行翀、李郁明、张惠忠主编：《企业筹资学》，上海财经大学出版社 2014 年版，第4—13 页。

② 楼士明主编：《企业筹资实务》，立信会计出版社 2006 年版，第1—2 页。

演、公开宣传的方式向不特定的对象推销募集资金理财产品），要么通过银行等金融机构、财务公司进行资金的间接筹募（作为直接借贷关系中的债务人）。

而无论直接筹资还是间接筹资，都是以商业契约和投资者精神为基础的商业资金融通。作为资金融通的适用方（企业组织），需要付出筹资的使用成本，应用货币支付商事资金"募、用"的对价或相应对价。而本书中的慈善募捐是非营利社会组织以公益目的发起的筹资行动，不仅仅涉及"募、用"，而且也涉及"捐"。"捐"的内涵体现"捐赠"，即作为慈善资金或财物的提供方是捐赠者是不需要募捐社会组织支付对价或者相应对价的。"捐"的内涵还体现"纳捐"，即纳捐者（社会组织）也是无需按商业契约和投资者精神进行投资回报。慈善资金或其他财物都是自愿、单向、无偿转移给募捐社会组织，这是全球的通例。

（二）作为慈善捐赠人的企业组织

虽然经济责任、资本责任是企业组织的根本责任。但为了企业利益的可持续最大化，同时也是为了提高对社会公共福利的水平，企业组织也是慈善募、捐、用过程当中"捐"的重要参与者。企业慈善募捐是"企业承担社会责任（Corporate Social Responsibility，简称 CSR）的表现"①。

我国《公司法》第5条规定："公司从事经营活动，必须……接受政府和社会公众的监督，承担社会责任。"也就是说，虽然不能回到改革开放前"企业办社会"的计划经济老路上去，但从国家制度要求与企业自身现实发展需要角度出发，慈善捐赠在企业捐赠与企业绩效、利益相关者的公益与企业投资人的私益之间，是一个天平的砝码，在法律、伦理以及自愿责任之间有动态调教、平衡的作用。由此可见，除了政府的公共责任、社会组织的公益责任之外，慈善捐赠亦成为企业的一种普遍的参与社会的行为。企业经济组织以其控制的经济资源进行自主、自愿的公益捐赠，不仅仅只有资金，还可以贡献包括物资、志愿者服务、自身领域内的先进技术等，这些都能在资源供给层面解决某些社会组织公募困难、资金不足、财力不够的困境。

---

① 楼建波、甘培忠：《企业社会责任专论》，北京大学出版社2009年版，第29—40页。

整体上看，我国企业社会责任的含义比较模糊，企业经济责任、企业法律责任、企业道德责任以及企业社会责任的边界不清。实践当中企业社会责任的指数整体偏低，观望、旁观状态较为普遍。企业的慈善捐赠在行为结果和社会效果之间，在现有的慈善捐赠动机、捐赠影响因素、捐赠决策、捐赠管理、捐赠环境等诸多因素中还难以进行评判和取舍。① 企业组织捐赠，其潜在慈善资源还有待于社会组织的进一步发掘和调动。但是，积极的一面是我国越来越多的上市企业，尤其是深圳证券交易所上市的企业开始顺应国际潮流，在披露财务会计报告的同时向社会披露本企业的社会责任报告，其中的重点就是企业慈善捐赠报告。慈善捐赠成为爱心企业作为经济组织参与慈善公益事业、介入非营利领域的重要渠道。

（三）作为慈善商业化形式的"社会企业"

慈善商业化是企业组织与公益慈善组织跨界、结合甚至混合的一种尝试。作为慈善商业化形式的"社会企业（Social Enterprise）是以解决社会问题为宗旨，通过持续向市场提供自己的产品和服务等经营活动，并获得收益的一种组织形态"②。

茅于轼先生也关注到这种以慈善为目的的商业行为，是近年来出现的一种新的慈善活动，并称其为"社会责任投资"③。社会企业是基于市场交换机制的，获取"清晰可见的收益"以自负盈亏，并以收益促进该组织的社会目标更进一步发展。但对于这些"清晰可见的收益"的底线是为公共利益而运作，社会企业的成员无法像商事企业组织的投资人一样享有剩余利益的索取权，而是不得请求分配社会企业的清晰可见的收益及利润。

英国近300年的慈善商店发展历史也表明，适度的慈善商业化的"社会企业"是提升公益行业造血功能，盘活公益资源，以内生的资源来供给组织的可持续发展，并向民众输出公益慈善理念的重要途径。社会企业让公益不仅仅是花钱也进行一定程度的攒钱进行"增效型商业

---

① 钟宏武：《慈善捐赠与企业绩效》，经济管理出版社2007年版，第8页
② 金锦萍：《社会企业的兴起及其法律规制》，《经济社会体制比较》2009年第4期。
③ 茅于轼：《社会责任投资——新世纪的慈善事业》，《金融经济》2006年第5期。

化""开源式商业化"甚至"盈利驱动型商业化"①。作为公益与商业混合的高级形态的社会企业,在遵守透明、效率、科学、专业的市场运行原则基础上,将所筹资金进行社会投资运营,扣除必要运营费用即可将利润支持本组织持续开展公益慈善活动,或者捐赠给与之合作公益慈善组织进一步发展公益活动。比如在香港的社会企业代表以及奠基者有"香港爱联国际集团有限公司"②。在中国大陆则有一家域名寓意是"Buy Four Two"的将电子商务与慈善相结合的在线慈善商店——善淘网(www. buy42. com),该商店在供给端鼓励个人捐献闲置物品,鼓励企业捐献库存产品,在消费端又在线售卖捐赠品、公益产品和低价贸易产品。当然,社会企业因为兼具经济利益与社会利益两重目标,也就存在"以社会公益的目标引航,以企业化的方式运营"之间如何进行"度"的把握上的尴尬。企业战略和社会目的的混合基础上的社会企业宗旨特殊性,决定了社会企业不能直接作为募捐社会组织。社会企业需要经过"公益验证"(不能因为一部分的"公益"而损害社会或大众的公共利益)和"资产锁定"(清晰可见的收益及利润属于社会公益产权)才能确立其募捐社会组织的地位。

综上所述,虽然社会组织、政府组织、企业组织在慈善公益募捐领域有"互助"关系,在一定程度上,三类组织在慈善资源供给上有交叉甚至混同,但三类组织在各自领域更多是"自主、自足"关系:慈善募捐是社会组织的主体权能。募捐社会组织依托社会工作者,靠募捐所得支付慈善支出,为社会意义上的非营利宗旨服务。政府组织依托行政公务人员,靠税收支付公务支出,为政治意义上的人民服务,同时为慈善募捐提供促导、激励、监管。而企业组织依托董事、监事、高管以商业利润回馈利益相关人员,为资本意义上的出资人、投资人服务,同时以慈善捐赠人角色参与慈善公益事业、介入非营利领域。

---

① 黄春蕾、郭晓会:《慈善商业化:国际经验的考察及中国的发展路径设计》,《山东大学学报》(哲学社会科学版)2015 年 第 4 期。

② 官有垣、陈锦棠、陆宛萍、王仕图:《社会企业:台湾与香港的比较》,台湾巨流图书公司 2012 年版,第 197 页。

第三节　慈善募捐的核心要素及现实形态

法概念论追问的是关于"是什么"的问题。"解决法律调整的对象是什么，才能明确法规范效力主张的根据和界限之所在。"① 慈善募捐是慈善募捐法律制度中的核心概念，也是法规范的核心语词，因此对慈善募捐内涵进行诠释，能够确保可靠的法规范适用，诠释学上的认识同样也能改变法学上的释明之理。这种"解释"不是单纯接受性的活动，也可以是"一种阐发和说明的积极作为，就如同诠释学可以由法学应用的方法取得新知识一样"②。下面将通过概念解释，消除社会慈善中对募捐的疑义甚至异议，得出我国慈善募捐制度适用的大前提。

一　慈善募捐的核心要素

通过导论部分对慈善募捐语词的厘定，我们知道慈善募捐是行政募捐以及非公益的私益募捐的对称。相对于政府的行政募捐，凸显募捐主体的民间性。相对于非公益的私益募捐，强调募捐"公众的""公共的""公益的"善财给予的目的。从国内关于募捐研究来看，慈善募捐是公益募捐、社会募捐的演进和递进。慈善募捐、公益募捐、社会募捐的基本内涵从根本上讲是一致的，都是指以公益慈善为目的而向社会募集资金、财物并按照一定规则进行分发而增进公益的行为总称。因此，在新慈善理念下"慈善、公益、社会"三者都是慈善募捐的核心要素，现代慈善募捐的特点体现为以下几点。

（一）慈善募捐的主体：社会组织

具有接受公益捐赠资质的组织，依照我国《公益事业捐赠法》第10条规定：包括公益性社会团体和公益性非营利的事业单位。其中，公益性社会团体指的是以发展公益事业为宗旨的基金会、慈善组织等依法设立的社会团体。非营利的事业单位则指的是不以营利为目的的教育机构、科学研究机构、社会公共文化机构、医疗卫生机构、社会公共体

---

① 舒国滢、王夏昊、雷磊：《法学方法论》，厦门大学出版社2013年版，第7页。

② ［德］卡尔·拉伦茨：《法学方法论》，陈爱娥译，商务印书馆2005年版，第121—124页。

育机构和社会福利机构等。不过，法律亦没有禁止其他组织和个人接受公益捐赠。因此在实践中个体、自然人亦可以接受公益捐赠。比如：

广西百色隆林县新街村 14 岁贫苦男孩杨六斤 6 岁时父亲因病离世，半年后母亲带着杨六斤的弟弟改嫁。他只能随着爷爷、奶奶生活。2007年、2012 年他的奶奶爷爷相继去世后，先被安排在堂伯家给予照顾。2012 年 8 月又被堂哥杨取林接走。2014 年 3 月，杨取林夫妻前往广西梧州打工，留下杨六斤一个人住在家里。2014 年 6 月，杨六斤"被人遗弃""吃野菜为生"的遭遇在广西卫视公益节目《第一书记》中被报道，当天就获得捐款 4.22 万元。按照节目惯例，节目组用杨六斤本人的户名开设了捐款账户，接受公众捐款，不到 1 个月时间，截至 6 月 28日，杨六斤个人账户中的善款就已超过 500 万元。6 月上旬，深圳康桥书院邀请杨六斤参加了夏令营，并希望他能留在深圳继续学习。而同时，杨六斤的老家广西隆林县政府也希望接回杨六斤，称为了对他实施更好的公共救助以弥补过去的缺位。[1]

广西卫视公益节目的宣传报道，让一个孤苦的小男孩接受 500 万善款。然而个人接受捐助的一系列问题也由此产生：杨六斤能自己处分公众捐款吗？这 500 万善款何去何从，教育费、生活费等如何分配？近亲属、当地政府抑或公益组织，谁来监护和照顾杨六斤，资金如何保管和支配？以后类似杨六斤的帮扶行动应该采用什么方式更可信并有效？《公益时报》与凤凰公益、新浪公益、问卷网联手推出"益调查"，结果显示七成网友认为应由第三方权威机构代为管理杨六斤捐款更为合适。关于募捐主体可信度，面对你认为谁发起的募捐更具可信度的提问，"49.85% 的网友认为以电视台、报社等公共媒体为平台发起的募捐更具可信度；38.57% 的网友认为以公益组织的名义发起的更具可信度；另有 6.65% 的网友则选择受助人本人（或亲属）直接在网络上发起"[2]。由此《公益时报》"益调查"的结果可看出，在善心、善款面前，组织的可信度还是要高于个人的。在善款的使用过程中，如果更多彰显公益

---

[1]　根据《坚强孤儿杨六斤他的命运谁做主？》，南都网（http://www.nandu.com）2014年 6 月 23 日报道整理。

[2]　张木兰：《七成网友认为应由第三方权威机构代为管理杨六斤捐款》，《公益时报》2014 年 7 月 8 日第 2 版。

资金的"个人"属性，当事人则只会陷入被动、困境。比如：

胡曼丽原籍湖北武汉，1989 年开始资助孤儿事业，募捐创办儿童村。1992 年 9 月在各界人士的关心和资金支持下，"中华绿荫儿童村"在武汉诞生。1998 年底胡曼丽把多年来接受海内外各项奖励的奖金和各界人士的捐款共计 120 万元，全部拿了出来，在云南丽江创办一所规模更大的民族孤儿学校，并把自己的户口迁到丽江，任云南丽江民族孤儿学校校长。该孤儿学校接收近 300 多名各民族孤儿，其中大部分是在云南丽江地震中失去父母的孤儿。胡曼丽募款的计划是想把民族孤儿学校办成村寨式、家庭式的学校。2001 年 6 月，"美国妈妈联谊会"以捐赠人身份，以财务管理账目不清、弄虚作假、公私混淆为理由，将接受其 91.5 万捐款的"丽江妈妈联谊会"告上法庭。本案经过两审判决，由丽江妈妈联谊会将未按照美国妈妈联谊会捐赠意愿使用的 907890 元人民币返还给美国妈妈联谊会。(根据《放放心心的释放爱心》，《公益时报》2002 年 3 月 21 日报道整理)

慈善募捐的资金来自社会各方面，甚至海外的爱心，因此善款使用备受社会瞩目。公益事业是社会公器，资金使用管理稍有闪失，就会被社会纠错，甚至过度纠错。慈善募捐主体应限定为"组织"，而宜将"个人"(自然人)排除在外。胡曼丽案件只是传统式个人做公益的一个缩影。在募捐过程中，让爱心更长、更久、更快投放到帮扶对象身上同时让自己全身而退，需要组织化募捐并规范化地进行募捐资金管理。其中，将募捐工作人员与募捐组织进行区分，降低慈善募捐的个人化色彩，是重点。而个人募捐的道德风险，在实践中也是真实存在：2002 年 6 月，山东黄河孤儿院院长董玉阁因诈骗罪被判处有期徒刑 11 年，并处罚金 5 万元，其违法所得的 33.48 万元被责令退赔。还有乞讨者扮志愿者在车厢内"募捐"也见诸报端。[1] 以及个人在巨额募捐所得面前的纠结与信用透支。[2] 而组织体按照组织规程，依照法律规则进行运营，因为有对公账户流水、财务会计制度乃至捐赠发票等，在募捐财物

---

① 《北京晨报》2013 年 10 月 16 日报道各种打着募捐的旗号，在地铁上变相乞讨的情况屡有发生，也屡禁不止。

② 2014 年在成都街头以男扮女装卖卫生巾的方式来筹款救治身患白血病女儿的王海林，也曾因在网上筹得 150 多万元巨款后短暂"失踪"。

的使用过程"倒查"和资金财物"可溯源"上优于个人，能够避免大量的法律风险。又如：

2007 年 4 月 5 日宋祖德在济南参加齐鲁电视台《开讲 930》节目时说："最近我还在调查一件事，那就是李亚鹏的嫣然基金会。经过我的调查，这个嫣然基金会是有黑幕的，很大的黑幕，真的。这件事情我还没有公布，因为济南的媒体比较老实，所以说了。其实正规的基金会，李亚鹏是不能从里面拿钱的，但是现在这个嫣然基金会，是李亚鹏打着王菲的旗号，让很多不知情的明星捐钱捐物。而李亚鹏会偷偷地把这一千多万元基金转移，后来可能他哪个酒吧亏了，或者看中投资哪部电影。反正这些钱不会全部用到真正需要救助的人，而是落到了李亚鹏的口袋里。我最近要调查，而且会写信给国家民政部门，让他们对这件事情进行管理，现在已经没有什么可以进行财务管理了，这是非常可怕的。"对于"嫣然基金有黑幕"传言，李亚鹏的经纪人马葭说"这件事和李亚鹏、王菲无关"，因为李亚鹏、王菲只是嫣然天使基金会的发起人，管理工作都是中国红十字基金会在进行。"根本就是无稽之谈，不值一驳。"4 月 14 日，王汝鹏通过个人博客表示了自己对"黑幕"的态度。他说，嫣然天使基金接受的每一笔捐款，管委会成员都有详细的对账单；财务收支情况要通过媒体向社会公布，接受社会监督；每一笔财务支出，都必须经管委会成员签字。"我虽为秘书长，也无权支配基金的任何一笔开支；同样，没有我的签字，李亚鹏和任何一位管委会成员也都无权支配基金。"[①]

凡人善举、个人做慈善公益，面对善款募捐过程中的纠纷和质疑，很难撇清自己的个人责任。通过公益慈善组织，规范运作，基金会组织就是权利主体和责任主体。慈善践行者李亚鹏正是"依托基金会的规范组织运作，而让质疑的声音销声匿迹"[②]。因此，慈善募捐应当区别于公益捐赠，在制度的涉及上，首先要将主体限定为"组织体"，而将"个人"排除在慈善募捐的主体范围之外。另外，随着网络日趋发达，特别是以微信、微博、QQ 为平台的自媒体逐渐兴起后，"网民个人在

---

① 根据《流言，让"嫣然基金"更透明》，《公益时报》2007 年 4 月 17 日报道整理。
② 张木兰：《嫣然天使基金未发现被举报问题》，《公益时报》2014 年 8 月 19 日第 6 版。

各种平台所发布的救助信息，希望社会对自己进行帮扶救助。这是一种个人向社会寻求帮助的行为，本身不违法"①。但如果是为他人的个人利益，为了特定的人和事，并明确的受益人而发起的捐款活动，不管是个人还是未进行募捐登记备案的组织，都应当界定为没有募捐主体资质的行为。对此，应当由政府给予民政指导，辅导其与具有募捐资质的组织合作，走正规的组织募款程序。比如：

2013 年 10 月安徽省宁国市宁国论坛管理员爱如潮水，接到了 3 个分别患有尿毒症、白血病等重病困难家庭的求助，因为家庭贫困，这 3 个家庭目前都无法支付治疗费用，希望论坛发动一次慈善募捐。宁国论坛为了确保受捐助人的真实性，让 3 个家庭出具当地政府开出的证明，准备周五、周六、周日 3 天在当地一个工商银行的门口广场上的募捐现场公示他们的家庭情况，还准备邀请市民监督，并会在网上公布捐助明细，确保募捐公开透明。10 月 28 日爱如潮水被宁国市民政局喊去谈话，此次募捐被宁国市民政局叫停，并建议其与当地的慈善协会合作，帮助类似困难家庭。当天下午爱如潮水在网上发布了取消募捐活动的公告。②

宁国论坛网站直接公开募捐被叫停，是因为：区别于公益捐赠只是"被动接受"，慈善募捐是为了一定的公益目的而向社会进行"主动的、积极的"财物募集和分配行为。这已经不再是一个简单的民事赠与关系了，而是具有极强的社会系统问题。任何个人组织发起募捐活动，其资金的筹措、保管、使用都无相应的规则和规程实现有据可依、有证可查，以至发生"组织募捐的人过多，真假难辨"的现实困境。并且因缺少信息披露公开透明要求而容易异化为"非法集资"，甚至让不知情的捐赠者陷入某些个人"职业乞讨"伪装的骗局之中。公众对此"假慈善募捐"的疲劳和厌恶只会影响对慈善事业的正确认知，而使社会中真正需要救助的群体无法得到民间慈善资源。《公益时报》在 2015 年 1 月 15 日 16 时开始，至 1 月 19 日 14 时联合新浪公益、问卷网、凤凰公益发起的益调查，共有 2676 名网友参与。调查结果显示，45.03% 的网

---

① 魏翔：《非法募捐与职业乞讨》，《社会福利》2010 年第 8 期。

② 根据中国之声《新闻纵横》2013 年 11 月 15 日报道整理。

友表示因为个人发起的募捐存在太多不确定性而不会为个人独立发起的募捐进行捐款。表示会为个人独立发起的募捐进行捐款的网友只占30.56%。45.85%的网友困惑于无法确定受助者信息的真实性。40.43%的网友关注善款的保管与透明使用，并认为进入个人账号的善款很难对其进行监管。由此可见，"募捐人"应当脱离个人属性，改用"募捐组织"表述更为准确。

（二）慈善募捐的主观方面：公益目的

慈善募捐的目的是公益，公益是以追求不特定多数人的利益为目的的事业，且一般不能是以纯经济的利益为目的的事业，而宜将"特定人利益"排除在外。

1. 公益的第一项内涵是"受益对象的不特定"

在慈善募捐中的受益人不能在募捐之初即特定化。一旦特定于某一具体人，就是赠与关系，而不是公益捐赠关系。也就是说为了个体进行募捐，符合接济弱者的公序良俗，但只是民法上的赠与关系，并不是社会法意义上的慈善募捐。公益慈善组织的慈善募捐是依据该社会团体或基金会的宗旨，经过一定的程序筛选确定的受益对象，将募捐到的财物分配各相应对象，此时该对象才能成为特定受益人。因为，"公益慈善伦理是处理慈善主体和受善客体之间的道德关系。对公益主体的公益慈善行为的价值评价，不能仅仅考虑功利还是不功利的动机，而且要考察该公益行为（善举）以及这些公益举动是否真正做到了对不特定社会贫困群体的生命价值和做人尊严的尊重（善功）。公益慈善的内心真意与外观主义，同等重要"①。否则，慈善募捐的资金就会脱离原来的募捐的公益初衷，法律风险或程序与事实的正当性就会受到质疑。因此个体私益求助以及特定个人开展的募捐，不应放在慈善募捐当中，以防与慈善组织的公开的为了公益而进行募捐相混淆。

2. 公益的第二项内涵是社会"非营利性"

指公益慈善组织具民间、独立、公共性质，基于非营利价值观而实施的募捐志愿行动。慈善募捐的旨向是为公共利益服务，而非为组织自

---

① 朱贻庭、段江波：《善举、善功三者统一——论中国传统慈善伦理文化》，《上海师范大学学报》（哲学社会科学版）2014 年第 1 期。

身成员服务。这种公共利益在不同的文化中有着不同的内涵，比传统的捐款捐物的慈善定义要宽广。不仅有传统文化中的好人福报、慈悲大爱、扶危济困、邻里守望等，也包括现代文化中公民权责与公民美德的展现，如环境保护、教育、卫生保健等。在这些公益活动中募捐组织行动者不能获取财务上的利润，其净盈余亦不得分配予其他成员及其他私人。《公益事业捐赠法》第 3 条也对公益进行了立法的列举："公益指的是非营利的下列事项：救助灾害，救济贫困。挟助残疾人等困难的社会群体和个人的活动；教育、科学、文化、卫生、体育事业；环境保护；社会公共设施建设；促进社会发展和进步的其他社会公共和福利事业。"公益事业也可以固定某一特定的人群为受益对象，但不能固定为特定人群中特定、具体的对象。

当然，如果是以特定人群的利益而发起慈善募捐，只能是当该特定人群因客观原因处于弱势、劣势地位的情况下，该募捐才具有公益属性，比如为了妇女儿童、某类存有残障人士的利益等。此外，如果行业协会的慈善募捐为特定多数者的利益，则须以该利益对社会一般人开放，且以受益对象不固定为要件。如果是以俱乐部形式或者会员制而加入某类事业或职业而取得的资格身份的人群为募捐受益对象，则因对象确定，不具有公益性，而是具有互益性。[1] "与政府和公益性社团不同，互益性社团的基本角色定位应当是而且仅仅是为特定成员谋利益，为成员提供服务和产品。"[2] 此类互益性组织是不能进行慈善募捐的。

总之，公益性强调慈善募捐不能为一己私利或者特定人的利益去募捐，募集得来的慈善资源只能用于审批或者备案时确定的公益目的，向不特定人群或受益者开放，而不能直接用于营利为目的的活动，即便组织运营有净盈余其成员亦不能参与分配，这是慈善募捐的非营利底线。

---

[1]　1996 年 9 月 20 日日本内阁会议决议《公益法人的设立许可及指导监督标准》及《对公益法人委托检查等的标准》指出："公益法人必须积极地为不特定的多数人谋利益。只以特定的团体成员或特定的职业范围的人为对象，以福利保健、相互救济为目的的协会，不适合作为公益法人。"

[2]　陈晓军：《论互益性法人》，《比较法研究》2008 年第 3 期。

（三）慈善募捐的客体：可变现的财产

慈善募捐的对象是"具有价值的财产"，募捐而得的价值财产是具有公益目的的"目的财产"。从法律关系中的客体来看，随着社会的发展，人们对财产的认知更为宽泛。财产概念脱离了传统的实物"可触可感"观念，财产权也可体现为物权与知识产权等无形财产权。相应地，财产的表现形式也就不再局限于传统的金钱、简单的具有财产价值的有形物，比如食品、药品、衣物、书籍等，而体现为一切可以用货币衡量的并可以依法转让的无形财产，比如发明专利、祖传秘方、不动产收益、有价证券及资本红利等。由于我国《公益事业捐赠法》和《救灾捐赠管理办法》对捐赠标的并没有特别规定。《国务院关于促进慈善事业健康发展的指导意见（2014)》就鼓励开展形式多样的社会捐赠，首次提出了"探索捐赠知识产权收益、技术、股权、有价证券等新型捐赠方式"。

因此，慈善募捐的客体宜顺应财产多元化的趋势，其外延应具有开放性：（1）货币、实物；（2）不动产①；（3）有价证券②；（4）土地使用权、农村土地承包经营权；（5）知识产权；（6）人体器官、骨髓、血液等其他具有特殊价值的人身"物化"形态③；（7）其他一切可以用

---

① 不动产一般价值较大，且转让变现与价格评估费用较高：在募捐不动产的所有权情况下，以变现的不动产的市场评估价格，将其作为捐款对待，进行相应的税收抵扣。在募捐不动产的收益权情况下，则免去了不动产转让给公益慈善组织的巨额转让税费，而让慈善资源发挥更大的效用。

② 有价证券主要包括实物证券、货币证券和资本证券三类：实物证券是证明持券人有商品所有权或使用权的凭证，如提货单、运货单、仓库栈单等。因为取得该证券就是取得了该实物的所有权或使用权，因此，实物证券作为捐赠的客体，实质上是物的一种捐赠形式；货币证券是指本身能使持券人或第三者取得货币索取权的有价证券。无论是商业汇票、商业本票还是银行汇票、银行本票或支票等，都是一定数额金钱的表征，因此募捐得到货币证券相当于获得一定数额钱款的捐赠；资本证券是指由金融投资或与金融投资有直接联系的活动而产生的证券，包括股票、债券及其衍生品种。资本证券的持券人享有一定的收入要求权，比如股权人的股息、分红的获取权；债权人的利息取得权。有价证券尤其是股票、债券收益捐赠是当前募捐领域的新风尚：2011年5月福耀玻璃工业集团股份有限公司董事长曹德旺先生就抽出价值35.49亿元的3亿股（约占集团总股本的14.98%），以他父亲名字命名成立河仁慈善基金会，成为一家以金融资产（股票）创办的基金会。

③ 此类人身"物化"形态及其特殊，涉及当事人意志、社会伦理和专业医学流程，是以挽救一定的病危者、病患人群为目的，其接受、管理、分配各环节的专业性较强，只能由专门的公益慈善机构联合医院进行募捐，可以表述为"法律另有规定的从其规定"。

货币衡量并可以依法转让的非货币财产①。

当然，慈善募捐的对象不包括劳务、专属服务以及其他无法用货币衡量、不能转让的无形资财。自然人的荣誉权、名誉权、健康权、生命权、姓名权等人身权，即便能够进行一定程度上的估价并在一定范围内极具稀缺性，但因其不能依法转让，也就不能作为慈善募捐的客体。自然人的器官捐献属于涉及伦理和医学的专业度，也不能作为慈善募捐的客体。此外，对于募捐的客体还有安全、瑕疵保障的要求："捐赠人捐赠的食品、药品、生物化学制品应符合食品药品监管和卫生要求。境外救灾捐赠物资必须依法通关进行检验、检疫、免税和入境。如果是接受外汇性质的救灾捐赠款也要通过国家外汇渠道办理。"（2008 年民政部《救灾捐赠管理办法》第 14 条）捐赠人将自己的物资赠与他人，是一种基于对社会公益或某类人群关心和帮助的义举。但除非对捐赠物的瑕疵不知情或者不可能知情，如果赠与人故意不告知瑕疵，捐赠物的使用过程中使得受赠人遭受损失的，该有过错的赠与人应负民事赔偿责任（《合同法》第 191 条第 2 款）。

（四）募捐的客观方面：应募人的知情与自愿

我国《宪法》规定公民有个人纳税义务，此外国家无权再强制要求公民进行钱财方面的捐献。《公益事业捐赠法》第 4 条也明确规定："捐赠应当是自愿和无偿的，禁止强行摊派或者变相摊派。不能以捐赠为名从事营利活动，保证捐赠的公益属性。"这就揭示了慈善募捐的在客观方面的表现为以下几点：

1. 应募人对慈善募捐的"知情"

慈善募捐是由慈善公益组织策划和实施的有组织、有目的、大规模、有规范性和经常性的社会事业，具有社会化、规模化以及开放透明的特点。因此慈善募捐行为在客观方面的重要表现是"广而告之"，在发起募捐倡议，对社会进行募捐输出时，要让公众知晓募捐的目的、规模、募捐的实施主体、实施方式、实施步骤等，尤其是让捐赠者知道自

---

①　不能仅仅附加"能够变现"的作为募捐对象的条件限制。需要突破有形财产和无形财产的简单认识，吸收物权法理论中对物的评价由重视物之所有转向重视物之利用，因此只要是"能用货币衡量"并"可以依法转让"的非货币财产，即便一时变现有现实困难，但其具备财产性（一定的物权、债权形态），而能够成为慈善募捐的客体。比如每一瓶矿泉水售出的一角钱，某栋大型写字楼未来五年的租金收益。

己是在进行公益慈善捐赠。

2003 年曾开展过令人瞩目的"春蕾计划"和"安康计划"的中国儿童少年基金会，与中国移动合作，尝试使用手机短信捐赠（8858 手机短信捐赠方案）来扩大募捐面。方案的具体内容是："8858"作为短信特服号为需要帮助的孩子募集资金，中国移动仅收取 1 毛钱的短信费用，捐款人的手机捐赠金额原封不动地转移到儿童少年基金会的专用账号里。然而在"8858 手机公益短信"募捐活动向社会推广的进程中，出现用自己的手机以"点对点"方式向他人发送信息，以各种含混、暧昧的借口要求对方向"8858 发送 2（或 30）"的短信。当接收人处于好奇而按照要求发送后，才知道自己已经向基金会进行了捐赠。并且不少手机用户都曾接到过"我给你留了言，请发短信 30 到 8858 查看"这样的短信，并按此照发了。这就等于在不知情的情况下捐给中国儿童少年基金会 30 元。①

如此"公益慈善募捐"变陷阱，急功近利，蒙混过关，通过欺骗他人获得募捐的做法从长远上看只会伤害公众的善心，对慈善募捐事业产生负面心理，长期下去无疑是饮鸩止渴。因此慈善募捐行为在客观方面的表现首先是让捐赠者"明明白白"捐赠，对慈善募捐活动享有知情权。

2. 应募人对慈善捐献的"自愿"

慈善募捐中的自愿，排除诱哄和外在的强制力量，是自愿、自发的行为。捐赠自愿的核心是在经济方面具有自由支配能力的主体（包括自然人和组织体）基于公益捐赠自觉认识后作出的自主捐赠决定。"在传统募捐过程中，官僚化、仰人鼻息、失去独立，使得向私人捐款面临自由、自主的两难。"② 因而判断某一慈善募捐行为是否符合自愿特征，应当"综合考虑自由支配、自觉认识、自主决定三个因素"③。换言之，就是在慈善募捐过程中，公众有权决定其捐赠财产的种类、金额、用途和受赠对象，甚至可以通过捐赠协议明确捐赠财产的使用方式、步骤、方法、行政经费提取比例以及使用信息披露和报告的频次、程度等。而

① 根据《募捐短信遭遇恶意"玩笑"》，《公益时报》2003 年 3 月 14 日报道整理。

② 王绍光：《金钱与自主——市民社会面临的两难境地》，《开放时代》2002 年第 3 期。

③ 杨琳：《论慈善中的"自愿"——以常州高校大学生为对象的检验》，《中南大学学报》（社会科学版）2014 年第 3 期。

不是通过对政府机关、国有企业、事业单位提出要求、规定数额，由单位领导、党员带头，人人有份，捐款额则按照级别、职称等级加以限定的任务式带有强迫色彩的"被募捐"。

2013 年 11 月 18 日，河南郑州新密市尖山初中的全校教师收到了来自校方的短信：接乡政府通知，慈善日每位教师要捐款 30 元，晚上下自习之前交。该校一名教师认为这种方式像是在"逼捐"。校长张东则表示这是他收到尖山乡政府关于"慈善日"募捐动员大会的号召自行编辑的短信，没有斟酌字句而造成了教师们的误会。经核实，2013 年"郑州慈善日"对相关内容的解释为：机关单位捐出相当于 1 天的经费开支或在工作过程中节约的经费，只是一种倡议而非硬性要求。不过处于尖山初中单位之中的教师们却在事实上有"不捐说不过去"的无奈。[①]

《公益时报》与搜狐公益联合推出的益调查："对于'慈善日'你持什么态度？如何让此类官方举办的慈善募捐活动正确地引导社会自愿捐献爱心？"调查的结果显示：过半网友并不认可政府下发通知号召"慈善日"捐款的做法。地方政府设立"慈善日"号召党政机关、事业单位、社会团体、企业和个人自愿进行慈善捐款，初衷是好的，但具体到执行层面，却又往往会变成行政推动，单位推进的变相"摊派"行为。其实政府机关、行政事业单位乃至街道办事处和居委会、村委会的逼捐或者变相逼捐的现象均不符合慈善募捐的本质范畴，本质上只能被理解为一种单位的特别的收费或者强制性摊派。慈善募捐是民间、自愿事业，捐赠人对于募集人的募捐呼吁拥有选择权。因此慈善募捐行为在客观方面的一个表现就是让捐赠者"自愿"捐赠，对募捐邀约捐赠人有自主决定权，否则就会异化为搜刮性集资和强行摊派。

二　慈善募捐的现实形态

艾尔·巴比（Earl Babble）的《社会研究方法》一书认为："对事物进行分类的方法很多。如何进行分类的用处取决于眼前的目的，而从

---

① 根据《新密一初中发短信通知教师捐款》，《大河报》2013 年 11 月 21 日报道整理。

绝对的意义上讲没有任何最好的分类体系。"① 对慈善募捐的分类也不例外。社会实践角度，广义的募捐可以分为好的和坏的；公益的、互益的和自益的；大规模的、中等的和小规模的；或者诸如环境保护的、教育的、文体的、宗教的等，或者救济型的、培育型的募捐。而从制度的层面分析，作者以为可以按照以下标准，进行慈善募捐现实形态的分类。

（一）直接募捐和间接募捐

根据募捐发起名义人的不同，广义的募捐可以分为直接募捐与间接募捐。

直接募捐是以受益人的名义发起的募捐号召，捐赠人基于捐赠人与受益人之间的赠与合同，而直接将财物交付给受益人的募捐方式，募捐组织仅仅是提供供方与需方的信息传递者（见图3－1）。捐赠人和受益人（受赠人）双方直接产生法律关系。目前，民间草根志愿者组织一般采用这种筹集救助资源的方式。如志愿者组织经常组织志愿者到孤儿之家进行慰问（要约），志愿者组织鼓励志愿者在明确救助对象的具体情况和现实困难的基础上与救助对象建立捐赠者与受益者之间的直接联系（承诺），就是直接募捐。

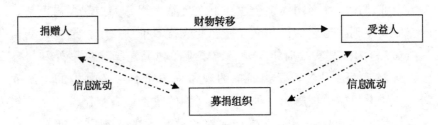

图3－1　直接募捐双方当事人之间财物流向图

实践中的由民间志愿者组织为捐助者与救助对象搭建联系，实行对口救助"一对一"捐助，属于民法上赠与意义上的直接募捐。并且从基本属性上看，此类直接募捐的受益人范围具有封闭性，属于私益募捐。这种模式直接募捐为社会中有能力、有意愿提供社会救助资源，但又找不到合适的救助对象的意向捐赠、捐助者，提供参与慈善供给和公益付出的信息平台。直接募捐模式的优势是减少了中间环节，捐助者直接将救助资源交给

---

① ［美］艾尔·巴比主编：《社会研究方法》第11版，邱泽奇译，华夏出版社2009年版，第130页。

救助对象，劝募人自身亦转化为捐赠活动当事人亲身、带头捐赠，减少了社会组织保管救助资源的负担，也在一定程度上防止了财物截留等公益腐败行为的发生。并且，捐助者与被救助对象直接建立联系的直接募捐，在募捐方案中就明确了捐赠的去向，能够打消捐赠者钱财不能用在希望使用的对象和事业上的顾虑，有利于建立长期直接募捐的对口扶助关系。

间接募捐是指以募捐组织以募集人名义发起的，捐赠人将财物交给募集人，而不直接将财物交付给受益人的，由募捐组织按照公益宗旨或者本次募捐的特定目的将募捐财物分配、给予确定的受益人。间接募捐的目的在于经过经常性的募捐组织募集财物从事社会公益事业，因此受益人不能在捐赠时就确定，否则就不属于间接募捐。基于"公益"这条鸿沟是间接募捐不可逾越的。也就是说在间接募捐的捐赠阶段受益人的范围是开放的，与直接募捐的受益人范围封闭不同。

典型的间接募捐法律关系主体包括捐赠人、募捐组织以及受益人三方独立的主体（"认募人—劝募人—受益人"三方），已经不是简单的民法上的基于要约承诺的赠与关系，而是涉及个体私益与社会公益混合法益的社会法上的慈善募捐关系。受益人取得捐赠人的财物必须经过募捐组织基于社会权力而进行公益分配。公益分配是间接募捐中受益人特定化的转折点。作为常设性的募捐机构作为募捐当中的直接受赠者，其募要约面对的是广大的潜在捐赠人，捐赠人实施捐赠或进行捐赠允诺。募捐机构纳捐取得公益产权之后再进行公益输出。善财的捐赠者与受益者之间由中间主体慈善募捐组织进行联接，已经不是民法上的"赠与、捐赠"，而是涉及第三人利益以及社会公益的社会法意义上的"慈善募捐"。慈善募捐犹如一串项链，募捐组织是项链中间的坠子，左右两端一颗颗珠子分别是捐赠者和受益人。而成功的募捐技巧就犹如项链的环扣，是结合项链坠子与两端的关键。[1] 慈善组织充当捐赠者和受益人之间的中介和桥梁，并直接参与到募捐法律关系当中成为当事人。三者的关系如图 3-2 所示。

（二）公募的募捐和非公募的募捐

按公益目的财产的募得是公开还是封闭，慈善募捐可以分为公募（公开）的慈善募捐和非公募（非公开）的慈善募捐。

---

[1] DL Conrad ed., *Techniques of Fund Raising*, NJ: Lyle Studen Inc, 1974, pp. 15 – 27.

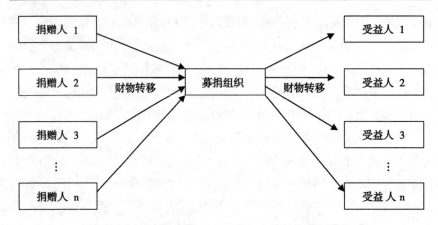

图3-2　间接募捐三方当事人之间财物流向图

公募的慈善募捐具有向公众筹款性。公益慈善组织主要靠向社会公开募集的资金来从事公益性资助活动。公募的慈善募捐面向的是不特定的社会公众，具有公开劝募性。公开的慈善募捐组织不仅有义务在募捐现场将募捐信息进行公开，也有权利通过互联网、报刊、电视、广播等公共媒体进行公开的劝募。我国的基金会募捐也是慈善募捐中的一种。《基金会管理条例》第3条规定：面向公众募捐的基金会可以采取公开劝募的方式在规定的区域内进行公开募捐。公募的慈善募捐可以分为在全国范围内的公募慈善募捐，以及仅限在一定行政区域的地方性的公募慈善募捐。

非公募的慈善募捐则限于小范围内的特定人群，包括机构和个人而开展的募捐行为，其属于私募范畴。而依靠私募的慈善募捐成立的一般是独立基金型基金会，"非公募的募捐组织主要依靠发起人自有资金或者亲友、朋友圈的捐助资金而获得财力支持"[1]。我国的非公募基金会的募捐不得采用公开的方式面向不特定的公众募捐，其发展经历了从无到有的过程。[2] 美国的基金会也是以公募与私募来看待慈善募捐的分

---

① 徐宇珊：《非公募基金会发展刍议：以北京光华慈善基金会为例》，《学会》2006年第7期。

② 2004年我国第一家纯民间非公募基金会"温州市叶康松慈善基金会"在浙江省民政局注册。2005年非公募基金会只有数十家，之后非公募基金会迅速发展，截至2011年6月非公募基金会的数量就超过了公募基金会，达到1143家。而近年来非公募基金会又开始寻求向公募转型，典型样本是壹基金，其在2011年1月离开上海落户深圳，变身成为第一个可以公募的民间基金会。

类。基于公募基金会与私募基金会在募集方式、资金管理模式、监管要求方面的不同，《基金会管理条例》在第 6、20、29 条对公募、私募的监管制度分别设定，对公开募捐的公募基金会给予更多信息披露的约束。而非公募募捐因为不得面向公众募集基金，不能采用公共媒体进行公开劝募，劝募的财物由设立者提供或者特定的单位或者私人捐赠，不涉及社会公众，对私募基金会的监管也就相对宽松。

公募的慈善募捐和私募的慈善募捐各有优劣。私下、圈内进行的非公开慈善募捐，与公开、圈外的慈善募捐相比，具有门槛低、节约时间及成本、营销费用低等优点，但其募捐面窄、资源发掘的广度以及资金筹集潜力方面一般不及公募。但通过私募资源调动大额甚至巨额捐赠，其筹募善款能力也有惊人效果。比如"壹基金"在雅安地震发生之后（当时还是私募基金会），通过私募募集资金就达到 2.45 亿元，超过了中国红十字总会公募的 1.55 亿元的募捐记录。我国慈善事业法从募捐的角度对"公募的慈善募捐"和"非公募的慈善募捐"应进行相应规定。制度内容可以从美国、日本证券公募与私募发行制度的设置上找到类似的启发。[1] 对于私募，不仅需要限制使用广告方式进行公开劝募，而且还需要有被劝募对象的人数限制。

（三）单独募捐与联合募捐

按公益慈善机构募捐是单独进行还是机构联合，慈善募捐可以分为

---

[1]　美国 1935 年《证券法第 285 号令》以受要约人数量作为确认私募的标准，规定"通常情形对约 25 名以下投资人销售时不是对相当多数人的公开发行"。"人数标准"成了界定公募私募的金科玉律。1982 年美国证券交易委员会（SEC）又颁布《506 规则》对"非公开发行"做相对明确的定义：①向合格的投资者以及数量有限的其他投资者出售证券；②不通过传单、报纸、电视、广播进行广告传播；③不通过集会、散发传单等形式到处征集投资者。采取上述方式发行证券的，免于向美国证券交易委员会登记注册；日本也有类似规定，《日本证券交易法》规定有价证券（包括股票）的认购劝诱、募集出售时，原则上讲必须进行申报，但是在发行总额或发售总额不满 1 亿日元或向大藏省令所规定的对有价证券投资有专门知识和经验者发行场合作为例外，向大藏大臣提交通知书备案即可。私募在我国证券领域更多的时候被称作"定向发行"，需要包含以下因素：①向特定对象发行；②特定对象的人数不得超过 200 人；③不得采用广告、公开劝诱和变相公开方式。因此，证券私募发行是针对特定对象且采用非公开方式的直接融资。施天涛教授主编的《商法学》中对私募的界定是指发行人发行证券仅面向特定的少数投资者。顾功耘教授对私募发行的定义为向少数特定（募集对象不能超过 200 人）的投资者发行证券的行为。但没有明确何谓"特定对象"及是否存有资格限制，也未对"累计不超过 200 人"如何计算予以明确。

单独慈善募捐与联合慈善募捐。

单独慈善募捐是指由慈善公益组织以自己名义，独立、单独面向民众进行劝募，寻求公益慈善理念认同的公开募捐。单独募捐中，募捐机构拥有独立、自主权，募捐方案的设计、募捐数额以及募捐期限都取决于募捐组织自身。该慈善公益组织可以有更高的体现自身独特性的弹性设计，也可以按照本机构的章程直接支配和分配募得的款项。单独募捐的优势在于各募捐机构有独立自主权，捐赠者也能够自由选择自己的捐赠给予哪个具体的慈善公益组织。单独募捐方式下，公众关心的群体或者组织美誉度高或者募捐营销策略更吸引民众的募捐组织更够获得更多的捐赠，而机构小、缺少大众关心的群体则会被忽略、排挤，造成慈善资源分配的不均。

联合慈善募捐是指慈善公益组织建立募捐联盟，委托一个募捐机构代表联盟内所有慈善组织进行统一、联合式募捐。联合募捐通过统一的专业联合劝募行动，使得联盟内各慈善公益组织能够节省投入自行募捐的时间和人力，能更专注于本慈善公益组织的公益行动、提升机构服务品质。联合募捐也可以减少各募捐机构单独募捐而使得民众不断被干扰的重复劝募。比如，美国纽奥良市的联合街头募捐就给已经捐献者的胸前佩戴红色羽毛以作识别，成为联合募捐的新风气。就国内而言，广州市社会组织联合会亦搭建服务社会组织联合募捐平台，"首批 23 个公益项目集体上线腾讯乐捐筹款平台，并通过《对上线联合劝募平台优秀创投项目的奖励办法》，对募捐有效度和公信度较高的社会组织筹款项目，进行 10%（筹满 5 万元）到 15%（筹款额达 8 万以上）的配捐奖励，以激励其联合筹款的积极性"[①]。联合劝募机构将社会公众捐赠的财物进行统一纳捐、造册，在民众监督和信息公开基础上，再依据本区域内各个慈善公益组织所需慈善资源进行资源的分配。

联合募捐在募方面又节省机构分别劝募的时间和人力，并减少各募捐组织不断对捐赠者造成烦扰方面有明显优势，但联合募捐也有联合募捐机构本身的专业度质疑、让其他慈善公益组织丧失募捐的独立性，捐赠者也丧失对具体、个别慈善公益组织进行捐赠的自主性。更重要的是

---

① 蓝广雨：《广州公益项目"抱团"筹款》，《中国财富》2016 年第 2 期。

联合募捐机构为了有效监督对资金、财物申请使用的慈善公益组织，需要对各申请组织申请内容的真实性、合理性进行审核，文书要求较多、内容也会较繁琐，会在一定程度上折损慈善效率。

（四）公益宗旨募捐与公益专项募捐

在综合类的慈善公益组织中，按募捐目的是为了公益总目标还是为了某一专项目标，慈善募捐可以分为公益宗旨募捐与公益专项募捐。

公益宗旨募捐是依据公益慈善组织的设立宗旨，为社会公益事业、救助目的而实施的常规性、经常性募捐。比如中华慈善总会实施的公布募捐账号，类型化地接受社会捐赠的慈善公益宗旨募捐。2008 年"5·12"汶川大地震，中华慈善总会都是实施的救灾宗旨的款项筹募。公益宗旨募捐是募捐组织的常规性募捐，捐赠者进行募捐是基于对组织宗旨的认同，因此捐赠者一般不附条件地指定捐赠款项的使用项目、方向，而是基于信托，将捐赠款物交由该慈善公益组织按照组织章程，管理、处分募捐财产的。在很多国家和地区的法律中是允许在公益宗旨募捐的款项中，支取一定比例作为办理募捐活动的必要支出。比如台湾募捐所得在新台币 1000 万以下可以提取 15%。募款在 1000 万以上未超过 1 亿新台币的，可以提取 150 万加超过 1000 万部分的 8%。而募款在 1 亿新台币以上的，可以提取 870 万加超过 1 亿部分的 1%。公益宗旨募捐的款物由公益慈善组织支配，不会出现专项款物的剩余，由捐赠人指定将剩余财产转移给约定归属权利人的问题。

公益专项募捐是依据公益慈善组织的设立宗旨，为社会公益事业、救助目的而实施的专项、特定目的募捐。专项募捐一般具有专门的募捐项目名称，有品牌意义，比如中华慈善总会有微笑列车、慈爱孤儿工程等这些专项项目募捐。专项募捐虽然与该慈善公益组织的宗旨相吻合，但专项募捐对应的是公益专项基金，有专门的银行账户，实行专户管理，专款专用。该公益专项基金的组织构架及募捐队伍自己设立，机构有相对的独立性。并且专项募捐意味着募捐而来的财物只能进入该专项基金的账目中，实行专款专用。慈善公益组织不能直接对该项目资金进行调配、挪用至其他项目。在专项募捐中，捐赠者的捐赠权利可以得到较大程度的尊重，通过专项募捐中的捐赠协议来实现对捐赠者的精细化知情权、监督权保障。如果捐赠者有附条件的捐赠合同限制提取募捐必要支出以及行政管理经费的，则专项募捐组织不能提取管理成本费。

（五）常年性募捐与方案式募捐

在综合类的慈善公益组织中，按募捐持续的期间不同，慈善募捐可以分为常年性募捐与方案式募捐。

常年性募捐，是红十字会、慈善会及获得募捐许可的公益性社会团体和公益性非营利事业单位以年度为单位公布当年募捐规划、目标、账号以及财物收集方式等。红十字会、慈善总会、公募基金会的常年性募捐采用身份验证、募捐许可证取得、备案制度。一般而言常年性募捐信息除在募捐人网站公开外，还需在省级民政部门网站公开募捐情况和慈善项目的运作情况，并且募捐组织应当真实、准确、完整地公告上年度募捐情况。

方案式募捐，是指具有募捐资质的公益慈善组织开展的以具体募捐方案为中心的，具有一定募捐时限并有具体募捐目的的募捐活动。比如，与前文所述"杨六斤"的悲苦遭遇类似，"贵州省六盘水市4岁男童邱宬灏（小名'狗狗'）因身患重疾，被多家医院确诊为治疗费用高昂的'原发性脑干胶质瘤'病症。重庆市红十字会不仅直接资助2000元，也开通了捐款账号来为狗狗进行募捐，以基金会对公账号接收捐款的方式为狗狗进行方案式募捐，获得捐款8万余元。这8万元的方案式募捐所得款项的后续使用，优先保障狗狗的治疗。支付治疗费用后如果有余款，则成立救助更多类似狗狗情况儿童的专项基金"[1]。为"狗狗"的募捐就是典型的方案式募捐。方案式募捐的信息公开以3个月为周期进行保障真实性、完整性的募捐信息公示。方案式募捐结束后应当及时公开募捐方案的运作情况以及款项的收支信息。

总之，慈善募捐有广义与狭义之分。由于募捐广泛性，在实践中可以以各种形态存在，其分类的探究则相当复杂。慈善募捐的形式选择权留给当事人，通过募捐要约、劝募文件以及捐赠契约合同来体现对募捐参与人意思自治以及募捐形式的多样化。

---

① 张明敏：《公益组织开通对公账号为"狗狗"募捐》，《公益时报》2014年7月8日。

小　结

本章分析了慈善募捐组织涉及公共精神的主体权能和"社会权力"治权者定位。社会组织、政府组织、企业组织在慈善公益领域有"互助"关系，甚至有一定程度上三类组织在慈善资源供给上有交叉甚至混同，但三类组织在各自领域更多是"自足"关系：慈善募捐是社会组织的主体权能。募捐社会组织依托社会工作者，靠募捐所得支付慈善支出，为社会意义上的非营利宗旨服务。政府组织（有公益职能）依托行政公务人员，靠税收支付公务支出，为政治意义上的人民服务，同时为慈善募捐提供促导、激励、监管。而企业组织依托董事、监事、高管以商业利润回馈利益相关人员，为资本意义上的投资人服务，同时企业组织有社会责任，以慈善捐赠人角色参与慈善公益事业、介入非营利领域。

募捐社会组织的行动依据是"社会权力"。社会权力与国家权力同源（都来源于社会，来自人民）、同质（影响力、支配力、强制力）、同值（都是治理国家和服务社会的手段）。社会权力是人民权力社会化的体现。相对于人民权力政治化所形成的以国家权力（政府强制力）为基础的"硬权力"，社会权力则是以自治、自立、自主、志愿为基础的非强制性或强制性较弱的"软性权力"。社会权力的核心在自治力。募捐社会组织"自立、自主、自愿性"不能被国家强制权力逻辑吸收，国家与社会的二元的"交互主体性"体现了从帝国"臣民社会"向共和国"人民社会"的转化过程中社会身份权威与威望的"整体共进"式确立。改变国家社会权力一元化的秩序威权，确立国家社会权力二元模式，是对几千年来中国官方赈济"募与用"一而贯之，慈善"募与用"的"政府官方性""乡里家国性"的演进与开新。当代慈善募捐是社会组织以慈善公益为宗旨定位，基于社会权力而实施的、涉及公域善财的"募、捐、用"。民间社会组织及其社会权力从国家和国家权力的统制下挣脱出来，成为相对独立的募捐主体和影响力、支配力，以社会第三次分配的贯彻力和执行力，依据本组织宗旨、章程以及本组织形成的决议、方案进行慈善募捐。

募捐社会组织的苛责依据亦是"社会权力"。社会权力是人民权力社会化的公共权力。既然面向公众、涉及公域、实现公益，就应把社会权力与公共性、制衡性、公共责任联系在一起。"权力不自由"的命题同样适用于行使社会权力的募捐社会组织。慈善募捐组织毕竟是用社会善财替社会公众办事，善款的经营者以及公益社会组织都需要提高责任意识，并保证善款在使用上的专业和恰当。由于权钱亲和、权欲悖论，可能不可避免地出现募捐公共事务的执行者们想方设法把手里的社会权力、善财据为己有或谋私利。因此慈善募捐社会组织权力的运行有双层内涵，一是正向的赋权，进行权威宣誓，确立社会组织的象征性社会权威，二是反向的限权。反向的限权体现在对募捐社会组织内部的权力分解、权力公示，以保证社会权力服务于社会公益，服从于民众监督，在公示、评价、批评、罢免当中保障社会权力的"伺服性"。

以上赋权（行动依据"社会权力神圣"）与限权（苛责依据"社会权力不自由"）在慈善募捐社会组织中的植入，需要以法治进行主体的程序安排。过去的慈善募捐是在政府公权力的牵引下的官方慈善，没有一致的制度预期，只有易变的官方意志。超越长官意志的、稳定预期的制度化才是我国社会治理战略重心的未来取向。国家社会权力二元化改革的"牛鼻子"，是慈善募捐权力模式立法的关键性内容。在立法中进行国家与社会的二元的"交互主体性"的体制安排，特别是相对于政府权力的社会权力设计，不仅体现公正，也反映时代趋势。因此慈善募捐的体制机制性制度必须让国家与社会、硬权力与软权力、政府组织和社会组织、政治秩序与社会秩序之间保有形式和内容、本质和现象间的关系。把彰显社会活力和社会主动性的募捐制度，落实为在主流意识形态和价值观念基础上建立起来的、被认可、被结构化和强制执行的一些相对稳定的行为规范。这种行为规范广义的表达是国家制度、政府规范、募捐社会组织章程。规范体系追求人性与制度的动态平衡。

现代的慈善募捐规范体系是要通过社会公益慈善组织独立、自主做公益，强调社会组织本身的正规性、专业化，并关注慈善募捐制度作为一种新的制度安排嵌入慈善募捐的过程，使得募捐各方当事人的行为逐步地适应制度中规则的变化。制度对慈善募捐核心要素的指引和塑造，应体现为从慈善募捐主体（组织，排除个人）、主观方面（公益目的，排除互益、私益目的）、客体（财产）、客观方面（知情与自愿）四个方面，要把慈善募捐、社区募捐、单位募捐、政府募捐乃至宗教募捐进行区分。为了从制度理论上进一步认识慈善募捐这一语词，还可以从发行主体、发起目的、募集公开度等的不同，进行直接募捐、间接募捐；慈善募捐、私益募捐；公募的慈善募捐、非公募的慈善募捐等不同切面进行理解。

第四章

慈善募捐的制度供给与运行困境

慈善募捐制度研究不应仅仅止于宏阔的制度理论依据的探讨，而且也应基于制度理论指导的制度运行分析。作为国家控制社会募捐的制度供给，乃是当代中国慈善募捐组织据以决定其行为模式的规则和惩罚制度文本体系。这些法规范的"力量"及"局限"，规则的发生、贯彻及其实效性的条件，以及观念层次与行为层次的勾连，作为社会现象跃入本章进行制度文本分析的范围。"实在法，尤其是我们国家的现行法，亦需要研究者为之殚精竭虑地进行评注。"① 以克服部分制度文本的武断性、拘束性的框限，让实在法找到提升的动力和羽化的质料。因此，本章以中央层面和地方层面的慈善募捐制度规范为制度样本，从出台背景、内容主题、规范重点、规则创新等要素进行法律、行政法规、部位规章以及地方性法规（主要选取《湖南省募捐条例》《江苏省慈善募捐许可办法》《广州市募捐条例》《上海市募捐条例》等）进行制度文本主题框架及信息源结构分析。

厘清当今中国慈善募捐制度供给的"存量"，分析现行慈善募捐制度运行的困境的"症结"，是为下一章进行相应的"对策"分析，构建和完善协调一致的慈善募捐制度体系进而建立法秩序，奠定制度实证基础。

第一节　中央层面的慈善募捐制度

慈善募捐是由民间推动，政府支持并具有国际性特点的社会事业。

---

① 舒国滢：《法学方法论问题研究》，中国政法大学出版社 2007 年版，第 9—13 页。

制度环境对于慈善募捐的发展具有指导和塑造的意义。新中国成立后，废除了国民党时期的六法全书，也将民国时期的公益慈善法制涤荡无遗。新中国成立初期，"面对严重的自然灾害，更多依靠的是党的领导和政府全面领导下的生产自救、节约度荒等生产救灾运动"①。新中国国家层面对募捐的规定，最早的成文制度规范是 1954 年 12 月全国人大第四次会议通过的涉及城市基层民主和群众自治的《城市居民委员会组织条例》。居委会不仅是进行社会组织教育、加强城市社会治安、反映居民诉求、调解居民纠纷的群众自治型居民组织，而且也是邻里互相帮助、共同做好公共福利工作的组织。居委会为了公共福利事项经过居民委员会和居民小组讨论同意，在向街道办事处、市或区人民委员会打报告的基础上，可以以慈善名义，以居民自愿参与为原则，组织城市居民进行集资和开展募捐。② 募集筹集的经费收支账目应向居民小组长及群众公布。群众有提出意见权和要求审查账目的权利。该条例在"文化大革命"期间被废止。社会事业立法，尤其是慈善及慈善募捐立法被选择性忽略。当前我国在国家层面关于社会组织以及慈善募捐的制度，从 20 世纪八九十年代开始逐渐恢复、建立。

一 募捐主体的相关立法

关于社会组织、民间机构的主体立法，基于国内社会团体建立的制度化需求和外国社团尤其是商会在华发展的规范化需要，在 20 世纪 80 年代末开始恢复：1989 年针对民间组织的管理规范，国务院发布了《社会团体登记管理条例》（其前身是 1950 年政务院通过的《社会团体登记暂行办法》）、《外国商会治理暂行规定》，对与行政单位、事业单位、企业单位有密切联系的社会团体以及外国商会进行统一登记管理。之后经过近 10 年的社会团体的实践发展以及民间组织管理经验积累，以上治理、暂行规定、暂行条例被民政部以及国务院法制办多次修改，并在 1998 年由国务院以行政法规的形式公布实施《社会团体登记管理条例》和《民办非企业单位登记暂行条例》。这两部条例是 20 世纪 90

---

① 韩颖：《建国初期救灾募捐工作述论》，《理论学刊》2011 年第 2 期。
② 屠基远：《城市居民委员会工作》，上海人民出版社 1955 年版，第 26—36 页。

年代我国最重要的针对民间组织的引导、管理法规。

(一) 1998 年《社会团体登记管理条例》(2016 年修订)

该《条例》共七章 37 条。虽然在 2016 年 2 月由国务院以国务院令第 666 号发布《社会团体登记条例》进行了修订,但 2016 年的修订只是针对从筹备申请改为登记申请的程序安排、社团的法定代表人不能兼任其他社团法定代表人的细节性问题进行了修改和明确。整体上讲《社会团体登记管理条例》还是对社会团体的成立登记、变更登记、注销登记的条件、登记的管辖、监督管理及其罚则进行了规定。社会团体的法律概念是"由中国公民自愿组成(由个人组成,排除了外国公民和组织在中国设立社团的资格),为实现会员共同意愿,按照其章程开展活动的非营利性社会组织"。

而从学理角度看,社团是指自然人、法人或者其他组织自愿组成,为实现会员共同意愿,按照其章程开展活动的非营利性社会组织。"社团包括法人社团和非法人社团。"[1] 社会团体从外延上包括社会福利团体、行业协会以及学术研究团体等以会员为基本组成的非营利组织。从条文的规定上看整体上属于社会团体的管理之法,没有明确社会团体的财产来源问题,也回避了社会团体的募捐资质问题。该条例更多还是一部对作为人的集合的民间组织(社团)的管制之法和活动准则,明确要求社会团体的资产来源必须合法,对社会团体的营利性经营活动管理及时有效查处。社会团体的经费以及合法收入应当在依法管理、分级登记的行政监管中得到落实。

在社会团体的内部治理方面,条例则强调以社会章程为基本依据进行业务活动并按国家有关规定进行适当的收费和集资募款。这些"合法收入"应当用于非营利目的的组织活动中,不得在社团的会员中分配,更不能作为社团开展经营性活动的经济资源。根据公益捐赠法,社会团体在章程规定的宗旨和业务范围内,可以作为受赠主体,接受捐赠、资助。在涉及公益资产的捐与用方面,如果有捐赠人、资助人的约定和限定的,必须根据捐赠协议约定的期限、方式和目的用途进行募、捐、

---

[1] 陈金罗、金锦萍、刘培峰等:《中国非营利组织法专家建议稿》,社会科学文献出版社 2013 年版,第 3 页。

用。对于社会团体社会活动的开展，在享受民事捐赠权利的同时，还应当就内部民主和财物管理方面接受业务主管单位的监督和管理。

在社会团体的钱流、财流方面，应向主管部门及登记部门"报告接受、使用捐赠、资助的有关情况，并应当将有关情况以适当方式向社会公布"。其中的"适当方式向社会公布"没有明确何谓适当方式、向多大范围的社会公众以及信息公布的深度与广度。针对社会团体的财务管理和审计监督，仅仅在第29、30条中原则性规定由财政部门监督社会团体的财物及专职工作人员的工资、福利等。审计机关介入社会团体进行审计监督的条件是社会团体换届或者更换法定代表人或者社会团体在运行过程中的资产来源属于国家拨款或者社会捐赠、资助的。但针对以上社会团体的善财的集中与分配使用过程中的财政监督、审计监督的具体启动条件、运行方式以及经费保障、监督及审计公开程度等，还没有明确。即便2016年2月国务院发布的《社会团体登记条例》修改版，以及2016年8月民政部的《社会团体登记管理条例（修订草案征求意见稿)》，也没有直接涉及募捐问题，只是从捐赠角度规定接受捐赠、资助，必须符合社会团体章程规定的宗旨和业务范围。该社会团体登记管理条例的最新征求意见稿主要涉及的还是降低社会团体登记门槛（公益慈善类、城乡社区服务类、行业协会商会类、科技类社团可直接登记)、取消社会团体工作人员薪酬体系限制、加强年度工作报告和通过信息公开鼓励社会监督制度、设置"列入异常目录"、取消税收优惠等处罚措施的规定。

（二）1998年的《民办非企业单位登记管理暂行条例》

该《条例》共32条，对民办非企业单位的登记的条件、登记的管辖、监督管理及相关罚则进行了规定。条例的第2条把民办非企业单位界定为"企业事业单位、社会团体和其他社会力量以及公民个人利用非国有资产举办的，从事非营利性社会服务活动的社会组织"。民办非企业单位是民间、社会资本进入社会服务尤其是社会公共服务事业领域的重要组织载体。民办文化、教育、体育、医疗、卫生、科技、中介等非企业单位与公办的社会事业形成了共存、竞争格局，也奠定了"民办非企业单位与公办事业单位相同的非营利基本属性"①。2016年5月民政

---

① 景朝阳：《民办非企业单位导论》，中国社会出版社2011年版，第106—118页。

部《社会服务机构登记管理条例》(《民办非企业单位登记管理暂行条例》修订草案征求意见稿),对于社会服务机构的"活动准则和财产管理"设立专章,对社会服务机构的财产权利、财产管理、接受捐赠、年度工作报告、信息公开、对外投资、关联交易、会计审计等事项进行规范。仍然只是从捐赠角度进行规定,没有对募捐方式、募捐发起实体权利义务进行规定。

为了规范和控制民办非企业单位的公共服务行为,防止乱收费、乱集资、乱分配甚至财务欺诈、社会诈骗,保证民办非企业单位资金筹集、财物管理的公信力,该条例的基本精神是对民办非企业单位进行准入的行政审批及较严格的登记准入的"高门槛"。① 整体上亦属于民办非企业单位的管理、管制之法。

该条例回避了民办非企业(社会服务机构)的募捐资质问题,只是在财产的来源角度规定民办非企业单位应当有经过验资的与其业务活动相适应的出资及运营财产,可以接受捐赠。民办非企业单位可以依据章程开展规定的业务活动,并按照国家有关规定取得的合法收入。民办非企业的合法财产受法律保护,但也授权登记主管机关依职权可以没收民办非企业的非法财产及非法经营收入,并对组织予以取缔。在社会公益资金的聚集权能方面,该条例第 21 条规定,民办非企业单位可以在符合章程规定的宗旨和业务范围内接受社会捐赠、资助,与对社会团体的要求一致,在涉及公益资产的捐与用方面,如果有捐赠人、资助人的约定和限定的,必须根据捐赠协议约定的期限、方式和目的用途进行募、捐、用。民办非企业单位还应同时向主管部门及登记部门"报告接受、使用捐赠、资助的有关情况",并应当将有关情况以"适当方式向社会公布"。在社会团体的钱流、财流方面的报告制度、财政部门的监督制度以及审计机关的监督制度,也与《社会团体登记管理条例》一样,仅仅确立了应当报告、审计和监督制度,但没有明确具体的方式、步骤等实施机制。

从以上《社会团体登记管理条例》和《民办非企业单位登记暂行

---

① 国家民间组织管理局:《民办非企业单位自律与诚信问题研究》,中国商业出版社2007 年版,第 14 页。

条例》（未来将被《社会服务机构登记管理条例》替代）的规定，综合来看，作为社会事业参与的民间机构"社会团体、民办非企业单位"明确具有行政法规意义上的"接受捐赠、资助"的权能，没有涉及其募捐的资质更没有规定募捐的条件与程序。不过，这两个行政法规也没有禁止社会团体、民办非企业单位进行慈善募捐。根据私法、社会法领域"法无明文禁止，即可为"的基本原理，我们可以理解为现行的《社会团体登记管理条例》和《民办非企业单位登记暂行条例》也没有禁止社会团体、民办非企业单位（社会服务机构）在章程业务范围内，基于慈善公益宗旨，依法开展慈善募捐。从条例的基本精神和社会法基本定位来看，社会团体及民办非企业单位（社会服务机构）的慈善募捐不是可不可以的问题，而是关键看以后的立法如何进行明确、细化、规范的问题。

（三）2004 年的《基金会管理条例》

针对公益资金的筹措和社会资金的集聚，为了规范向社会个人、组织尤其是商界组织进行公益资金的募集行为，兼顾社会捐赠主体、公益资金受益主体以及确立基金会作为公益资金的聚财与散财主体的合法权益，1988 年国务院改变过去将基金会视为社会团体进行登记管理的方式，确立基金会的财团属性，公布实施了《基金会管理办法》，并把基金会界定为作为筹款机构的财团法人，即"利用自然人、法人或者其他组织捐赠的财产，以从事公益事业为目的，依法成立的非营利性法人"。重点突出了"基金会的非营利法人地位"[1]。从条例的内容来看，基金会是当然具有募捐资质的民间社会组织。2004 年国务院又发布了修订后的《基金会管理条例》。该《条例》共有 48 条，其中的第 3 条、第 21 条、第 36 条对"募捐"进行了相应的制度安排：

其一，在第 3 条中，以募捐是否向社会公众展开为标准，把基金会分为面向公众募捐的"公募基金会"（公共筹款机构）和不得面向公众募捐的"非公募基金会"（私募筹款机构）。基金会特指开展公益慈善活动为目的基金会。又以公募基金会的募捐地域范围不同，把公募基金

---

① 葛道顺、商玉生、杨团、马昕：《中国基金会发展解析》，社会科学文献出版社 2009 年版，第 7 页。

会分为全国性公募基金会和地方性公募基金会，后者只能在相应的省市进行限定区域的公益慈善资金的"募与捐"。

其二，在第21条中，针对基金会章程中规定的重大募捐、基金会的投资活动以及合并分立等重大事项的决议，需要在基金会的内部治理方面进行特殊安排，需要由作为基金会决策机构的理事会2/3以上理事出席，并经出席理事2/3以上表决通过，方为有效。募捐的理事会决议还应以书面形式进行记录并经出席理事审阅、签名。

其三，第36条中，针对基金会的年度报告和年检，明确了基金会年度开展公开、不公开募捐、接受社会捐赠、提供资助等"募、捐、用"活动的情况，以及基金会的工作人员和内部治理机构的变动情况，都应当以书面年度工作报告形式，报送民政机关及基金会的业务主管单位，进行审查、年检。总体来看，2004年的《基金会管理条例》整体精神还是以"管"为主，对基金会的登记、监督管理、法律责任进行了较大篇幅的制度安排。同时，该《条例》也在一定程度上彰显了基金会章程的自由契约意义：在基金会中，赋予了捐赠人知情权、撤销权和解除权。捐赠人有权向基金会查询捐赠财产的使用、管理情况，并提出意见和建议。对于捐赠人的查询请求，基金会应当及时如实答复，捐赠人保有捐赠协议的撤销、解除权。在基金会募捐项目的启动上，基金会章程规定的重大募捐、投资活动，经出席理事表决2/3以上通过即可有效，而无须再向行政机关进行专项募捐项目的审批。基金会的财产及其他收入受法律保护，依法进行会计核算、建立健全内部会计监督制度。基金会应当按照合法、安全、有效的原则实现基金的保值、增值。在我国基金会就特指公益基金会，没有"非公益基金会"。2016年5月民政部《基金会管理条例（征求意见稿）》一个重要的变化是基金会不再有公募基金会和非公募基金会之分，不得设立地域性分支机构。基金会的设立金额按照注册层级区分，而不按公募、非公募区分，并降低设立金额的门槛。对于法律、行政法规规定自登记之日起可以公开募捐的基金会和社会团体，由民政部门直接发给公开募捐资格证书。

总体而言，以上三大《条例》的出台，确立了我国社会组织的三大主体类型，但是针对这些社会组织的募捐的规定，都没有进行正面的、直接的、明确的规定，只有在《基金会管理条例》中才在立法的语词中都使用"募捐"一词，但也只有三个条文中进行了原则上的涉及。慈善募捐在社会组织的三大主体立法领域还处于疏阔状态。而通过全国人大立法，以法律形式在立法的语词中体现和使用"募捐"一词的是 1993 年的《中华人民共和国红十字会法》。该法共 28 条，是中国红十字会专门的主体立法，对国际性人道主义救助和社会服务的中国红十字会之合法权益和义务进行了制度上的安排。其中第 22 条明确规定："红十字会为开展救助工作，可以进行募捐活动。"对红十字会救灾备灾、应对自然灾害、突发事件的赈济救援的经费与财产来源，不仅可以在国内开展募捐活动，而且也可以接受国外组织和个人的捐赠，并按照国家有关规定对海外捐赠物资享受减税、免税的优惠待遇。鉴于国际红十字会事业发展的惯例，"中国红十字会依据其宗旨的募捐活动，不必报政府有关部门进行行政意义上的批准、备案"①。针对红十字会的"募、捐、用"的财产监督，该法确立了红十字会经费审查监督制度，针对红十字会多渠道、多形式筹集资金，实施专项审查监督，并在红十字系统逐级实行综合目标管理制（责权利相结合），保证人道主义资金的"募、捐、用"与红十字会宗旨一致。第 24、25 条还规定中国红十字会的经费的来源和使用情况，以年度为时间周期，向红十字会理事会报告，并接受政府部门的检查监督。

二　募捐行为的相关立法

我国与公益财产的"募、捐、用"相关的立法，主要有《中华人民共和国公益事业捐赠法》《关于规范基金会行为的若干规定（试行）》等。

（一）1999 年的《中华人民共和国公益事业捐赠法》

作为与"募捐行为"对称的"捐赠行为"的规范，全国人大以专门立法形式，在 1999 年通过了《中华人民共和国公益事业捐赠法》。严格意义上讲，"捐赠往往只是募捐中的环节，捐赠制度也只是募捐制度

---

① 中国红十字会总会：《中国红十字会历史资料选编（1950—2004）》，民族出版社 2005 年版，第 270—271 页。

的组成部分"①。该法共 32 条，其中第 2 条把"自然人、法人或者其他组织自愿无偿向依法成立的公益性社会团体和公益性非营利的事业单位捐赠财产并用于公益事业的"视为公益捐赠。明确了公益捐赠的捐赠主体是宽泛意义上的"自然人、法人或者其他组织"，而公益捐赠的受赠主体是狭义意义上的"依法成立的公益性社会团体和公益性非营利的事业单位"②，以克服受赠主体混乱的现实困境。对于占用、挪用、贪污捐赠款项，以及走私、骗汇、逃税以及"以公益之名行经营营利之实的行为，进行了法律上的规范，做到有法可依"③。该法对公益捐赠行为的规范，首先以明确"公益"的本质特征，确定"非营利"的范围为重点。该法的第 3 条以列举的形式进行了公益事业的范围界定：（1）救助灾害、救济贫困、扶助残疾人等困难的社会群体和个人的活动；（2）教育、科学、文化、卫生、体育事业；（3）环境保护、社会公共设施建设；（4）促进社会发展和进步的其他社会公共和福利事业。而在这些公益事业中的公益捐赠行为是"自愿、无偿以及受益对象的不确定"为核心特点。

　　针对公益捐赠财产的使用与管理行为的规范：（1）公益性社会团体应当将受赠财产"用"于公益慈善活动和事业，在一定范围内，受赠社会团体可按照"合法、安全、有效"的原则，积极实现捐赠财产的保值增值。但对于接受的救助灾害的专项捐赠财产，则应当及时用于救助活动。（2）作为慈善公益资金集聚的基金会，则应在每年对于其所接受的募捐财产中用于资助公益事业的资金比例不得低于公募基金会上一年总收入的70%，公募基金会的行政开支和员工福利不得高于当

---

①　杨道波、李永军：《公益募捐法律规制研究》，中国社会科学出版社 2011 年版，第 4—26 页。

②　我国法律意义上公益捐赠的受赠主体之所以是"狭义"的，是因为《公益事业捐赠法》第 10 条、11 条所界定的"能够接受公益捐赠"的主体主要是三大类：公益性社会团体（指依法成立的、以发展公益事业为宗旨的基金会、慈善会、红十字会等社会团体）、公益性非营利的事业单位（指依法成立的，从事公益事业的不以营利为目的的教育机构、科学研究机构、医疗卫生机构、社会公共文化机构、社会公共体育机构和社会福利机构等）和县级以上人民政府及其部门（主要是民政部门，且只有在发生自然灾害时或者在境外捐赠人的要求下，才能成为受赠人）。

③　许安标：《中华人民共和国公益事业捐赠法学习辅导读本》，中国民主法制出版社 2000 年版，第 2—5 页。

年总支出的10%。如果是私募基金会，从事基金会章程规定的资助公益事业的资金比例不得低于上一年基金余额的8%。（3）对于公益性非营利的事业单位，在所接受的捐赠财产的"用"上，没有使用比例的限制，只有一条基本的要求就是将受赠财产用于发展本单位的公益事业，不得挪作他用。所有的受赠主体（社会团体、基金会、非营利事业单位）都应建立健全财务会计制度和受赠财产的使用制度，每一个年度应当向政府民政部门报告受赠财产的使用、管理情况，接受行政监督。捐赠人和社会公众的监督，则依照《公益事业捐赠法》第21、22条的规定行使捐赠财产的使用、管理的查询权，并有对受赠主体的公益慈善财产的"用"提出意见和建议权，行使社会监督权利，受赠人应当对以上权利的行使如实答复。就公益捐赠财产"用"的法律责任而言，受赠主体擅自改变捐赠财产的性质、用途的（未征得捐赠人的许可），由县级以上民政部门责令改正，给予警告。拒不改正的，由民政部门在征求捐赠人意见的基础上，将捐赠财产交由与其宗旨相同或者相似的公益性社会团体或者公益性非营利的事业单位管理。挪用、侵占或者贪污捐赠款物的，应被行政机关责令退还所用、所得款物，并处以罚款；对挪用、侵占或者贪污捐赠款物的直接责任人员，由所在单位依照有关规定予以处理。构成犯罪的，依法追究刑事责任。

整体而言对于受赠的慈善公益财产的"用"的监督，《公益事业捐赠法》的规定更多的是事后的政府部门的行政监督制度，情节特别严重的则启动司法程序，提起公诉，按照职务侵占罪、贪污罪追究刑事责任。《公益事业捐赠法》共6章32条的立法内容，主要从捐赠和受赠、捐赠财产的使用和管理对公益事业的范围领域的公益捐赠行为进行了原则规定，内容涉及"捐"和"用"，但没有涉及慈善募捐中的"募"的规则和权利义务设置。因此《公益事业捐赠法》是主要涉及公益财产的"捐、用"行为规范的立法。

（二）2012年的《关于规范基金会行为的若干规定（试行）》

为督促基金会依规操作，民政部以部委规章形式，在2012年7月29日发布《关于规范基金会行为的若干规定（试行）》，对直接影响基金会的收入状况、支出状况以及资产状况、专职工作人员状况方面的"捐"和"用"行为进行规定：

　　在"捐"上：基金会接受捐赠应当确保公益性，在"募与捐"的环节，为了保证捐赠人权益，同时落实捐赠契约精神，应根据捐赠人的要求与其订立书面捐赠协议，并开具捐赠票据，以书面契约明确捐赠者与基金会之间权利义务关系。在募与捐的书面契约中不得有基金会对捐赠人构成利益回报的附条件赠与条款，否则该条款无效。基金会的所有募与捐所得，都应当建立财务会计账簿进行记载。基金会对于指定用于救助自然灾害等突发事件的受赠财产，应当符合其宗旨和业务范围的活动和事业，用于应急的募与捐所得，应当在应急期结束前使用完毕，而用于灾后重建的募与捐所得应当在重建期结束前使用完毕。这体现了对于募与捐使用的时效性要求。"募与捐"的环节的捐赠协议是确定受赠财产的数额、交付日期、收益对象、使用范围、行政开支以及使用用途的重要书面凭证。募与捐使用的契约指定性要求，不能擅自改变捐赠资金的"使用指定"，如需改变用途，应当征得捐赠人同意且仍需用于公益事业。对确因特殊原因无法使用完毕的受赠财产，基金会可在取得捐赠人同意或在公开媒体上公示后，将受赠财产用于与原公益目的相近似的目的。确实无法征求捐赠人意见的，应当按照基金会的宗旨用于与原公益目的相近似的目的。

　　在"用"上：基金会应当从社会公共利益和与慈善公益项目涉及的不特定对象的合法权益角度，在"捐与用"的环节，尤其是在"散财"方面，应规范使用印章和财务凭证，遵循公开、公正、公平和诚实信用的原则选定公益项目执行方、受益人（不得资助受益人以营利为目的所开展的经营性活动），对公益捐赠的使用情况进行全过程监督，确保受赠款物依照捐赠协议以及基金会章程宗旨，及时、足额拨付和依约、合法、有效使用。鉴于基金会是财团法人，可以对自身财产进行增值保值活动，因此基金会应当严格区分因募捐而取得的"捐赠收入"与因财产信托而取得的"交换交易收入"。通过出售物资、提供服务、授权使用或转让资产包括无形资产等交换交易取得的收入（不得开具公益事业捐赠票据），应当根据财政部门和税务部门的"非营利组织财务会计"目录记入"商品销售收入、提供服务收入"等相关会计科目，不得计入"捐赠收入"项，与募捐财产混淆。基金会的有形财产处分方面，不得向个人、企业直接提供与公益活动无关的经营性、或者利益输出式借款。在关联利益的阻断方面，尤其是涉及基金会公益财产的交换交易方面，不得以高于公允价值的价格购买产品和服务，亦不得以低于公允价值的价格出售物资、提供服务、授权或者转让无形资产，应以维持和保护公益产权为基本原则。

基金会不得将本组织的名称，公益项目品牌等其他应当用于公益目的的无形资产用于非公益目的。基金会的无形财产的使用，尤其是公益慈善名称、徽章、标识上不得直接宣传、促销、销售商事企业、营利性部门的产品和品牌，也不得用基金会的实体名称及公益公信力为商事企业及其产品提供质量担保和信誉背书。基金会基于永续发展目标，实施公益财产的保值增值活动时，应当符合基金会的宗旨，并在管理处分信托财产时遵守"合法、安全、有效"原则，维护慈善公益组织的公信，并遵守与捐赠人和受助人的契约。基金会的保值增值活动应当委托银行或者其他金融机构进行，或者是根据信托文件设立的慈善组织或者已经依法合规成立并运营的慈善机构进行，并且用于保值增值活动的资产范围是有限定的，即"限于非限定性资产、在保值增值期间暂不需要拨付的限定性资产"，以此来确保基金会作为公共服务机构的"理财"符合公益、非营利的宗旨，以保值增值活动支撑基金会的运作而不是营利或者分红。

三　支撑募捐运行的相关立法

（一）税收减免方面支撑的立法

对捐赠方的税收减免鼓励：针对个人所得税与企业所得税的减免，作为公益捐赠"捐、用"基本法的《公益事业捐赠法》第24、25条规定，自然人和个体工商户、公司和其他企业依照本法的规定捐赠财产用于公益事业，依照法律、行政法规的规定享受个人所得税、企业所得税方面的优惠。《个人所得税法》第6条第2款规定，个人对教育事业和其他公益事业使用个人所得进行捐赠的有权从应纳税所得中进行税前扣除。《个人所得税法实施细则》第24条规定，纳税主体在计算应纳税所得额时，只有公益、救济性的捐赠才能够享受扣减的税收优惠政策。其第2款规定，个人的公益捐赠额只要没有超过个人应纳税所得额30%的部分，该捐赠数额可以直接从个人应纳税所得计征额中扣除。而在企业所得税的减免额，根据《企业所得税暂行条例》第 6 条规定："企业纳税人用于公益捐赠，在年度应纳税所得额 3% 以内的部分，该捐赠数额可以直接从个人应纳税所得计征额中扣除，而超过企业当年税前利润 3% 的超额部分，则仍需依照企业所得税法缴纳企业所得税。"

在税前扣除的认定程序与步骤上，财政部、国家税务总局以财税〔2007〕6 号发布《关于公益救济性捐赠税前扣除政策》。该税前扣除规定由财政税务部门对在民政部门登记的慈善公益团体和基金会，进行公益救济性捐赠税前扣除的认定和确认。自然人和个体工商户、公司和其他企业只有向经过财政税务部门认定的可免税慈善公益组织捐款，才能减免个人所得税、企业所得税。可免税慈善公益组织的认定标准是：（1）致力于服务不特定对象的社会大众，具有慈善公益目的的社会组织（不为私人谋利）；（2）具有非营利组织法人资格。捐赠者不得以任何形式参与慈善公益性组织的分配，也不得对该组织的公益财产行使所有权；（3）公益资产及其保值增值活动所得为慈善公益组织所有，该组织不得经营与其设立公益目的无关的业务；（4）该慈善公益组织的收益和营运节余不能分配给组织成员；（5）该慈善公益组织有健全的财务会计制度和组织机构安排，终止或解散时，剩余财产不能分配给发起人。有资格申请免税慈善公益组织的范围包括非营利的公益性社会团体、基金会和县及县以上人民政府及其组成部门（政府部门必须将所接受的公益救济性捐赠用于税收法律法规规定的范围，即教育、民政等公益事业和遭受自然灾害地区、贫困地区）。

之后，财政部、国家税务总局、民政部又以（财税〔2008〕160 号发布《关于公益性捐赠税前扣除有关问题的通知》），针对企业通过公益性社会团体或者县级以上人民政府及其部门，用于公益事业的捐赠支出，在依照国家统一会计制度的规定计算的年度利润总额 12% 以内的部分，进行所得额时扣除。关于免税的税基计算，捐赠资产的价值，如果是货币性资产则按照实际收到的金额计算，如果是非货币性资产则以"公允价值"计算。公允价值的证明在捐赠交付时提供，以其公允价值数额换发公益性捐赠票据。财政部、国家税务总局以财税〔2009〕123 号发布的《关于非营利组织免税资格认定管理有关问题的通知》中加入了基金会、慈善组织等公益性社会团体 3 年内未受到行政处罚，基金会的年度检查及社会组织评估等级也应有合格及 3A 以上（含 3A）以上要求。如果基金会的年度检查不合格或最近一次社会组织评估等级低于 3A 的，或者有违法、违反章程的滥支出受到行政处罚的，或者有偷税漏税被查证属实的，则取消该公益性捐赠税前扣除资格，公益性捐赠税前扣除资格实行动态管理制度。

对慈善公益组织的免税鼓励：对于慈善公益组织的收入免税、免税的慈善服务以及直接用于慈善目的的车辆、不动产等进行的规定，主要是财政部、国家税务总局以财税［2009］122 号发布的《关于非营利组织企业所得税免税收入问题的通知》。对于慈善公益组织的政府补助的财政拨款收入、接受社会的其他企业、单位、组织或者个人的捐赠收入、银行存款利息收入、社会团体依法合规收取的会费收入以及有慈善公益组织从事技术开发、技术转让、成果转化以及与公益慈善宗旨有关的专项咨询、技术服务所得的收入，免征该慈善公益组织的所得税。甚至为了鼓励慈善公益组织的科研成果转化和创新服务社会，对于非营利性慈善公益组织从事"非主营业务"而取得收入，但只要保证这部分收入是"用于改善研究开发条件的投资部分"，可以在纳税申报时向税务部门申请抵扣其应纳税所得额。慈善公益组织如果是接受的是国外捐赠涉及扶贫的生活必需品、医疗、科研、教学用品、残疾人用品、环保专用仪器设备等物资的，免征进口增值税、消费税、关税。对于国内因为自然灾害的赈济或者用于扶贫、慈善公益性事业的捐赠物质是指：新的衣服、被褥、鞋帽、帐篷、手套、睡袋、毛毯及其他维持基本生活的必需用品等；食品类及饮用水（调味品、水产品、水果、饮料、烟酒等除外）；医疗类包括直接用于治疗特困患者疾病或贫困地区治疗地方病及基本医疗卫生、公共环境卫生所需的基本医疗药品、基本医疗器械、医疗书籍和资料，经过税务部门认定是"直接用于扶贫、慈善事业的物资"的，可以减免相应的货物劳务税。而在涉及慈善公益的土地使用权赠与、房屋赠与等财产行为税中，则进行契税、土地增值税和印花税的减免。比如房产所有人、土地使用权所有人将房屋产权、土地使用权赠与教育、民政和其他社会福利、公益事业的，可以凭政府、经民政部门批准成立的其他非营利的公益性组织、社会福利单位、学校所立的"书据"免征土地增值税、契税、印花税。

慈善公益组织的股权捐赠是新型"募、捐"关系。2003 年的《关于加强企业对外捐赠财务管理的通知》甚至规定股权不能作为捐赠资产。而新形势下企业家捐股行为成为慈善公益领域的时尚，股捐也对慈善公益组织的长期收益提供了股权分红保障。财政部以财企 [2009] 213 号发布《关于企业公益性捐赠股权有关财务问题的通知》对股权捐赠进行了规定，并对市场经济领域商事企业之间的股权转让的契税、印花税的税基及计税方法对公益慈善领域的受赠公益慈善组织进行了特殊安排。社会个人、非国有企业、法人投资控股的公司企业以公司股东会或股东大会的形式形成股权捐赠决定的，其所持有的股权（含企业产权、公司股份）可以捐赠给慈善公益组织。但相应股权履行捐赠交付，必须依照《证券法》及有关证券监管规定进行转让，并由原股东办理股权变更手续，并办理相关股权转让的信息披露事务。股权捐赠的税收减免与股权的金额和企业年度会计利润密切相关，金额未超过企业年度会计利润 12% 的可以在税前全额扣除。股权捐赠后，原股东不能再对已捐股份行使股权，亦不得要求受赠单位予以经济回报。鉴于我国的股权捐赠税收减免制度还面临体制性障碍，2014 年国务院发布的《关于促进慈善事业健康发展的指导意见》要求进一步探索捐赠股权之新型捐赠方式的股权捐赠税收优惠政策。

（二）捐赠票据开立方面支撑的立法

捐赠票据是在慈善募与捐过程中，捐赠方向劝募的慈善公益组织无偿捐赠公益财物的收据凭证，是维护捐赠者合法权益、申请捐赠收入税收减免、提高捐赠积极性的书面凭证，也是国家对慈善公益资金流进行检测和动态管理的重要书面监控方式。作为公益"募与捐"基本法的《公益事业捐赠法》第 16 条规定："受赠人接受捐赠后，应当将受赠财产登记造册，妥善保管，并向捐赠人出具合法、有效的收据。"财政部、国家税务总局《关于公益救济性捐赠税前扣除政策》（财税 [2007] 6 号）规定：具有捐赠税前扣除资格的慈善公益组织，对索取票据的捐赠人应予开具公益捐赠票据。该公益捐赠票据应加盖接受捐赠或转赠慈善公益组织的财务专用章。在民政部的《关于规范基金会行为的若干规定（试行）》中将开立捐赠票据细化为：基金会应据实开具捐赠票据。即便匿名捐赠的，基金会也应当开具捐赠票据，留存备查。如果有捐赠财物的发票、报关单等凭据的，应作为确认入账价值的依据一同入账留存备查。如果涉及房地产、股权、知识产权资产、非物质文化资产，捐赠票据开立的金额应以具有合法资质的第三方机构的评估价值金额为准。无法评估或经评估无法确认价格的，应另外造册登记，不得开具捐赠票据。

财政部以财综〔2010〕112号发布《公益事业捐赠票据使用管理暂行办法》。该办法于2011年7月1日起开始实施，对捐赠票据印制、领购、核发进行了制度上的安排，尤其是对捐赠票据的换领方式、使用、保管、核销、管理、稽查进行了初步的规定：公益捐赠票据按照财务隶属关系分别使用由中央或省级财政部门统一印制或监制，套印全国统一式样的财政票据监制章。捐赠票据作为财务会计和财政票据的安排，是会计核算的原始凭证，也是政府的财政、税务、审计、监察等部门对非营利的慈善公益组织的资金流和财产状况进行监督、检查的依据。从慈善资金募、捐、用的联动角度看，捐赠票据是捐赠人依法享受国家税收环节取得税前扣除资格并享受税收减免待遇的有效凭证。捐赠票据的领购需要由慈善公益组织向同级财政部门领购提供《财政票据领购证》（该证需要先行申请办理）和领购申请函，并附属捐赠票据使用范围和项目的说明、组织章程。财政部门有审核通过与不通过的核准权，只不过不予以核准的需说明不予核准领取捐赠票据本的原因。慈善公益组织多次申领捐赠票据的（以6个月的票据需要量作为申领限量），除提交《财政票据领购证》验视外还应提交前次领购捐赠票据的《捐赠票据的使用情况说明》及存根。《捐赠票据的使用情况说明》需要详细记载接受捐赠以及捐赠收入的使用情况，以及上次捐赠票据使用、作废、结存情况。捐赠票据的存根应当保存5年以备查。

（三）年检、审计方面支撑的立法

年检是对慈善公益资金进行监督的重要方式。在慈善公益资金的募捐用方面体现最为全面的基金会尤其需要进行募捐、捐赠、提供资助方面的年度报告和检查，以接受政府和社会的"他律"。民政部2006年1月12日公布《基金会年度检查办法》，确立了对基金会实施年检的制度：基金会、境外基金会代表机构应当于每年3月31日前向民政部门报送经业务主管单位审查同意的上一年度的年度工作报告（主要涉及开展募、捐、用活动的情况以及人员和机构的变动情况），接受登记管理机关检查，实现对基金会遵守法律、法规、规章和章程开展活动的情况实施监督管理。

其中基金会的财务会计报告应当符合《民间非营利组织会计制度》规定的内容和要求；注册会计师审计报告，应当有注册会计师事务所统一受理并与被审计的基金会、境外基金会代表机构签订委托合同的证明；开展募捐、接受捐赠、提供资助等活动情况应当有基金会履行信息公布义务的情况；人员和机构变动情况应当有按照规定办理变更登记情况以及基金会换届的会议纪要和更换法定代表人之前进行财务审计的情况等。年度检查过程中，登记管理机关可以要求基金会、境外基金会代表机构或者有关人员就年度工作报告中涉及的有关问题进行补充说明，必要时可以进行实地检查。不按照捐赠协议使用捐赠财产的、擅自设立基金会分支机构代表机构的、基金会理事、监事及专职工作人员私分、侵占、挪用基金会财产的，则会做出不合格年检结论，责令该基金会或者境外基金会代表机构限期整改，并视情况给予行政处罚，年检结果由民政部门向社会公告。基金会连续两年不进行年检的，由民政部门依法撤销登记，也就是说基金会的年检是强制年检，年检是基金会是对外信息披露，接受社会监督的制度安排，因此基金会的年度工作报告也应在指定媒体上，如果有基金会网站的，还应在门户网站上公布，为社会公众的查询、监督提供信息渠道。

作为经济监督、经济评价以及经济鉴证的审计是对慈善公益资金进行权威、公正且独立的外部监督方式。国家审计署以审行发〔1996〕315 号发布了《审计机关对社会捐赠资金审计实施办法》。该办法对社会捐赠款物接收、分配、使用和管理的"真实性、合法性、效益性"进行审计监督的内容、程序以及审计监督报告进行了原则性规定。民间组织、社会团体接受社会捐赠款物用于抗震救灾、公益慈善领域的，应有符合《会计法》和国务院有关财经法规的银行账户、会计账簿，慈善公益组织的财务部门以及财务人员在捐赠财产、物资的验收、领用、保管、调拨等方面是否有健全、有效的管理制度，拨付使用和费用开支的审批手续是否齐备、捐赠财物的使用、分配是否有报告制度及效益考核。审计机关重点对的捐赠款是否全部入在银行开设专户的帐，捐赠收据是否合规，捐赠票据存根与收入明细账是否相符合进行稽核。在审计抽样、书面审查、实际验证以及电算化系统辅助基础上，审计部门出具社会捐赠资金审计的基本情况、总体评价、存在问题、处理意见、整改建议等为基本内容的《综合审计报告》，并呈报本级政府和上一级审计机关。

（四）捐助信息公开指引方面支撑的立法

捐赠、捐助信息公开，由民政部《基金会信息公布办法》（2006 年 1 月 12 日）规定：基金会、境外基金会代表机构是信息公布义务人，并保证捐赠人和社会公众能够快捷、方便地查阅或者复制公布的信息资料。建立健全信息公布活动的内部管理制度，并指定专人负责处理信息公布活动的有关事务。对于已经公布的信息，应当制作信息公布档案，妥善保管。向社会公布的信息包括：基金会、境外基金会代表机构的年度工作报告；公募基金会组织募捐活动的信息；基金会开展公益资助项目的信息。在此基础上基金会可以自行决定公布更多的信息。每年 3 月 31 日前，向登记管理机关报送上一年度的年度工作报告。财务会计报告未经审计不得对外公布。登记管理机关审查通过后 30 日内，信息公布义务人按照统一的格式要求，在登记管理机关指定的媒体上公布年度工作报告的全文和摘要。

公募基金会组织募捐活动，应当公布募得资金后拟开展的公益活动和资金的详细使用计划。在募捐活动持续期间内，应当及时公布募捐活动所取得的收入和用于开展公益活动的成本支出情况。募捐活动结束后，应当公布募捐活动取得的总收入及其使用情况。针对募集资金的使用信息公开，基金会开展公益资助项目，应当公布所开展的公益项目种类以及申请、评审程序。评审结束后，应当公布评审结果并通知申请人。公益资助项目完成后，应当公布有关的资金使用情况。事后对项目进行评估的，应当同时公布评估结果。除年度工作报告外，信息公布义务人公布信息时，可以选择报刊、广播、电视或者互联网作为公布信息的媒体。只不过所使用的媒体应当能够覆盖信息公布义务人的活动地域。公布的信息内容中应当注明信息公布义务人的基本情况和联系、咨询方式。登记管理机关依法对信息公布活动进行监督管理，建立信息公布义务人诚信记录。

民政部《公益慈善捐助信息公开指引》（2011 年 12 月 16 日）作为倡导性指引，规定：公益慈善类的社会团体、基金会和民办非企业单位（社会服务机构），其他公益性群众团体、公益性非营利的事业单位等组织和机构，在开展公益慈善捐助活动和实施公益慈善项目时的都按照本指引进行信息公开。公开的信息包括信息公开主体的有关信息以及与公益慈善活动相关的捐赠款物的募集、接受、使用和审计等信息。信息公开主体遵循分类公开原则，可按重大事件和日常性信息分类公开：即发生重大自然灾害、重大生产安全事故、重大治安灾害事故和举办重大社会活动，由政府部门或公益慈善组织开展的重大社会捐赠活动的信息，按重大事件专项信息公开；一般性公益慈善项目及其活动，按日常性捐助信息公开。信息公开内容包括：主体的基本信息、募捐活动信息、接受捐赠信息、捐赠款物使用信息、接受捐赠机构财务信息及必要的日常动态信息等。

（五）募捐工作人员及志愿服务方面支撑的立法

民政部《关于规范基金会行为的若干规定（试行)》有涉及行政开支的规定：捐赠协议和募捐公告中约定可以从公益捐赠中列支工作人员工资福利和行政办公支出的，按照约定列支；没有约定的，不得从公益捐赠中列支。

同时，基金会工作人员工资福利和行政办公支出应当符合《基金会管理条例》的要求，累计不得超过当年总支出的 10%。其中：（1）工作人员工资福利包括：全体工作人员的工资、福利费、住房公积金、社会保险（障）费（含离退休人员）；担任专职工作理事的津贴、补助和理事会运行费用；（2）行政办公支出包括：组织日常运作的办公费、水电费、邮电费、物业管理费、会议费、广告费、市内交通费、差旅费、折旧费、修理费、租赁费、无形资产摊销费、资产盘亏损失、资产减值损失、因预计负债所产生的损失、审计费，以及聘请中介机构费和应偿还的受赠资产等；（3）基金会用于公益事业的支出包括直接用于受助人的款物和为开展公益项目发生的直接运行费用。项目直接运行费用包括：支付给项目人员的报酬，包括：工资福利、劳务费、专家费等；为立项、执行、监督和评估公益项目发生的费用，包括：差旅费、交通费、通讯费、会议费、购买服务费等；为宣传、推广公益项目发生的费用，包括：广告费、购买服务费等；因项目需要租赁房屋、购买和维护固定资产的费用，包括：所发生的租赁费、折旧费、修理费、办公费、水电费、邮电费、物业管理费等；为开展项目需要支付的其他费用。当然，捐赠协议和募捐公告中约定可以从公益捐赠中列支项目直接运行费用的，按照约定列支；没有约定的，不得超出本基金会规定的标准支出。

在志愿服务支撑方面，民政部以民函〔2012〕340号颁布施行《志愿服务记录办法》（2012年10月23日）。该办法对公民参加志愿服务的信息由谁记录、记录什么、记录后怎么用等问题作了规定，并随后启动了完善公民志愿服务记录制度，志愿服务记录试点工作。建立完善志愿者嘉许和回馈制度，鼓励更多的人参加志愿服务活动，动员社会公众积极参与志愿服务，构建形式多样、内容丰富、机制健全、覆盖城乡的志愿服务体系。

第二节　地方层面的慈善募捐规范

一　湖南：《湖南省募捐条例》

2010年11月27日湖南省11届人大常委会审议通过了《湖南省募捐条例》（2011年5月1日起施行）。该条例共8章43条，作为地方性法规弥补了在专门募捐立法方面的不足，是我国首部专门规范慈善募捐的地方性法规，不仅促进了湖南公益慈善事业的规范化发展，也为国家立法提供了实践经验。该条例的调整范围是"在本省行政区域内募捐人面向社会公众公开募集财产用于公益事业以及相关活动"，而"为了帮助特定对象，面向本单位或者本社区等特定人群开展的募捐活动和民间互助性的捐赠活动，按照有关法律、法规规定执行"，不适用该条例。也就是说该条例所调整的"募捐"是公益性组织的公募性的慈善募捐。非公募募捐和互益募捐不在其调整的范围内。不过在发生重大或者特别重大灾害时，县级以上人民政府可以发动募捐人面向社会开展赈灾募捐。并且，该条例还对公募性质的慈善募捐主体进行了一定限制：

依法成立的红十字会、慈善会、公募基金会才可以募捐；按照法律、法规规定可以开展与其宗旨相适应的募捐活动。对于红十字会、慈善会、公募基金会在湖南行政区域内的募捐管理工作，由县级以上人民政府民政部门负责募捐管理工作，为了进行统筹管理，财政、审计、税务等有关部门在各自职责范围内做好募捐管理的有关工作。对其募捐准入，依法成立的红十字会、慈善会、公募基金会当然具有募捐资质。

公益性社会团体和公益性非营利的事业单位也可以募捐：公益性社团和事业单位可以在行政许可的范围内开展募捐活动。但社团和事业单位必须是为了"公益事业"而募捐，即非营利的下列事项：救助灾害、救济贫困、扶助残疾人等特殊困难群体和个人；教育、科学、文化、卫生、体育事业；环境保护、社会公共设施建设；其他社会公共和福利事业。此外，就具体的社会团体和事业单位而言，要通过民政部门的许可，在许可范围内开展募捐活动，必须符合以下条件：（1）有开展募捐、进行公益活动的人员、场地等条件；（2）财务会计制度和信息公开制度合法、规范、有效；（3）法律、法规规定的其他条件。申请募捐许可应当向当地县级以上民政部门提交募捐活动申请书、募捐活动计划以及相关证明材料。

该条例还对募捐行为进行了一定明确：募捐应当遵守法律、法规，应当诚实信用，公开透明，不得违背社会公德，不得损害公共利益和他人的合法权益，应当尊重捐赠人的意愿，禁止摊派或者变相摊派，也不得以募捐名义从事营利活动。

鼓励广播、电视、报刊、网站等媒体和其他组织协助红十字会、慈善会、公募基金会或者其他募捐人开展义演、义赛、义卖、义拍和其他募捐活动。可以通过下列方式开展募捐：（1）通过广播、电视、报刊、网站等媒体劝募；（2）在公共场所摆放募捐箱；（3）两名以上的工作人员持募捐人有效证件劝募；（4）寄发劝募函或者发送劝募信息；（5）义演、义赛、义卖、义拍；（6）其他适当方式。募捐人开展募捐活动前，应当制定募捐方案①，报当地人民政府民政部门备案，并在募

---

① 湖南募捐组织的募捐方案应当包括下列内容：募捐的目的、时间、地域；募捐的方式；募捐财产的使用计划；工作成本列支计划等。募捐方案未包含前款规定内容或者有其他不符合法律、法规规定情形的，民政部门应当及时指明并督促募捐人纠正。募捐人应当按照公布的募捐方案进行募捐。

捐人网站和当地人民政府民政部门网站公布。对于擅自面向社会公众开展募捐活动的罚则规定，是由县级以上人民政府民政部门责令停止违法行为、限期返还募捐财产，可以处违法募捐财产价值一倍以下的罚款。募捐财产不能返还的，由民政部门责令将该财产交由合法募捐人管理。假借募捐名义骗取财物的，由公安机关依法给予治安管理处罚；构成犯罪的，依法追究刑事责任。

该条例最大的亮点是设置了募捐过程的"四次公开制度"：

其一，主体公开。募捐人应当每年在募捐人网站和当地人民政府民政部门网站公布该组织的有关信息，这些信息包括名称、地址；法定代表人、理事会、监事会和办事机构的基本情况；章程和业务范围；募捐财产的管理和使用情况；年度工作报告、财务会计报告和审计报告等信息。以上信息内容变更时应当及时更新。如果是经过行许可的募捐组织在开展募捐前，还应当将机构登记证书、募捐活动许可证、募捐活动计划以及近三年的年度工作报告、财务会计报告和审计报告等有关信息在当地人民政府民政部门网站公布。

其二，募捐方案公开。募捐人开展募捐活动前，应当制定募捐方案，报当地人民政府民政部门备案，并在募捐人网站和当地人民政府民政部门网站公布。募捐方案未包含规定内容或者有其他不符合法律、法规规定情形的，民政部门应当及时指明并督促募捐人纠正。

其三，募捐情况公开。募捐人应当在募捐方案确定的募捐期限届满时终止募捐，并于募捐期限届满之日起 30 个工作日内在募捐人网站和当地人民政府民政部门网站发布募捐情况公告书。募捐情况公告书应当载明下列事项：实际募捐的起止时间；募捐财产的种类及数量；捐赠人姓名或者名称（捐赠人要求保密的除外）、捐赠财产种类、数量或者价值以及捐赠的日期时间等。对常年性募捐活动，募捐人应当于每年 1 月 31 日前公告上年度募捐情况。捐赠人对募捐情况公告书内容有异议的，可以要求募捐人予以更正；募捐人拒不更正的，捐赠人可以申请民政部门依法处理。

其四，募捐财产使用情况公开。募捐人对募集的资金，应当设立专门账户，专账管理；对募集的物资，应当建立分类登记表册，妥善保管，按照合法、安全、有效的原则，实现募捐财产的保值增值。应当按照募捐方案确定的使用计划及时使用募捐财产，应当告知受益人关于募捐财产的使用要求，并对使用情况进行监督。募捐人应当在募捐方案确定的募捐财产使用期限届满之日起 30 个工作日内，在募捐人网站和当地人民政府民政部门网站发布募捐财产使用情况公告书。对常年性募捐，募捐人应当于每年 1 月 31 日前公告上年度募捐财产使用情况。募捐财产使用情况公告书应当载明募捐财产总额；募捐财产使用情况明细（包括受益人姓名或者名称、受赠财产数额）；工作成本列支情况明细及其他应当载明的事项。湖南省还要求在受益人集中的乡村、街道，还应当将募捐财产分配使用的有关情况明细张榜公布。

　　整体而言，《湖南省募捐条例》对募捐人、募捐行为、募捐财产的管理和使用、募捐鼓励措施、募捐监督、募捐法律责任进行了规定，为国家层面的慈善募捐立法提供了"先行先试"的基础。结合 2008 年 10 月的《湖南省金牌志（义）工评选表彰办法》、2008 年长沙市文明办的《关于成立长沙市志愿服务工作领导小组的通知》、2009 年湖南省侨办《湖南省华侨捐赠公益事业项目监督管理募捐办法》以及 2012 年长沙市人大常委会的《长沙市慈善事业促进条例》，湖南省以及长沙市在慈善募捐的地方性规则制定方面，具有系统性和全国领先性特点。

二　江苏：《江苏省慈善募捐许可办法》

　　2010 年 1 月 21 日江苏省第 11 届人大常委通过了《江苏省慈善事业促进条例》（2010 年 5 月 1 日起施行）。该条例是江苏省民政厅出台《江苏省慈善募捐许可办法》的直接依据。

　　该条例第三章是"慈善捐赠和募捐"。对于慈善募捐的主体，该条例进行了限定：（1）慈善组织，即依法登记成立，以扶老、助残、救孤、济困、赈灾等为唯一宗旨的自愿、无偿、非营利性社会组织；（2）法律、行政法规规定可以开展慈善募捐活动的组织，即比如慈善会、红十字会、基金会等公益机构；（3）其他依照本条例规定取得慈善募捐活动许可证后的组织。这些组织应当是依法登记成立的公益性社会团体和公益性非营利的事业单位；具备开展慈善募捐活动和救助的能力（包括有规范的章程、健全的组织框架、固定的办公和服务场所，有开展募捐和救助的从业人员及服务条件）；决策、执行、信息公开制度健全规范；财务管理符合法律、法规和规章的规定。任何单位、个人未经许可擅自开展以公益名义的慈善募捐活动的，由民政部门予以制止，责令返还募捐的财产，不能返还的，由民政部门将该财产交由其他慈善组织管理。假借慈善名义骗取钱财的，由县级以上公安机关依法给予治安管理处罚；构成犯罪的，依法追究刑事责任。值得一提的是：在江苏的规定中把政府募捐剔除在外，只是规定在发生重大或者特别重大突发事件时，县级以上地方各级人民政府可以要求相关组织面向社会开展定向慈善募捐，政府不再直接募捐和接受捐赠。

2010 年 9 月江苏省民政厅出台《江苏省慈善募捐许可办法》（苏民规〔2010〕14 号），从程序的角度规范慈善募捐行政许可。该办法共22 条，是全国第一个省级民政部门出台的慈善募捐许可办法。

作为一部慈善募捐许可办法，重点是对募捐的民政许可进行了方式、步骤方面的具体规定。对于申请慈善募捐许可的组织，应当向拟开展募捐活动地区的县级地方人民政府民政部门提出慈善募捐许可申请；跨行政区域开展慈善募捐活动的，应当向所在行政区域的共同上一级地方人民政府民政部门申请许可。申请慈善募捐行政许可应当提交下列材料：慈善募捐申请书；组织登记证书；募捐活动计划；所募款物用途说明；单位财务管理情况；决策、执行、信息公开制度；执行计划的人员、专业器材设备情况；民政部门要求提交的其他材料。地方人民政府民政部门受理慈善募捐许可申请后，材料齐备的应当在 15 个工作日内做出是否许可的决定。民政部门作出准予慈善募捐许可决定的，应当向申请组织核发《慈善募捐许可证》。不予许可的，应当出具《慈善募捐不予许可决定书》，并说明理由。跨行政区域开展慈善募捐活动的，应当向所在行政区域的共同上级地方人民政府民政部门申请许可。慈善募捐许可期限视募捐救助的具体情况确定，最长不得超过 1 年。需要延续许可有效期的，应当在该许可有效期届满 10 个工作日前向做出许可决定的民政部门提出申请，民政部门应当在该许可有效期届满前作出是否准予延续的决定。准予延续的，延续时间不得超过原来申请时间。

就募捐信息的公开，《江苏省慈善募捐许可办法》要求：（1）募捐资质信息公开：获得慈善募捐许可的组织，在开展慈善募捐活动前，应当将《慈善募捐许可证》等能够证明具有募捐主体资格的材料及其他有关事项,在媒体上或者通过其他有效方式向社会公告;(2)募捐过程信息公开:获得慈善募捐许可的组织在募捐结束后 15 日内,应当将募捐情况向社会公告。募捐所得使用计划执行完毕后 30 日内,应当将其使用情况向社会公告,并向做出许可的地方人民政府民政部门备案,同时接受审计监督。有涂改、倒卖、出租、出借《慈善募捐许可证》的,或者以其他形式非法转让的;拒绝向捐赠人出具合法、有效凭证的;超越许可期限、范围、方式进行募捐的;未经许可擅自开展慈善募捐活动的,由县级以上地方人民政府民政部门责令改正,予以警告;情节严重的,吊销募捐许可证;构成犯罪的,依法追究刑事责任。

整体而言,《江苏省慈善事业促进条例》《江苏省慈善募捐许可办法》以慈善为语境,对需要进行许可的慈善募捐活动、申请募捐许可的组织需具备的条件、提供的材料、各级县、市省级民政部门的分管理分级以及慈善募捐许可期限及其变更等作出了程序性规定,是贯彻实施《行政许可法》《政府信息公开条例》,地方民政部门推进民政许可工作法制化的积极尝试。

三 广东:《广州市募捐条例》

2011 年 10 月 26 日广州市第 13 届人大常委会通过《广州市募捐条例》(2012 年 5 月 1 日起施行)。该条例适用于红十字会、慈善会、公募基金会以及根据该条例取得募捐许可的公益性的社会团体、民办非企业单位(社会服务机构)和非营利的事业单位在广州市行政区域内面向社会公众公开募集财产用于公益事业及相关的管理活动。红十字会、慈善会和公募基金会在其章程规定的宗旨、业务范围和地域范围内开展募捐活动,应向市民政部门备案。为扶老、助残、救孤、济困或者赈灾目的而设立的公益性的社会团体、民办非企业单位(社会服务机构)和非营利的事业单位开展募捐活动的,则需要申请取得募捐许可,并在许可的范围和期限内开展募捐活动。面向本单位或者本社区特定人群开展的募捐活动以帮助特定对象的,则不用进行许可、备案。

该条例也明确了政府不能直接开展募捐的原则,规定在发生自然灾害或者其他突发性严重灾害时,市、区、县级市人民政府可以发动募捐组织开展赈灾募捐活动。民政部门更应做的是缩短审批或者备案办理时间，保证募捐财产及时、安全、有效地用于救灾活动。

其一，募捐备案。红十字会、慈善会和公募基金会应当在募捐活动开始之日的 30 日前将募捐方案报送市民政部门备案。两个或者两个以上的募捐组织就同一项目或者同一受益人分别制定募捐方案，且各募捐组织募捐财产数额目标之和明显超出实际需要的，市民政部门应当及时告知相关募捐组织修改募捐方案。

其二，募捐许可。公益性社会团体、民办非企业单位（社会服务机构）和非营利的事业单位申请募捐许可应当提交募捐申请书；组织登记证书；法定代表人或者负责人身份证明；募捐方案①；有公益事业捐赠票据领取资格；符合《中华人民共和国会计法》《民间非营利组织会计制度》等法律、法规和规章规定的财务制度；有健全、规范的决策、执行和信息公开制度；有开展募捐的人员和场地。募捐许可证的期限不得超过 3 个月。被许可人需要延期的，应当在该行政许可有效期届满 5 日前向市民政部门提出申请。市民政部门应当在该行政许可有效期届满前作出是否准予延期的决定；逾期未作决定的，视为准予延期。募捐许可最多可以延期一次，延续时间不得超过 3 个月。许可募捐的期限届满后，募捐组织不得进行募捐。

其三，募捐信息公开。无论是募捐备案组织还是募捐许可组织，依照《广州市募捐条例》都应当进行募捐方案、募捐情况和募捐财产使用情况的"三次"公开，募捐组织建有网站的还应在网站上进行公开：首先，募捐组织应当在募捐活动开始之日前的 5 个工作日内，在市民政部门网站上公布募捐公告、募捐方案、组织登记证书或者募捐许可证。募捐财产数额目标在 1000 万元以上的，还应当同时在本市具有较大影响力的媒体上公布。募捐组织应当按照公布的募捐方案开展募捐活动；其次，在募捐方案确定的期限内终止募捐，并自终止募捐之日起 45 日内在市民政部门网站上公布募捐的情况。实际募捐财产数额或者募捐方

---

① 广州募捐组织的募捐方案应包括以下内容：募捐目的；募捐财产数额目标；募捐方式；募捐期限和地域；募捐财产的使用期限和使用计划；剩余募捐财产的处理办法；工作成本预算和列支项目、标准。募捐组织开展募捐活动时，应当在募捐活动现场或者募捐活动载体的显著位置公布募捐组织名称、募捐方案、联络资料以及募捐信息查询方法。经许可募捐的，还应当公布募捐许可证。

案确定的募捐财产数额目标在 1000 万元以上的，还应当同时在本市具有较大影响力的媒体上公布。公布募捐情况应当包括实际募捐的起止时间；实际募捐财产数额；实际募捐财产种类和具体数量；未履行捐赠承诺以及催告、申请支付令或者起诉的情况；工作经费和工作人员工资的开支情况；其他应当公布的事项；再次，募捐组织应当自募捐方案确定的募捐财产使用期限届满之日起 45 日内，在市民政部门网站公布募捐财产的使用情况。募捐方案确定的募捐财产使用期限在 1 年以上的，募捐组织还应当自上 1 年度届满之日起 45 日内公布上 1 年度募捐财产的使用情况。实际募捐财产数额以及募捐方案确定的募捐财产数额目标在 1000 万元以上的，应当同时在本市具有较大影响力的媒体上公布募捐财产的使用情况。公布募捐财产使用情况应当包括下列内容：募捐财产数额；募捐财产使用数额；募捐财产使用详细情况；工作成本列支详细情况；剩余募捐财产使用计划；专项审计报告和年度审计报告；其他应当公布的事项。剩余募捐财产使用期限届满之日起 30 日内，募捐组织应当参照前款规定公布使用情况。

整体而言，《广州市募捐条例》把慈善募捐按照募捐主体类型及法律地位的不同进行了分类管理，采用"备案制与许可制并行"的方式对社会组织的"募、捐、用"的问题进行管理，是一个系统的募捐管理条例。同时，该条例的进步意义还在于用了近 1/4 的篇幅（总共 43 条，用了 9 条）来明确政府的服务职能以及管理职责：民政局负责初审、出证、发证，对募捐许可、备案的纸质件审核、网上预受理、针对募捐的行政执法检查等工作。

广州市民政部门还建立募捐组织的守法档案，设置并且公开全市统一的举报和投诉电话，定期向社会公布相关信息。募捐信息在广州市民政部门网站公布的，市民政部门应当保留 3 年以上，应当在其网站上为募捐组织免费提供募捐信息发布平台，并督促募捐组织按时公布募捐信息，方便公众查询。

广州市、区、县级市人民政府鼓励和支持社会公众、新闻媒体对募捐组织的募捐活动和募捐财产管理使用等情况进行监督。任何单位和个人发现募捐活动或者募捐财产管理使用存在违法、违规情形的，可以向当地民政部门或者其他有关部门举报。民政部门应当接到单位或者个人的举报、投诉后应当及时调查处理，并应当将处理情况书面告知举报、投诉人。市、区、县级市民政部门应当指导、监督募捐组织建立、健全、落实内部管理制度，加强信息交流和互通，对募捐组织开展募捐活动的情况依法进行监督检查。市、区、县级市审计机关可以对募捐财产的管理使用情况进行审计，审计结果应当向社会公布。对因发生自然灾害或者其他突发性灾害的，由市、区、县级市人民政府发动募捐组织面向社会公众开展募捐所得的财产，由同级审计机关依法进行审计。假借募捐名义骗取财产的，一般给予治安管理处罚；构成犯罪的，依法追究刑事责任。

值得一提的是广州《募捐许可（备案）证》上加印募捐项目二维码，加盖"广州市民政局募捐专用章"。募捐组织弄虚作假、骗取募捐许可的，由市民政部门撤销募捐许可证，并可以责令撤换其直接负责的主管人员。未按照规定将募捐方案报送备案的、未按照规定履行信息公布义务的、未按照规定修改完善募捐方案的由市民政部门给予警告，责令改正；拒不改正的，可以责令暂停募捐活动，并可以责令撤换其直接负责的主管人员。募捐组织应当按《募捐许可（备案）证》的法定代表人名义，按照募捐财产数额目标、募捐区域和募捐期限进行募捐，并按照募捐方案进行募捐财产的使用。滞留、私分、挪用、贪污或者侵占募捐财产的，由市、区、县级市人民政府民政部门责令退还，对个人处以 5000 元以上 30000 元以下罚款，对单位处以 30000 元以上 10 万元以下罚款；对直接责任人员，由所在单位依照有关规定予以处理；构成犯罪的，依法追究刑事责任。

广东省的社会改革敢为全国先，不仅在松绑社会组织登记注册问题上位居全国前列，而且出台《政府向社会组织购买服务暂行办法》，成为省级层面首个政府购买社会组织服务的省级政府规章。《广州市募捐条例》针对募捐组织的不同采取"募捐备案制"与"募捐许可制"并行，更是开了我国地方立法中"募捐准入双轨制"的先河。

四　上海：《上海市募捐条例》

2012 年 6 月 7 日上海市人大常委会通过了《上海市募捐条例》（2012 年 9 月 1 日起施行）。该条例把募捐界定为基于公益目的，向社会公开募集财产的劝募行为。条例共 48 条，遵循"主体法定、活动备案、行为规范、信息公开、政府监管"的基本思路，对慈善募捐进行备案式管理。募捐主体是红十字会、公募基金会以及经依法登记，以发展公益事业为宗旨通过资助或者志愿服务等形式向社会公众提供服务的社会团体。募捐组织开展募捐活动，应当制定募捐方案①，并在募捐活动开始 10 个工作日前，向募捐活动所在地的区、县民政部门办理备案手续。其中，跨区、县开展募捐活动的，向市民政部门办理备案手续。

对于募捐活动的规范，募捐组织应当建立健全内部管理制度，加强自律，依法开展与其章程规定的宗旨和业务范围相符的募捐活动。募捐活动的期限一般不超过 1 年。募捐活动期限届满后，需要继续开展募捐活动的，应当在期限届满 5 个工作日前重新办理备案手续。为应对突发的自然灾害和事故灾难，需要紧急开展募捐活动，无法在活动开始前办理备案手续的，募捐组织应当在募捐活动开始后 5 个工作日内补办备案手续。

与其他地方的募捐规定相比，《上海市募捐条例》有新的制度安排：

其一，对联合劝募、代理募捐进行了规定。募捐组织以外的其他单位和个人，基于公益目的，需要开展募捐活动的，应当与募捐组织协商，经募捐组织同意，由募捐组织依照本条例的规定组织开展。募捐组织以外的其他单位和个人，不得单独开展面向社会的募捐活动。募捐组织联合开展募捐活动的，应当设立专门账户，专款专用，并由募捐组织委派代表共同进行管理；对单位、社区的代理募捐进行了规定：单位和社区基层自治组织接受具有募捐资质的募捐组织的委托，面向本单位职工或者本社区居民募集财产的，应当向捐赠人开具有效凭证，尊重职工或者居民的捐赠意愿，不能强制摊牌，并且还应当将募捐方案、募捐情

---

① 上海募捐组织的募捐方案应包括下列内容：募捐活动的名称、目的、时间、期限、地域范围。预定募集财产的数额。募集财产、接收捐赠的方式；其中，以设置募捐箱方式募捐的，应当列明设置募捐箱的地点、数量。募集财产的使用计划。工作成本列支计划。募捐方案的内容不符合前款规定的，市或者区、县民政部门应当自收到备案材料之日起 5 个工作日内提出意见，并督促募捐组织修改完善。募捐组织应当按照备案的募捐方案开展募捐活动。募捐方案确定的时间、期限、地域范围、方式发生变化的，募捐组织应当及时告知市或者区、县民政部门。

况、募集财产的管理和使用情况等在本单位或者本社区范围内公开，接受职工或者居民的监督。

其二，对募集财产的管理和使用的规定系统化。《上海市募捐条例》要求募捐组织对募集的资金，应当设立专门账户，专款专用。对募集的实物类的可以变现的非货币财产，应当建立登记表册，如果是有保质期和保存要求的财物，还应按照相关规程进行妥善管理。募捐组织应当按照募捐方案确定的使用计划使用募集财产。募捐组织与捐赠人对募集财产的使用有约定的，应当按照约定使用，不得擅自改变募集财产的用途。经过理事会批准，秘书长同意，确需改变原有募集财物的使用用途的，应当遵照"捐赠人权利优先"原则，征得捐赠人同意，方可改变募集财物的使用用途。募捐组织在募捐用过程中以及在募捐组织日常事务的开展过程中除必需的工作成本外，应当厉行节约，并保证善款善用，将募集财产及其增值全部用于公益事业。因募捐、开展公益活动所产生的工资、办公费用等必需的工作成本，国家规定可以在募集财产中列支的，募捐组织不得超出国家规定列支；国家没有规定的，应当控制在已经公布的募捐方案所确定的工作成本列支项目和标准之内。尤其是如果募捐费用和日常事务开支已在财政拨款中列支的工作成本，募捐社会组织不得再在募集财产中进行列支。鉴于红十字会、公募基金会的慈善孵化功能定位，其每年募集财物用于公益事业的支出比例，应当符合国家有关规定。红十字会、公募基金会之外的上海地区的其他类募捐社会组织每年用于公益事业的支出比例，不得低于上一年捐赠收入的70%。募捐组织应当每年委托专业机构对其募集财产的管理和使用情况进行财务审计，并依法接受民政、审计等部门的监督。

其三，明确政府部门建立统一募捐信息网络服务平台的义务。对于募捐信息公开，根据该条例的规定，上海市民政部门应当依据该条例建立统一的募捐信息网络服务平台（www.shmjxx.org），为社会公众免费提供募捐信息服务，接受咨询、投诉、举报，并作为募捐组织信息公开的平台。募捐信息服务平台的内容至少应包括募捐组织的名称、地址、宗旨、业务范围、联系方式。募捐社会组织的内部治理方面的组织机构安排以及该募捐社会组织的法定代表人的基本情况。在募捐信息平台提供的信息源方面，所有募捐社会组织应当在公开募捐活动开始前，将经民政部门备案的募捐方案在信息服务平台上向社会公开。募捐组织开展现场募捐的，不仅应当在信息网络平台上公布已经备案了的募捐方案，还应当将该募捐方案的主要内容在活动现场进行展示、公示。募捐组织以其他方式（慈善晚会、展览会、拍卖会、街头募捐、门对门募捐）募捐的，应当在其发布募捐信息的载体（宣传单、海报、请柬）上，印刷、声明在民政部门备案了的募捐方案的主要内容。作为募捐信息平台的第二类信息源，募捐组织的募捐活动结束后，应当最晚不迟于募捐方案确定的募捐活动期限届满后 15 个工作日，将募捐情况上传到信息服务平台上，向社会公开，接受捐赠人和社会公众监督。募捐情况的信息内容包括本次募捐活动的实际起止时间，已经募集到的财物的数额、种类，愿意提供姓名名称的捐赠人姓名或者单位名称列表，本次募捐活动开展期间的实际支出的工作成本。作为募捐信息平台的第三类信息源，募捐组织应当一般每年不少于两次在信息服务平台上向社会公开募集财产的使用情况（募集财产的使用情况的信息具体包括募集财产总额及财产保值增值情况、使用募集财产的总量及明细、剩余募集财产的数量及其使用计划、工作成本列支明细）。作为募捐信息平台的第四类信息源，就是募捐组织应当在每年 6 月 30 日之前，将该募捐社会组织上一年度的财务审计结果上传信息平台，进行公示。除了统一募捐信息网络服务平台的四类信息源提供公开外，该条例还规定了对捐赠人的定向公开。定向公开体现为捐赠人有权向募捐组织查询其捐赠财产使用情况的有关信息，募捐组织应当在 10 个工作日内予以答复。如果捐赠人对募捐社会组织的答复有异议的，可以要求该募捐组织进行核实，如果捐赠人对经募捐社会组织核实的结论仍有争议的，捐赠人可以提请民政部门依法进行核查。

其四，建立慈善募捐的立体化、多层次监督制度。对于慈善募捐的监督，确立了民政部门的主体监督责任，同时明确审计、财政、公众监督为补充的监督体系。首先该条例明确了民政部门在对有关募捐组织进行年度检查时，应当将其依法开展募捐活动、募集财产的管理和使用、履行信息公开义务等情况，作为重点检查的内容。民政部门的社会组织管理局应在每个年度选择一定数量的涉及慈善募捐的社会组织进行审计。审计可以委托专业机构，主要对募捐社会组织的募集财产管理和使用情况进行审计。为了体现审计的公开性，还应保证将审计的结果向社会公布。除了民政部门委托的专业机构审计，还有国家审计部门根据《中华人民共和国审计法》进行的国家审计监督。国家审计机关对募捐组织募集财产的管理和使用情况的审计，也应当依审计法向社会公布结果。鉴于募捐社会组织在募捐过程中涉及非营利组织会计安排以及公益事业捐赠票据的使用，甚至还涉及一定数量的公益慈善事业领域的财政补贴，因此财政部门对募捐社会组织的"募、捐、用"财务会计、财政补贴经费使用以及公益事业捐赠票据的使用情况有监督、管理的责任；为了鼓励公众、媒体的社会监督，根据该募捐条例的规定，上海市民政部门应设立并向社会公布统一的涉及慈善募捐用的举报电话。鼓励单位或者社会公众发现募捐组织在募捐活动中存在违法情形或者募捐组织以外的其他单位和个人违法募捐时，能够投诉、举报的形式为民政募捐执法部门提供募捐用违法违规线索。执法部门接到投诉、举报后及时进行立案、调查、核实、处理，并保证在为举报人身份提供保密的情况下将举报事项的处理结果告知投诉人、举报人。除了举报投诉的线索外，民政募捐执法部门应当加强对募捐组织开展募捐活动的情况进行日常监督检查，与公安部门、税务部门等职能管理部门进行信息联动，动态及时地发现街头募捐、互联网募捐以及电信募捐等有违法行为的，应当及时联合查处，并将处理情况通过媒体、报纸、网站向社会公布。

其五，确立募捐用违法责任追究制度。《上海市募捐条例》设专章对募捐的责任进行了规定：首先对于无募捐资质不备案，单独开展面向社会的公开募捐活动的募捐组织以外的其他单位和个人，鉴于其不再局限于圈内、小范围而采用公开形式募捐，已经不是不受公权力干预的私益募捐和互助募捐了，具有公共性和社会性，因此可以由民政部门给予警告，责令停止活动。如果已经有募集到的财物，应当在确立财物清单的基础上将违法募集的财产返还捐赠人。募捐涉及面广、影响力大且对于警告和责令停止募捐活动不配合或不积极返还募集到财物的，民政部门可以对该募捐单位和个人处违法募集财产金额一倍以下罚款。对于已经具有募捐资质的募捐组织即便有募捐资质，但未按照要求办理备案手续的，或者办理了备案但没有按照募捐方案确定的时间、期限、地域范围、方式进行募捐的，或者合法并备案了的募捐组织在募捐的过程中向单位和个人摊派或者变相摊派，开展与其章程规定的宗旨和业务范围不相符的募捐活动，或没有履行信息公开义务或者公布虚假信息，或该募捐组织的年度公益事业支出低于本地区规定比例，或该募捐组织未在规定时限内答复捐赠人对其捐赠财产使用情况的信息查询要求的，由民政部门给予警告，责令改正，可以限期停止活动。情节严重的，依法予以撤销登记。有违法募集财产的，由民政部门责令返还捐赠人。涉及的违法募集财产无法返还捐赠人的，则交由其他合法募捐组织管理、使用。

整体而言，《上海市募捐条例》在明确募捐主体，规范募捐行为，提高募捐活动透明度，明确政府监管职责，落实募捐违法责任方面进行了努力。其先确定基金会、公益社团、红十字会为募捐主体，然后针对募捐活动一律采用"备案制"的方式具有创新价值，并有减少行政审批，推动社会事业社会自治的意义。为了提高该条例的贯彻力和执行力，上海市民政局颁布《关于贯彻实施上海市募捐条例有关具体问题的补充通知》（沪民慈发［2012］7号），对募捐备案专用章（为直径为3.5厘米的圆形）、具体的募捐信息网络服务平台（www.shmjxx.org）以及违反《条例》规定的法律责任和执法部门市、区、县民政局的职责进行了明确。

五　北京：《北京市促进慈善事业若干规定》

2013年9月24日北京市人民政府第19次常务会议审议通过《北京市促进慈善事业若干规定》（自2014年1月1日起施行）。该规定共28条，在界定慈善组织时采用的是"大慈善"理念，认为慈善组织是指以开展慈善活动为宗旨，依法成立的社会团体、民办非企业单位（社会服务机构）、基金会等非营利性组织。而在涉及慈善募捐方面采用的是狭义的募捐含义：

首先，从募捐主体的范围来看，基金会是募款主体。一般慈善组织只能与基金会进行联合劝募。也就是说让基金会发挥其在各类慈善组织运作体系中的资金募集和专业化运作优势枢纽作用，支持基金会以外的其他慈善组织开展慈善活动。依法成立的公募基金会以外的其他慈善组织依照章程开展慈善活动确需面向不特定的社会公众公开募集财产的，应当与公募基金会联合开展募捐活动。联合募捐活动应当以公募基金会的名义进行，并由公募基金会和其他慈善组织签订联合募捐合作协议，约定募捐方案、募捐财产使用计划、募捐成本分担等内容。慈善组织开展募捐活动应当向募捐对象出示合法的募捐证明。

其次，募捐资金的集与散方面，把基金会作为中枢：基金会利用募集财产支持其他慈善组织开展慈善活动的，应当对慈善组织使用募集财产的情况实施监督管理。基金会实施监督管理，可以监督慈善组织严格执行非营利组织财务会计制度，完善收入、费用、资产、负债等项目的会计核算；与慈善组织签订协议，明确募集财产用途和使用方案、工作标准、实施效果、违约责任等内容，并监督实施；基金会委托具有资质的专业机构对慈善组织开展慈善活动的有关事项进行评估并出具评估意见，要求慈善组织按照信息公开的有关规定向社会公开开展慈善活动的有关信息。

北京的《规定》奠定了慈善组织、政府部门、慈善行业自律组织、媒体及学校角色分工的基本格局：（1）慈善组织规范开展慈善活动。慈善组织遵守法律、法规、规章和章程的规定开展慈善活动。加强对财产使用情况的监督管理，保证财产的合法、有效使用。应当接受民政行政部门等有关行政部门的指导、监督、管理，并依法接受审计监督。按照捐赠人的意愿使用捐赠财产，签订捐赠协议的，应当按照协议的用途使用捐赠财产，不得擅自改变捐赠财产用途。为本组织工作人员开展慈善活动提供必要的安全、卫生等保障条件，符合法律、法规规定的强制性公益支出比例，工作人员工资福利和行政办公支出不得超出法律、法规规定的比例。向社会公众公开本规定要求公开的有关信息①，接受社会监督。（2）民政行政部门制定监管规则并执法。民政行政部门应当制定慈善信息公开规范，明确公开信息的标准、事项、程序等，并监督慈善组织依法公开慈善信息。做好本市慈善行业信息统计工作，及时向社会公布慈善信息统计资料，并将慈善行业统计信息作为规划和促进本市慈善事业发展的重要依据。有关行

---

① 北京的慈善组织向社会公开的信息包括：组织名称、活动宗旨等组织基本信息；捐赠财产的来源、种类、价值等接受捐赠信息；募捐方案、联合募捐协议等募捐活动信息；捐赠财产用途、使用效果等捐赠财产使用信息；年度工作报告、审计报告等专项工作报告等。以上慈善信息，慈善组织应当自该信息形成或者变更之日起 20 个工作日内予以公开。

政部门依法对慈善组织开展监督管理的，应当将监督管理信息通报市民政行政部门。市民政行政部门应当对慈善组织管理信息进行归集和分类，并录入慈善组织信用信息管理系统，方便社会公众查询。慈善组织提供社会服务的，市和区、县人民政府及其有关部门应当加强指导、监督，并对其进行考核评估。市和区、县人民政府及其有关部门可以通过政府购买服务等方式支持慈善组织提供社会服务。政府购买服务的，应当优先考虑信用记录良好的慈善组织，并将购买服务的项目目录、服务标准、资金预算等信息依法向社会公布；对公募基金会以外的其他慈善组织擅自面向不特定的社会公众公开募集财产的，慈善组织未征得捐赠人的许可，擅自改变捐赠财产的性质、用途的，未按照规定公开慈善信息的，民政行政部门可以责令改正，拒不改正的，对主要负责人和其他主管人员可处5000元以上1万元以下罚款。(3) 慈善业协会建立自律式信息公开联盟。即北京的慈善行业自律组织可以建立统一的慈善信息平台，为慈善组织公开慈善信息提供服务，方便社会公众免费查询。当然这里是用的"可以"，而非"应当"，也就是北京的规定是鼓励慈善业协会建立自律式信息公开联盟，而不是作为强制义务进行规定。(4) 媒体、学校传播慈善文化、培育慈善理念。即根据北京市的规定，北京的报刊、广播、电视、互联网等媒体，应当积极开展慈善宣传，传播慈善文化，各级各类学校也应当通过多种形式向学生普及慈善知识，培养慈善理念。这里是用的"应当"，对于媒体和学校而言是作为强制义务进行规定的。

　　整体而言，《北京市促进慈善事业若干规定》虽然只有28条，但对募捐问题进行了重点规范。不过相对于其他地方的规定，北京市采用的是最为狭义的募捐含义，采用基金会的募捐管道进行慈善资金的集散功能，其他慈善组织不能单独进行募捐，只能和基金会进行联合募捐，限缩了募捐主体的面，同时也就降低了民政部门进行募捐许可、备案的工作量，虽然有一些争议，但也是一个非常重要的改革思路；另一方面，北京市把一些过去由政府做的社会事业让渡给了社会，比如慈善信息平台由慈善行业自律组织建立，还有慈善的传播和教育也明确了媒体及学校的职能。

第三节　当前慈善募捐制度的运行困境

一　中央与地方募捐立法的匹配困境

我国作为统一的、中央集权的、单一制国家,在立法的体制上采取的是"一元二级多层次"。即在统一主权和司法管辖权之下,有中央与地方两套立法权体系,并且还在制度的规范和效力层级上表现为法律、法规、规章多门类的立法形式。在慈善公益的立法领域,鉴于慈善的现代转型发展较晚,我国社会立法虽然发展很快,但仍处于起步与发展阶段。

经过前文的梳理,我国中央层面的募捐主体、募捐行为以及募捐支撑的相关立法,主要是以国务院的行政法规以及民政部的部委规章为主要立法形式。其主要渊源有1993年的《中华人民共和国红十字会法》、1998年的《社会团体登记管理条例》、1998年的《民办非企业单位登记管理暂行条例》、2004年的《基金会管理条例》、1999年的《中华人民共和国公益事业捐赠法》、2006年的《基金会年度检查办法》及《基金会信息公布办法》、2007年的《关于公益救济性捐赠税前扣除政策》、2008年的《关于公益性捐赠税前扣除有关问题的通知》、2009年的《关于非营利组织免税资格认定管理有关问题的通知》、2009年的《关于企业公益性捐赠股权有关财务问题的通知》、2010年的《公益事业捐赠票据使用管理暂行办法》、2011年的《公益慈善捐助信息公开指引》、2012年的《关于规范基金会行为的若干规定》及《志愿服务记录办法》等。

这些中央层面的法律、法规和部委规章,主要的定位还是规范红十字会、社会团体、民办非企业单位(社会服务机构)以及基金会的组织登记和政府的监督管理,是新中国社会法制恢复和社会组织法制化的重要内容。从制度层面上看"有法"胜于"无法"。社会团体、基金会以及民办非企业单位(社会服务机构)的设立、变更、终止从"无法可依"到"有法可依",亦应视为法制的进步,至少对于我国的募捐社会组织在制度规范层面确立了涉及组织团体的实体定位、登记注册程序以及与此相关的规则。但基于前文对以上中央层面相关立法的具体内容的梳理，以上与募捐主体、募捐行为以及募捐支撑的相关立法的制度局限性也十分明显：

其一，立法的层级明显偏低。比如作为募捐三大主体的立法《社会团体登记管理条例》《民办非企业单位登记管理暂行条例》以及《基金会管理条例》都只是行政法规，而红十字会作为国际性人道主义救助和社会服务组织则有专门的红十字会法，这种中央层面的对三大社会组织类型的基本立法层级明显偏低，至少应当上升为全国人大立法的法律层面。

其二，从立法的观念定位于管和控。从立法的时间来看，除基金会条例是 2004 年出台的外，另外两部条例还是 20 世纪 90 年代的立法成果，登记和主管部门的双轨制以及对社会团体、民办非企业单位（社会服务机构）、基金会的立法宗旨更多是严管、控制，而不是促进、培育、规范。对社会权威、社会活动、社会能动性的尊重和塑造明显不够。

其三，对募捐的直接规定过于原则化。在中央层面的社会组织立法中，有涉及募捐的"捐、用"的内容，尤其是在 2016 年的《慈善法》中，《公益事业捐赠法》、基金会的管理条例及年检办法、信息发布办法中对捐赠事项、募集资金使用等进行了原则规定。但是所有的立法都没有正式使用"募捐"这一立法语词，对三大类社会组织的募捐问题处于"选择性忽略"的状态。中央立法层面对"募捐"制度的空白、缺位，导致民政部门对募捐准入的监管只是徒有其名，没有规定具体的监督管理方式，以及相应的处罚依据，募捐的具体社会监督依据也缺乏机制，财务公开流于形式。

而作为专门性、特殊性的地方性立法，基于"省、自治区、直辖市的具体情况和地方意志，可以地方性法规、地方性规章作为制度创设的表现形式"①。2010 年以来，在世界公益慈善浪潮涌动和地方社会治理创新的大背景下，社会慈善募捐制度领域呈现出地方政策创新优于全国政策破局的趋势，有的地区还以地方立法的形式巩固慈善公益事业改革的成果。不仅湖南、江苏、广州、宁夏、宁波等地出台促进慈善事业发

---

① 王建华、杨树人：《地方立法制度研究》，四川人民出版社 2009 年版，第 29—30 页。

展的条例，从 2010 年到 2012 年，多个地方政府在地方募捐立法上也已取得突破：《湖南省募捐条例》《江苏省慈善募捐许可办法》《广州市募捐条例》《上海市募捐条例》相继出台实施。这些募捐条例和办法对募捐概念、募捐主体、募捐方案、募捐方式、募捐现场和募捐信息披露规则提出了明确要求。在一定程度上克服了慈善事业界定不明、政府角色不清、慈善公益募捐难于认定、公募权利难于开放、慈善募捐资产难于保值增值、信息披露不规范、监管机制不完善等困境。《湖南省募捐条例》最大的亮点是设置了募捐过程的"四次公开制度"，即主体公开、募捐方案公开、募捐情况公开、募捐财产使用情况公开。《江苏省慈善募捐许可办法》对慈善募捐许可的条件和程序进行明确，把政府募捐剔除在外，政府不再直接募捐和接受捐赠。《广州市募捐条例》把慈善募捐按照募捐主体类型及法律地位的不同进行了分类管理，采用"备案制与许可制并行"。《上海市募捐条例》则遵循"主体法定、活动备案、行为规范、信息公开、政府监管"的基本思路，对慈善募捐进行备案式管理。对联合劝募、代理募捐进行了规定，对募集财产的管理和使用的规定系统化，明确政府部门建立统一募捐信息网络服务平台的义务，并十分重视募捐责任的落实。

　　各个地方对从事慈善募捐的门槛设置宽严度规定不同，政府"管理募捐"成为各地方募捐条例的重要命题，但具体的公权力介入的程度又差异较大。比如《上海市募捐条例》规定募捐组织开展募捐活动应向募捐活动所在地民政部门备案，比较宽松，把募捐的主体扩大到所有的慈善组织，其中，公募基金会和已有公募资格的社会团体可以直接开展募捐活动，其他慈善组织则在办理备案手续后，也可以开展募捐行为。《广州市募捐条例》规定红十字会、慈善会和公募基金会开展募捐活动应当向市民政部门备案，为扶老、助残、救孤、济困或者赈灾目的而设立的公益性的社会团体、民办非企业单位（社会服务机构）和非营利的事业单位开展募捐活动需要取得募捐许可，在许可的范围和期限内募捐，实施备案、许可双轨制。而《湖南省募捐条例》《江苏省慈善募捐许可办法》以及 2013 年的采用最为狭义的募捐含义的《北京市促进慈善事业若干规定》则是采取的许可制。

　　中国作为"超大型国家"，国家制度层面对募捐专门立法的视而不见或不够关注。关于慈善募捐尚无统一立法。募捐权能和监管的宏观层面安排还处于原则性规定的状态。由此也导致在中国当下的"公募权是一种稀缺资源",主要集中在官办基金会和慈善会以及有品牌效应的大型民办基金会,慈善资源的分配还处于原始积累和自然竞争的无平衡规则状态。尽管各地方已经出台地方性募捐条例,但是由于立法效力层级低,并且对募捐语词本身的定位的模糊导致地方募捐治理的碎片化,中央与地方募捐规则的匹配度不高,规则的整体性和执行力不够。行政指令、行政强制等手段干预和监管慈善募捐活动,其实是慈善公益治理的失序、失效和碎片化。

由于"国家法制的特殊性、非政府组织制度形成历史的晚近性以及组织背景复杂且带有政府行政管理色彩,纯粹意义的非政府组织制度可以发展的空间非常有限"①,中国式募捐制度困境,表现出的是中央与地方募捐规则的匹配困境的"结"。社会权力和募捐权能的赋权体制不对接,我国的《慈善法》从2005年提出动议至2016年才正式出台,立法持续10年本身就凸显了国家制度层面推进慈善事业法治化进程的复杂与艰辛。

从立法权分配和规则效力传递的角度来看,慈善法律体系中,自上而下的纵向结构需要"宪法—慈善事业基本法—慈善组织单行法—慈善行政法规规章—地方性慈善法规"五个层次上下衔接。居于上位法的国家慈善立法与居于下位法的地方募捐立法的对接,还面临如何根据社会利益确定募捐社会组织社会权力的赋权路径、限权方法,以及政府如何从"社会全能体制"——"大政府、小社会"体制中解放出来,在多大程度上拓展社会权力范畴、完善募捐发起制度、明确募捐管理主体、加强募捐行为过程管理、建立募捐公信、公开制度,以及募捐监管方向到底是"宽进"还是"严管"的两难。

二　募捐立法与募捐执法的协同困境

募捐立法的质量和募捐执法的努力均对慈善募捐事业尤其是慈善资源的开发与发展具有显著的促进效应。其中募捐执法依赖于完善的中央

---

① 马青艳、周庆华:《非政府组织的制度分析》,《中国行政管理》2005年第8期。

与地方层面的募捐立法，募捐领域的"兴利与防弊"，又有赖于募捐民政执法的努力，其中募捐执法比募捐立法本身更为重要。

鉴于我国社会组织管理立法滞后，条例规定与现实管理实际不符，在许多方面给登记机关的管理造成了很大困难，募捐执法依据不足是最重要的现实障碍。中央层面的社会组织主体法，又回避了募捐问题，对社会上的募捐监管没有明确社会募捐主体也没有明确执法部门。募捐被吸收到其他法律规范中加以适用。对于募捐行为为进行调整和监管的法律法规，主要参照《公益事业捐赠法》《基金会管理条例》《救灾捐赠管理办法》等的立法原则和相关规定，而对慈善募捐目前没有专门的法律规范进行相应的调整。综观我国社会组织法律法规体系，结构上存在失衡的情况，如关于公益捐赠的立法成就高，而系统涉及"募、捐、用"的立法相对较少。

由于社会管理理念下政府对慈善的总体定位是"管制"，因此社会组织、民间团体的立法数量虽然多，但主要是组织法，更多关注的是组织的设立、登记和权利义务，而对行为法欠缺，尤其是募捐行为的规定空白，反映出对募捐社会组织的控制有余而保护力度不足。并且现有的各社会组织单行条例之间缺乏"募、捐、用"善财管理方面整体配合，以致出现对募捐以及募捐社会组织的税收优惠立法相对较少，优惠政策、增值保值政策缺乏配套的执行细则，可操作性也差，募捐调整对象交叉、监管主体权责不清问题。在募捐重点领域和重大制度，法律法规上有缺项。三大募捐社会组织条例没有根据客观形势的变化及时修改，不同位阶的民政法律制度之间衔接配套不够紧密。与上述募、捐、用立法疏阔的困境形成反差的是"民国时期中央和地方的慈善立法将近100件，初步形成了一个比较完善、完整的近代慈善事业法律体系"[①]。

当前我国募捐立法不足导致在解决有关社会募捐纠纷时不能完全适用募捐规则，而是适用人情、法理。湖南、上海、江苏、广东等少数地区的募捐条例也还处于"摸着石头过河"的阶段，慈善募捐立法的框架与内容尚处于起步与发展时期，未能建立起募捐社会组织主体权能安排、没有明确募捐发起人的资质和义务、捐赠人监督捐赠财产使用情况

---

① 曾桂林：《民国时期慈善法制研究》，人民出版社2013年版，第480页

的保障制度及法律救济渠道，募捐的法律责任不够明确。在这些地区，募捐制度究竟如何立、改、废没有达成实践上的共识。而在湖南、上海、江苏、广东之外的其他没有地方募捐条例的省市，对于募捐则要么是"超法干预"，要么是"盲人摸象"。募捐社会组织"制度环境要素，诸如对民间募捐的定性和定位、关于民间组织的分类及分类管理措施、对募捐的监管、控制、引导方法、对募捐社会组织的财政政策包括资助、税收、审计政策、民政部门干预募捐的方式、方法、途径、对社会募捐以及慈善资源开发的扶持措施和激励政策、对违法募捐的限制和处罚（包括准入、资格、特许、撤销或吊销等）等"①，还供给不足。

慈善规则体系结构不均衡，募捐规则的供给不足，尤其是国家与社会两个层面的制度缺失，使得慈善资源的积聚脱离国家制度的轨道，只能通过人格化的关系来互济、共助。"当灾难降临到公民个人身上时，个人往往只能寄望于通过亲友、同事、同学等，这也是我国各地校园爱心募捐、单位爱心募捐、网络爱心募捐等层出不穷的主要原因。而这类爱心募捐通常是因事而设，缺乏组织规范与经验积累，因而很可能募捐的效果有限，或者产生纠纷、怨恨等矛盾。"② 在募捐规则供给不足的情况下，大量涌现的社会募捐由于立法的缺失而在募捐实践中暴露出众多弊病与问题，如募捐主体的多元性，募捐方式的多样性，募捐款物使用的随意性等，出现了多头募捐、频繁募捐及侵占募捐款物等问题。

民政部门对募捐社会组织的募捐行为的执法、监察的协同困境体现在以下几个方面。

（一）执法依据的不足导致民政执法被动、滞后

民政部门对日益创新的社会公益慈善募捐形式的监管"没有依据"，主要是缺乏管理办法和管理依据，只能靠请示领导解决问题，进行"超法干预"，无法真正对其进行法律上的行为定性进而实施行政处罚，募捐监管工作被动而且滞后。近年来我国慈善法制面临着重重困境，就是表现在公民慈善的合法性困境、政府慈善的正当性困境以及慈

---

① 俞可平：《中国公民社会成长的制度空间和发展方向》，《中国社会科学》2006 年第 1 期。

② 韦祎：《慈善募捐行为的法理及社会学思考》，《法治研究》2009 年第 6 期。

善监督的有效性困境。[①] 比如一些私益募捐处于规则的空白，具有封闭性和内敛性的"熟人募捐"监督不能，还有随着互联网的普及，网络技术及电子支付方式的飞速发展，网络募捐兴起，募捐活动由以私人、家庭或志愿者的名义在网络社区、爱心网站，网上发布慈善救助信息，网上劝募，又通过网络支付平台进行"募、捐、用"。

即便《上海市募捐条例》《广州市募捐条例》规定募捐组织可以通过网络进行募捐，但究竟何谓网络募捐以及对网络募捐的发起者、受捐人身份不明确、善款使用不透明的新情况、新问题，单靠政府过去传统的"画地为牢"式地域监管在规范监督网络募捐上显得力不从心。

（二）执法自身无法达到"严格、规范、动态、有效"

慈善组织是以社会劝募和捐赠为基础的公益性的社团法人和财团法人。募捐涉及募捐发起人资格和慈善组织准入条件、募捐的发起、募捐营销、募捐方案实施、募捐财产积聚、募捐财产使用的动态、立体过程。慈善募捐执照制度的创建强调政府对该制度程序及监管系统的完整设计，当需要时，非政府组织依制度程序向主管机关申请慈善募捐执照，再向相关地方政府申请募捐许可证，政府主管部门对申请者的时间、目的，以及募捐的具体用途、开支情况等进行严格的审查和全程监控，保证非政府组织在公开、公平、透明的条件下进行有效的慈善募捐行动。

但在募捐执照许可、备案以及监督过程中民政部门执法上有许多不适应、不符合。募捐相关立法与执法的力度不均衡，民政部门在慈善法领域面临着募捐相关规则有法不依、执法不严的现象，主要表现为：一些地方存在象征性执法、选择性执法问题，慈善募捐面临传统监管规则式微甚至失效，同时又面临现代慈善监管体系不完善所带来的监管真空。一些机关工作人员存在不作为、乱作为现象，一些领导干部针对募捐日新月异化的发展中暴露出众多弊病与问题有畏难情绪，信息公开等条款规则并没有很好地施行，依法办事观念不强、能力不足，在对募捐相关柔性规则的施行过程中，有法不依、有法未必依、执法不严的弊病

---

① 吕鑫：《论中国慈善法制的三重困境》，转引自《中国福利与公共政策评论（第1辑——慈善法研究专辑）》，清华大学出版社2014年版，第179页。

依然存在。《基金会管理条例》第 25 条规定"公募基金会组织募捐，应当向社会公布募得资金后拟开展的公益活动和资金的详细使用计划"。这条法规就在中国基层民政部门法制力量薄弱、法制机构不够健全的现状下，在现实中难以得到真正实施。有法不依、执法不严的问题，影响民政"公共执法"理性地规范社会募捐职能发挥，损害政府公信力。

（三）募捐公共事务的行政服务、激励促导缺乏应有力度

民政部门的执法是"民政部门依照法定的职权和法定程序，将法律、法规、规章直接应用于个人或组织等相对人，其表现为行政许可、行政监督、行政合同、行政服务、行政处罚等"[①]。传统民政执法更多体现为事后的处罚式的监督和管理，比如对反动性质社会团体的取缔、对摊派及变相摊派的清理整顿、开展营利性经营活动的专项整治、年检不合格以及不参加年检的，一般采用的是"警告、责令停止相关活动、罚款、撤销登记的方式，更多的是行政许可、行政处罚、行政监督"[②]。

这些行政执法更多体现的是对违法社会组织的违法活动的事后监管，对于募捐的事前促导，事中服务，还明显不足。而当前我国慈善捐赠水平较低，募捐社会组织、公益机构发展刚刚起步，绝大多数民间社会组织动员社会资源，实施社会募捐的能力弱，可持续发展能力差，多数亦尚没有足够的社会公信力。除了靠大事件和重大自然灾害的推动，主要涉及公共教育、文化、体育、医疗、卫生的日常慈善募捐明显不足，慈善募捐及大额捐赠主要还是靠"事件"推动，个人主动性慈善捐赠参与率还整体较低。募捐过程增加对受赠人或受益人的隐私权、名誉权以及人格尊严等个人权益的保护，还鲜有涉及。在募捐整体公信力建设规则落实方面，对于慈善募捐不仅仅需要事后的监督和处罚，更需要民政部门对于执行募捐事务的募捐社会组织及募捐人员的行政合同、行政服务的激励和促导，在募捐过程中落实动态监管，遏制借公益活动进行募捐牟利或商业化炒作的现象。以政府的整体性他律，提升慈善事业整体公信力的系统化、可操作性规则还明显不够用。

---

① 孙伟林：《社会组织管理》，中国社会出版社 2009 年版，第 137 页。
② 民政部民间组织管理局、民政部政策法规司主编：《社会组织行政执法案例评析》，中国社会出版社 2009 年版，第 105—125 页。

三　募捐内部自律与外部他律规则的衔接困境

公信力就是募捐社会组织的生命力。募捐组织的公信力，不仅需要既有国家相关法律的约束、政府的奖惩、募捐业绩的社会监督以及第三方的评估式他律，而且也要有募捐社会组织内部成员的志同道合、遵循章程，履行职务过程中的自律。提高慈善募捐社会组织的公信力的实践挑战，来自募捐内部自律与外部他律规则两个方面进行衔接的困境。

（一）政府与社会募捐竞争边界的规则模糊

公益慈善的社会属性面临"先天不足、后天积弱、发展畸形"的现实难题。政治窠臼下的募捐事业，其重要表现是大部分社会资源集中在政府、单位这些政治空间内，民间募捐社会组织本身没有充分发育的机会与空间。即便社会公益事业的发展，政府和社会组织职能分开已是大势所趋。但一些地区的地方政府部门还没有从具体的慈善行为当中退出，甚至替代慈善组织直接动员捐赠、设置捐赠点。

此外，目前作为募捐社会组织常态的基金会在募捐的公募权的设置规则上过分依赖政府。国内对发起社会公开劝募采用的是"一次批准，终身受益"的管理办法，也就是媒体常说的公募和非公募基金会身份的政府"管理"，以及草根社会组织的募捐权能，以及相应的权利能力和行为能力的政府"不理"。在国内，公募基金会可随时随地都面向社会公众劝募，而"非公募"基金会和其他公益慈善组织，无论什么时候，向社会公众发起劝募都是违规的行为。而这些违规行为是大量的，并且是隐性的，象征性执法、选择性执法的民政执法困境，以及公募基金会"钱事先行，善事后做"的行业发展困境同时存在。由于官方与官办慈善占据了募捐的主导，进而又导致慈善监督的有效性困境。这是因为政府负有监督慈善事业的职责，而当政府参与到慈善募捐活动之时，监督与参与并存显然形成了一对权力上的矛盾，这犹如在一场游戏中同时扮演着"裁判者"和"参与者"的双重角色，不仅使得监督者难以真正开展监督，更使得"游戏"因为缺乏公平性而变质。而这种监督的有效性问题还因为既有的监督立法不完善而越发凸显，进一步扭曲慈善事业自愿性的本质。

一定意义上讲，慈善募捐执照制度相当于取消了募捐资格的差别待遇，本质上无法体现政府对官方背景救助组织和非官方背景救助组织的一视同仁。这种差别待遇式的行政许可，不利于推动非官方背景救助组织发挥更大的积极性。甚至，在募捐资源动员方面，行政化的动员方式和道德化的宣传方式，使行政命令取代了自愿捐赠、爱心活动变成了例行公事，丧失了慈善活动本身具有的道义热忱。垄断式、静态的公募管理规则框架与内容会纵容垄断募捐权社会组织的傲慢与偏见，纵容了人性的贪婪与私益的合谋。这无疑是募捐过程中公益乱象发生的制度原因。

（二）"政府他律"政策体系中"管与限"规则强势，募捐社会组织"自主与自愿"规则居弱势

募捐领域国家与社会的"交互主体性"，无法通过募捐社会组织内部治理转化过程中社会身份权威与威望的"整体共进"。以登记注册、资金支持、监督管理为主的民政管控，以及官方认为社会事务都应当纳入管的范畴，民政、审计、财政等部门包揽了涉及募捐准入，募捐活动，募集财产的管理和使用，募捐组织的财务会计，公益事业捐赠票据的使用，以及履行信息公开义务的状况等的"管与限"事务，无法真正做到尊重民间慈善组织的募捐自主权和创造性，在一定程度上抑制了募捐社会组织自主性、自愿性的发挥。

现实中只要是募捐规则中没有规定由社会行使的，都要到民政部门去审批或者备案，以寻求政府"背书"。社会在观念上也养成了募捐有事就去找政府的习惯。结果是，政府管了许多不该管、管不好、也管不了的事，而一些应该管的事却没人管或没管好，从而"加剧了政府与社会关系的失衡，也降低了政府公共管理的效能"[1]。

慈善资源在一定的时间与空间之下是有限的。从理论上讲，慈善领域有挤出效应。"当政府慈善、企业组织介入慈善，则政府慈善支出、商业借慈善谋取私利则会引起私人慈善捐赠的减少。政府慈善支出增加也将导致私人慈善捐赠减少。"[2] 公益事业是为满足公众需要，实现共

---

① 王乐夫、陈瑞莲、熊美娟主编：《公共管理研究：21世纪的公共管理：机遇与挑战国际学术研讨会文集》，中国社会科学出版社2005年版，第192页。

② T Garrett, R Rhine. "Government Growth and Private Contributions to Charity", *Public Choice*, Vol. 143, No. 1, 2010, pp. 103 – 120.

同利益而志愿提供公共产品或公共服务的非营利活动。虽然我国慈善领域，即便公益捐赠方面的法律法规和政策出台，社会募捐和志愿者服务逐步活跃，社会捐赠额也呈逐年增加趋势。

但是，在社会公益领域的竞争生态，公平、适当的竞争秩序还是面临"行政垄断、官方慈善垄断、商业对慈善的过度侵袭、公益慈善组织之间的不正当竞争"的现实悖论。涉及慈善公益领域的募捐公共产品与公共服务"多为政府所提供，否则就被推定为没有官方背景而质疑其合法性和可信度"[1]。募捐当中政府"管控"前提下的募捐"信用背书"，使得政府对募捐治理的"公权安排"去政治化的动力不足，无法真正在慈善募捐秩序中做到"不越位、不缺位、回本位甚至补空白"。

（三）政府与募捐社会组织互动的制度化不够，募捐行政服务与募捐组织内部治理规则的支撑不强

募捐制度化高的社会，规则制订的有效性以及制度之间构成互动的局面是根本问题。募捐社会组织的社会权力不仅要理解为从上至下的利益的垂直渗透，还需要作为一个社会系统内的水平的相互影响和交流的过程来理解。而在中国涉及"募、捐、用"方面的制度性有效性和互动性的程度仍然较低，尤其是在政府刚性公共权力行使规则与募捐社会组织柔性社会公共权力的行使规则之间的互动更低，缺少官方制度与民间制度之间的相互对话与沟通。慈善募捐在社会组织中的输入规则，涉及正式的规章制度、组织结构、经常性活动记录和募捐信用记录，乃至公关宣传策略、财务公开措施和褒奖回馈等，都需要在政府与募捐社会组织在募捐过程中，以及募捐财产的使用过程中进行行政服务式和行业自律式的互动，进而产生公益的执行力、贯彻力。然而我国目前涉及"募、捐、用"的慈善募捐，还无法通过明确的规章制度来指导和维系募捐组织的运行。在民政部门备案的募捐社会组织的章程，格式化的、千篇一律，原则性有余而操作性不强。募捐社会组织的社会权力内部治理安排模糊，在分捐规则的公平分配方面的作用体现也不充分，其组织名称及性质、高级管理人职务及募捐责任人安排、募捐社会组织区域及所在地、募捐社会组织的职员之人数、职权及选任、解职之规定、募捐

---

① 陈友华：《中国公益事业：现状、问题与反思》，《新华日报》2012年9月27日。

社会组织的会议组织及其决议证明之方法、会期之规定及其召集之条件、程序、募捐社会组织的经费之来源与在募捐总额中所占的比例、募捐社会组织的会计安排等方面，还无法在组织章程内容上得到落实，并形成操作性指引。更多的是靠社会组织官员和专职人员的感觉和经验。而法学应该讨论实在的现象，把真正有效的规则作为研究对象。"实在性不以成文性"为依据，就会使法的真相沉溺于感觉经验之中。① 公益资源配置不合理、募捐活动自律他律规则的不衔接、募捐信息披露规则的不统一，使社会公众在募捐社会组织面前无法感受到自身权利和义务的对等、权力和责任的均衡。慈善公益募捐宣传中缺乏信任及毁誉并存，亦使得募捐的社会化动员无法真正形成建立全社会形成捐赠光荣、激励机制完善、积极捐赠的氛围。比如，一概而论的基金会 10% 的行政费用的上限限制，使得很多小型基金会根本无财力不可能雇佣专业工作人员，进而形成发展上的恶性循环。实践当中如果募捐组织自身约束不够以及政府募捐行政的碎片化管理特征，就为慈善机构陷入信任危机埋下了伏笔。如"郭美美事件""卢美美事件"、玉树地震捐款"汇缴事件"、河南宋庆龄基金会"慈善集资"事件，就是政府与募捐社会组织互动不足，政府治理与社会自我调节、募捐社会组织自治的互动不够的极端反映。目前，我国募捐社会组织向社会输出募捐中"依托组织内部宪法——章程自治""无方案不募捐""封闭的募捐成员管理"是确立慈善组织内部的治理机制，加快政府与募捐社会组织互动的他律与自律相结合的薄弱环节。

四 募捐传统制度继承与法律移植的抉择困境

从历史惯性角度来看，我国历朝历代的统治者都非常重视社会福利、慈善救济、义赈义仓、恤老慈幼对收揽民心、安定社会的积极意义作用，纷纷将慈善救济事业纳入官僚行政体制。我国传统慈善募捐的发展历史中官方赈济"募与用"一而贯之、佛家募化与道家劝善"募与用"的融入、士绅与商贾民间慈善"募与用"的发展，体现了"政府官方性""乡

---

① 俞江：《历史深处看规则——论规则作为法学研究的中心》，《法制与社会发展》2008年第 1 期。

里家国性"。因此，慈善由官方收编、管理的超法、强政治"他律"在中国具有根深蒂固的思想基础和政治渊源。"清末民国时期中国慈善经过由传统向近代转型发展了70余年，到1949年新中国的成立建立，又因历史局限和政治禁锢，而阻断了近30余年的由近代慈善向当代慈善转型的第二次转型，使中国慈善事业错过了传承和接续民国时期发展精髓的最佳机遇。"① 基于这些原因，在改革开放之前的政治社会自然也就没有公益组织受赠、募捐的制度安排。但随着改革开放的推行，自20世纪90年代中后期以来社会逐渐发育并形成一定的自运行空间，才逐渐开启了公益慈善的复兴之路，但当代中国的公益慈善事业并非原有慈善组织的延续，而是越过传统"士绅商贾首善繁荣性"，行政吸纳社会式地、自上而下地"另辟新路、另起炉灶"发展社会组织。在募捐规则领域，募捐在传统继承与法律移植的抉择之间，也展现出中国式的"结"。

（一）乐善好施的"君子协定"与兴利防弊的"国家立法"之间的抉择

中国是一个有着乐善好施传统的国度，与历史发展和时代需求相适应的风尚习惯在中国社会的存在也不是一朝一夕，它深深地根植于民众的意识之中，并强烈地影响着人们的行为。历史的角度看我国慈善组织筹资的发展变迁，主要是"氏族筹资、民间筹资、宗教筹资、宗族筹资、府衙主导下的多元筹资"②。而对这些慈善募捐筹资行为的规范，在民国之前按照传统规定尽管一些慈善募捐主体的成立需要报官备案，但都非当时的法律所要求，基本由民事习惯法调整。隐藏在正式规则之下、实际上支配着社会运行的不成文的规矩。③ 慈善募捐主体运作所涉及的各方面问题由其内部规条规范，有的甚至仅仅依靠"君子协议"。具体的募捐指导性强制是地方进行行政管理的一种措施。民间募捐只要不卷入政治，不资助党派、政治团体的政治活动，也没有形成社会的公害，则处于规则体系和政府行政管理的体系之外，处于"自生自灭"的自然状态。官方的执法权威只有在"嘉善惩恶"的事后评价中发生

---

① 周秋光、林延光：《传承与再造：中国慈善发展转型的历史与现实》，《齐鲁学刊》2014年第2期。

② 杨淦、傅钵：《漫话慈善》，新华出版社2006年版，第22页。

③ 吴思：《潜规则：中国历史中的真实游戏》，复旦大学出版社2009年版，第193页。

经常性作用，而对于募捐过程的动态监控、纠正、限制乃至行政服务，则较少涉及，也没有相应的正式的规则依据。

而在民国之后改变了传统慈善募捐监管无法可依的局面，对于济贫、救灾、养老、恤孤类的慈善团体，1929 年国民政府颁行《监督慈善团体法》，抗战胜利后又颁布《社会救济法》《监督慈善团体法施行规则》从宏观角度对募捐管理进行指导。而对于举办公益慈善及文化教育事业而捐募财物的纠偏与防弊，不再依赖于君子协定和个人内心的道德自律，1943 年国民政府公布《统一捐募管理办法》，要求凡发起各种募捐运动，应先将计划、用途及募集方式报告主管社会行政机关，会商各相关事业主管机关核准。但向国外举行捐募时，须呈经行政院核准。同时还规定了捐募方式应遵守的五项原则，一是"应尊重应募人力量捐认之自由，不得以任何方式摊派，并不得以认募人之身份为捐募之比例"；二是"不得拦阻交通或利用其他机会强迫捐募"；三是"以游艺或义卖等名义发售捐券，应当场或利用其他场会公开竞卖，不得派送"；四是"凡关于捐募财物劝募时所发之临时收据、券票，概应由经募机关团体盖印、编号，额面有价值者，不得折扣"；五是"捐募开支应力求节省，在实募 10 万元以内者，以 5% 为限；超过 10 万元者，其超过数额以 2% 为限，不得支经募报酬"①。民国时期超越传统中国慈善领域的"强道德"约束，更多地通过国家的制度公共品的供给，来对于募捐许可、募捐自愿等内容进行规范化设计，同时又创新地规范了募捐主体资格及募款用途，及以善款建立基金的方法。这种以《监督慈善团体法》《监督慈善团体法施行规则》基本慈善事业立法之下进行专门的中央政府的《统一捐募管理办法》立法形式，对于当代的中国募捐立法有借鉴意义。然而募捐制度在多大程度上把道德、诚信入法，又在"募、捐、用"领域多大范围内进行立法，比如是在《公益捐赠法》之外制定一部专门的"慈善募捐法"，还是仅仅对全面的环节，进行相应的劝募条例的设计，还是把募捐制度吸收在《慈善法》中进行原则性规定的同时进行一定的行政法规、民政部委规章的募捐许可、募捐行为规范的规定，都面临现实的选择问题。

---

① 曾桂林：《民国时期慈善法制研究》，人民出版社 2013 年版，第 223 页。

（二）不计回报的"清流慈善"与适当商业化的"专业募捐"之间的抉择

我们在不断移植现代法治原则进行慈善立法的同时，应当尊重我们的传统文化，尊重国情伴生的社会存在。中国的慈善事业"源"很远，"流"也很长。源于"善"德，乐善好施、发扬人道、救死扶伤、赈灾济贫，强调无偿性的付出、捐助，不求感恩和回报，并且在帮助者与受帮助者之间没有直接利益关系，不是世俗的利益输送，而是对不特定弱者的帮助和支持。佛家的慈悲为怀、普度众生等这些宣扬积德行善、乐善好施，道家的道法自然、知足常乐的学说，为中国传统社会趋善行善、扶贫济困、乐善好施提供了思想上的"原动力"。

佛家募化与道家劝善"募与用"在中国民间社会得以融入的长期文化积淀，使公众习惯于将公益慈善视为纯粹的"道德事业"，用"无私奉献"的道德标准要求慈善组织者、参与者"做好事不留名"，募捐用过程中的清流慈善变成了不食人间烟火的道德神话。甚至有清末"乞丐慈善家"武训为筹善款而自我牺牲，生吞蛇蝎、破砖碎瓦甚至吃屎喝尿，以苦情求人施舍，靠为人当奴、小丑表演、人前下跪等方式乞讨攒钱办义学。他作为清流慈善的典范还受到清光绪皇帝"垂训于世"的下旨嘉奖。一方面传统儒家文化思想、敬老恤幼的传统制度规范和人们的生活习俗，人们的信仰和布施习惯等也在社团、同乡会、宗亲会的传统慈善公益中延续下来，而"感恩戴德"的道德枷锁要求受助者"知恩图报"，也在一定程度上忽略了捐赠者的选择自由和受助者的人格尊严，使慈善事业脱离了行为本身的朴素意义；另一方面国外慈善公益项目及非营利组织在中国活动的增加，帮助中国新慈善的"参与""共享""能力增长"的先进理念得以传播。尤其是在获取社会慈善资源的"募、捐、用"，开始借鉴西方公益市场发达的国家的制度，不仅上述主体具有相应的募捐资格，而且还在制度上培育专门从事劝募的机构或组织。这在美国《公益基金募捐示范法》上被称为"领薪募捐人"。它们是"接受公益机构的委托，为公益机构募集资金并领取相应报酬的一类特殊主体"①。

---

① 许光：《和谐社会的公益力量：基金会法律制度研究》，法律出版社 2007 年版，第 347 页。

然而，慈善募捐领域传统性与现代性并存，募捐客户化、募捐营销、募捐绩效管理等概念下，使命优先、自我发展与关系网络的运用的清流慈善、公益宗旨与适当商业结合的募捐边界并不清晰。"从业者应该无偿或低薪""非营利＝不赚钱""慈善＝免费"等是道德绑架，还是对公益慈善的侧面解读。整个公益圈在多大程度上突破"清流慈善"的相对封闭的资源循环状态，慈善组织运用网络、传媒等现代技术手段进行募捐传播和募捐营销，持续向市场提供自己的产品和服务等经营活动，积累资本、获得收益、赢得发展空间的限度，以及募捐成本的安排限度等问题，慈善市场化之路怎么才不会走歪，都面临制度继承与移植上的取舍。

（三）制度演进的"源流探索"与制度移植的"拿来主义"之间的抉择

当前中国的慈善事业突飞猛进，慈善募捐也在探索中得到长足发展。在国家、市场、社会相互合作的多元治理网络中，国家正式规则对民间组织的选择性忽略，不给民间慈善机构独立社会权能，不承认社会权力在社会组织中的运行的现实，放大社会组织的消极作用，让民间慈善团体挂靠官办社会组织，寻找业务主管单位，让募捐社会组织成为"没有实权的黑孩子"，无疑是看不到社会组织发展的大趋势、逆中国现代化发展的表现。

因此，对慈善募捐的制度建设采取"关门政策"和"鸵鸟政策"，口头支持，实际设限的社会立法思维，已经在社会发展的倒逼下，需要进行基于新慈善理念的募捐制度的内部逻辑以及具体内容的梳理。而在补齐慈善募捐制度这块"短板"时，还面临募捐制度演进的"源流探索"与募捐制度移植的"拿来主义"之间的抉择：

一方面民国时期在慈善立法上的制度积累，在一定程度上讲是中国近代以来募捐法制建设成就的"高峰"。国民政府不仅针对募捐公布了《统一捐募管理办法》（1943 年），以中央立法的形式侧重于捐募管理的宏观性和原则性内容设定，起到了全国统一适用的"统帅"作用，防范了地方规则的碎片化。而地方政府对慈善募捐监管规则，则体现为1946 年《上海市私立救济设施统一募捐办法》，1929 年《私立慈善团体注册及取缔暂行章程》，1929 年《青岛市公益慈善教育团体募款限制规则》等。这些地方募捐规则更偏重于微观性，以及实施的可操作性、明确性。比如《上海市私立救济设施统一募捐办法》有共 11 条，它开宗明义地规定，凡团体或私人在上海市区内因办理救济设施而需向外筹募经费者，均需遵守相关法规，除法令另有规定外，概依本办法之规定。凡未经立案或许可组织之团体，均不得向外募捐。团体或私人募捐善款救济费用时，应遵循如下程序。首先，向社会局提交募捐申请表一式三份，申请表须详细填明必须募捐之事实及理由、预定募捐数目、筹募方式、起讫日期、预计募捐开支、捐款用途等项。随后，社会局在募捐前后派员调查或考核之，其有与表填各项不符或违背法令时，应即予以纠正制止。社会局于接获申请表后，应循予核定批示，其有调查之必要者，其期间最多不得超过两星期。而后，社会局核准团体或私人募捐后，应即分旬汇报市政府备查。广州市社会局的《私立慈善团体注册及取缔暂行章程》规定凡本市各私立慈善团体，无论向市内外募捐，或别处善团来本市募捐，均须先呈本局核准。募捐捐款收据，"须用三联根票，编列号数，送由本局加印。该收据于收款后，以第一联上缴本局，以备考核而杜滥冒。《青岛市公益慈善教育团体募款限制规则》更为详细、具体规定了慈善募捐的程序、限制条件以及相关义务等"①。民国时期慈善立法是当前我国进行募捐制度建设的重要"源流探索"资源。但对当代募捐制度与理性这一核心命题的考察，对民国制度演化的内部逻辑进行探索，"需要认知进化和主体间性两个角度出发，指明过去既有制度分析范式的缺陷及其必要转向"②。

另一方面，西方世界基于平民主义文化、志愿精神、财富公益观念的慈善法令以及慈善募捐制度，尤其是美国法学会制定的《公益基金募捐示范法》，华盛顿州法典第 19 标题卷《Charitable solicitations》（慈善募捐法令），新墨西哥州法典第 57 章《Charitable solicitations》（慈善募捐（第 1 节至第 11 节）），犹他州法典第 13 标题卷《Charitable solicitations》（慈善募捐法），佐治亚州法典第 43 标题卷《Charitable solicitations》（慈善募捐）；英国渊源于 1597 年《Charitable Uses Act》

---

① 曾桂林：《民国时期慈善法制研究》，人民出版社 2013 年版，第 225—228 页。
② 顾自安：《制度演化的逻辑：基于认知进化与主体间性的考察》，科学出版社 2011 年版，第 211—219 页。

（善款使用法案），在 1993 年《Charities Act》基础上修订的《Charities Act 2006》（慈善法案 2006）；澳大利亚首都特区《慈善募捐法》（2004），澳大利亚新南威尔士州《慈善筹款法案》（1991）以及台湾地区《公益劝募条例》（2006）、《公益劝募条例施行细则》（2006）以及《公益劝募许可办法》（2006）。这些慈善募捐制度在公益慈善组织的文化建设的先进性、社会价值规范和公益核心价值保障方面，无疑有其工具理性的优势。民国时期募捐制度演进的"源流探索"与海外募捐制度移植的"拿来主义"之间的抉择，其本质是制度选择的问题。"制度选择关系到断裂状社会结构的修复、社会的相对剥夺感的平复以及管理理性政府的形成，社会稳定预期和国家成功的背后是制度的成功，而国家衰落背后则是制度选择的失败。"① 当代中国在募捐制度在"前说与后说、东说与西说"之间，面临"源流探索"与"拿来主义"之间的抉择。

小　结

　　各种法律文本是各个地方在立法过程中的社会共识的载体，其适用的条件、范围、程序以及步骤仍然有很多文本背后的地方政治、经济、社会观念因素。本章系统梳理了当代中国募捐的制度环境，国家层面的募捐主体、募捐行为以及募捐支撑的相关立法，主要是以国务院的行政法规以及民政部的部委规章为主要立法形式，在"社会团体、基金会以及民办非企业单位（社会服务机构）的设立、变更、终止，公益捐赠税收减免、捐赠票据开立、社会组织年审审计、捐助信息公开指引、募捐工作人员及志愿服务"方面初步做到了"有法可依"。但国家层面的募捐相关立法的层级明显偏低，立法的时间较早，内容较为保守，更多是严管、控制，对社会权威、社会能动性的尊重和塑造明显不够。甚至，中央层面的立法都没有正式使用"募捐"这一立法语词，对三大类社会组织的募捐问题处于"选择性忽略"的状态，募捐被吸收到其他法律规范中加以适用。我国国家层面的《慈善法》统领下的募捐制

---

　　① 吕芳：《制度选择与国家的衰落》，中国政法大学出版社 2007 年版，第 82—92 页。

度保障体系建设刚刚启动，地方层面只有几个省、市的地方实践探索。而现实中"假爱心、真骗财"的"慈善危机"问题、层出不穷的新颖的募捐问题，以及各地对募捐"超法干预"的状态，则在倒逼慈善募捐立法整体性、系统化出台。

当然，地方层面募捐制度的建设，呈现出地方政策创新优于全国政策破局的局势。从 2010 年到 2012 年，《湖南省募捐条例》《江苏省慈善募捐许可办法》《广州市募捐条例》《上海市募捐条例》多个募捐立法相继出台。这些募捐条例和办法对募捐概念、募捐主体、募捐方案、募捐方式、募捐现场和募捐信息披露规则提出了各个地方的相应要求。在一定程度上克服了慈善事业界定不明、政府角色不清、慈善公益募捐难于认定、公募权利难于开放、慈善募捐资产难于保值增值、信息披露不规范、监管机制不完善等困境。《湖南省募捐条例》最大的亮点是设置了募捐过程的"四次公开制度"（主体公开、募捐方案公开、募捐情况公开、募捐财产使用情况公开）。《江苏省慈善募捐许可办法》对慈善募捐许可的条件和程序进行明确，把政府募捐剔除在外，政府不再直接募捐和接受捐赠。《广州市募捐条例》把慈善募捐按照募捐主体类型及法律地位的不同进行了分类管理，采用"备案制与许可制并行"。《上海市募捐条例》则遵循"主体法定、活动备案、行为规范、信息公开、政府监管"的基本思路，对慈善募捐进行备案式管理。对联合劝募、代理募捐进行了规定，对募集财产的管理和使用的规定系统化，明确政府部门建立统一募捐信息网络服务平台的义务，并十分重视募捐责任的落实。

不过，制度环境作为一种可供人们进行制度安排和选择的范围的规则体系，包括一系列与政治、经济和文化相关的法律、法规和习俗。各个地方层面募捐条例对从事慈善募捐的门槛设置宽严度规定不同，具体的公权力介入的程度又差异较大。比如《上海市募捐条例》规定募捐组织开展募捐活动应向募捐活动所在地民政部门备案，比较宽松，把募捐的主体扩大到所有的慈善组织，其中，公募基金会和已有公募资格的社会团体可以直接开展募捐活动，其他慈善组织则在办理备案手续后，也可以开展募捐行为。《广州市募捐条例》规定红十字会、慈善会和公募基金会开展募捐活动应当向市民政部门备案，为扶老、助残、救孤、济困或者赈灾目的而设立的公益性的社会团体、民办非企业单位（社会服务机构）和非营利的事业单位开展募捐活动需要取得募捐许可，在许可的范围和期限内募捐，实施备案、许可双轨制。而《湖南省募捐条例》《江苏省慈善募捐许可办法》以及 2013 年的采用最为狭义的募捐含义的《北京市促进慈善事业若干规定》则是采取的许可制。对募捐语词本身的定位的模糊导致地方募捐治理的碎片化，中央与地方募捐规则的匹配度不高，规则的整体性和执行力不够。

法律文本的实际的运行效果，是在互动过程中实现的。中国式募捐制度困境，首先，表现出的是"中央与地方募捐规则的匹配困境"的"结"。居于上位法的国家慈善立法与居于下位法的地方募捐立法的对接，面临如何根据社会利益确定募捐社会组织社会权力的赋权路径、限权方法，募捐监管方向到底是"宽进"还是"严管"的两难。其次，表现出的是"募捐立法与募捐执法的协同困境"的"结"。募捐立法不足导致湖南、上海、江苏、广东等地对募捐制度究竟如何立、改、废没有达成实践上的共识。而在湖南、上海、江苏、广东之外的其他没有地方募捐条例的省市，对于募捐则要么是"超法干预"，要么是"盲人摸象"。民政部门在执法时对募捐社会组织的募捐行为，不能完全适用募捐规则，而是适用人情、法理。执法被动、滞后，执法的力度不均衡，一些地方针对募捐日新月异化的发展中暴露出众多弊病与问题有畏难情绪，慈善募捐既有规则存在有法不依、执法不严的象征性执法、选择性执法现象。再次，表现出的是"募捐内部自律与外部他律规则的衔接困境"的"结"。政府与社会募捐竞争边界的规则模糊。"政府他律"政策体系中"管与限"规则强势，而募捐社会组织"自主与自愿"规则居弱势。政府与募捐社会组织互动的制度化不够，且募捐行政服务与募捐组织内部治理规则的支撑不强。这三者是我国当前政府与募捐社会组织互动的他律与自律相结合的薄弱环节。最后，表现出的是"募捐的传统制度继承与法律移植的抉择困境"的"结"。募捐在传统制度继承与法律移植的抉择之间，面临乐善好施的"君子协定"与兴利防弊的"国家立法"之间的抉择，不计回报的"清流慈善"与适当商业化的"专业募捐"之间的抉择，制度演进的"源流探索"与制度移植的"拿来主义"之间的抉择。

　　因此，当代中国在募捐制度的前说与后说、东说与西说抉择，需要基于民间化、社会化发展定位，从传统慈善到现代公益、从使命到市场、从制度立法到内容拓展，结合东西方的立法智慧，兼顾东方价值理性与西方工具理性，在传统与现代的糅合中进化：用"弱政治化、弱道德化和强制度化"，以"公信、公益、公开"，克服地方募捐治理的碎片化，中央与地方募捐规则的匹配度不高，规则的整体性和执行力不够的困局。

第五章

慈善募捐法律制度的建构与完善

第一节 慈善募捐立法模式与监管体制安排

一 立法模式

立法作为"社会工程",需要强调社会利益的同时实现对社会的治理,是社会自治力和国家强制力保障社会生活条件的总和。国家慈善募捐立法作为公共意志及体现公平、正义的象征,需要与其他柔性、原则性的社会调整机制(风俗习惯、公共道德、募捐社会组织章程、宗教组织教义等)相互配合,以确定性规则的形式确定募捐参与者的权利与义务、权力及责任,影响劝募、捐赠的行为动机,形塑"募、捐、用"的行为模式。

市场经济发展初期更加注重社会的第一次分配和第二次分配,作为社会第三次分配的公益慈善事业在一定程度上被忽略。中国慈善的恢复与发展初期,无论是官方还是社会实践的参与者,在慈善资金、人才乃至内部治理的非正式制度的安排上,更多体现的是官方的"超法干预"及公益慈善人的个人魅力和家长式自律。根据国家发改委宏观经济研究院《我国社会各界改革愿景调研报告》2013 年 1 月进行的问卷调查结果显示,公众认为"社会体制改革是中等难度和中等紧迫的改革,比较容易率先突破"[1]。尤其是在中国进入经济新常态,市场经济进入深度

---

① 杨宜勇:《中国社会体制改革的战略与路径》,《人民论坛》2013 年第 31 期。

转型期，社会财富的第三次分配机制在"单位制"解体、社会资源的"森林法则分配"的矫正需求之下，募捐是社会组织治理体制创新的突破口，是树立公益诚信保证公益有效性的重要环节，也应是当代慈善事业法制建设的重点领域。因此，在2016年《慈善法》出台并在9月1日正式实施的情况下，需要进一步通过慈善资金"募、捐、用"制度建设，保障社会空间的发育和生长，为慈善公益组织松绑，呵护民间社会组织的资金链。

而善财的"募、捐、用"的立法模式，即募捐立法所采取的方式、结构、体例、形式，在不同国家和地区有不同的径路。

（一）美国

美国没有联邦法层面的关于募捐的专门的单独立法，只有联邦税法《国内税法法典》作为正式意义上的对非营利组织的免税、减税的正式国家法律安排。美国国税局（Internal Revenue Service，IRS）将非营利组织依据公共性分成不同的免税资格，免税资格越高，所需要披露的信息越多。美国社会组织向税捐处申请被认定为享受税务上优惠的非营利组织，也必须符合税法中著名的501（c）3条款。不过美国联邦层面还有除联邦税法之外的非正式制度对慈善资金的募、捐、用进行相应的民间指导性规范，比如美国法学会、统一州法委员会制订的《非营利法人示范法》《公益基金募捐示范法》《统一非法人非营利社团法》《统一机构基金审慎管理法》等。[①] 对募捐的单独、专门立法及更加具体和具有操作指导性的规定，则集中在美国各个州的立法层面。全美有30多个州制定了慈善募捐法，比较典型的有华盛顿州法典第19标题卷"Charitable solicitations"（慈善募捐法令），新墨西哥州法典第57章"Charitable solicitations"（慈善募捐（第1节至第11节）），犹他州法典第13标题卷"Charitable solicitations"（慈善募捐法），佐治亚州法典第43标题卷"Charitable solicitations"（慈善募捐）。阿肯色州法典第4标题卷"商业与商法"第7副标题卷第103章"Charitable solicitation"（慈善募捐令），在阿拉斯加法典第45标题卷的"贸易与商业"第

---

① 民政部政策法规司编：《中国慈善立法课题研究报告选编》，中国社会出版社2009年版，第176页。

45.63. 章还有专门的"Telephonic solicitations"（电话募捐令）。由此可见，美国采取的是联邦层面进行非营利、免税认定立法，而州层面则进行慈善募捐的专门立法，具体、详细地进行募捐定义、募捐目的、募捐组织及商业募捐人注册、募捐财务报告、募捐信息披露等方面的操作性规定。

（二）英国

英国国家对慈善的"募、捐、用"立法具有王权与教会权力争夺的历史背景。鉴于中世纪教会在欧洲大陆奠定的对慈善"募与用"的垄断地位，发展了非常系统且繁盛的宗教慈善文化，引起了世俗权力的警觉与恐慌。1601 年英国议会颁布了《济贫法》，伊丽莎白女王还代表国家意志颁布了《英格兰慈善用益法》，以此奠定政府对社会慈善捐赠、募用行为管理以及慈善基金会组织的特许管理权。17 世纪一直到 20 世纪的英国"在贫困者救济、老年救济、失业救济、疾病救济等社会慈善与社会福利领域，深受此济贫制度传统的影响"[①]。女王、政府以法令的形式代表国家对涉及社会公共福利的慈善领域进行专门立法。比如在 1853 年英国就正式颁布《慈善法》，该慈善法经过了 1855 年、1860 年、1992 年、1993 年、2006 年的多次修订，一直沿用至今。在该慈善法中确定了英国慈善委员会以"行政监管"的公权力介入方式干预慈善领域。在募捐的专门立法方面，英国还推动了"1939 年的《入户募捐法案》、1976 年的《彩券与娱乐法》、1974 年的《慈善募捐规定（过渡性条款）》、1979 年的《街头募捐规定》。还有英国的《慈善机构法令》（1994 年）、《儿童保护法》（2004 年）、《数据保护法》（1998 年）、《不公平贸易消费保护法》（2008 年）"[②]，作为支撑募捐运行的相关法，对慈善的募、捐、用环节进行了一定的规定。由此可见，英国采取的是对慈善事业进行集中统一立法的形式，用《慈善法》全面综合地规定慈善各方面的制度，将慈善募捐制度也囊括在慈善法当中。比如，在英国《慈善法》第三部分"慈善组织的集资"中的第一章"公共慈善募捐"用了 22 条对"公共慈善募捐的内涵、实施募捐行为时的

---

① 丁建定：《英国济贫法制度史》，人民出版社 2014 年版，第 240—252 页。

② 杨道波、李永军：《公益募捐法律规制研究》，中国社会科学出版社 2011 年版，第 121 页。

限制、公共募捐证书、公共场所进行募捐的许可"等进行了规定。英国《慈善法》第三部分的"慈善组织的集资"中的第二章"筹集资金"又用 3 条对"指示慈善组织和筹集资金者利益的陈述、预测慈善组织或者捐赠者利益的陈述、慈善组织为控制集资保留权利"①，进行了规定。英国在《慈善法》集中统一立法之下，以入户募捐法案、街头募捐法案、慈善机构法令等单行法进行相关制度上的支撑。

以美国为代表的"慈善募捐分散立法模式"② 和以英国为代表的"慈善募捐集中立法模式"，各有优势，并且都是与该国的慈善事业历史渊源及政治、经济、法治传统相联系。我国国家层面的募捐制度保障体系建设才刚刚启动，除《慈善法》中的 11 条以及民政部的《慈善组织公开募捐管理办法》的 26 条之外，现行的《社会团体登记管理条例》《民办非企业单位登记管理暂行条例》《基金会管理条例》，立法效力层级低，立法理念还是对社会的管理、管制定位，并且对募捐语词本身的定位的模糊导致地方募捐治理的碎片化。中国式募捐制度困境，表现出的是中央与地方募捐规则的匹配困境的"结"。因此，国家层面出台效力层级更高、内容更加凸显社会治理创新中"政社分开、慈善转型、理念革新"的国家慈善事业发展、促进法更有时代意义。

加之我国 2005 年就开始进行《中华人民共和国慈善事业法》的立法规划，历经十年终于在 2016 年 3 月全国人大审议通过《中华人民共和国慈善法》（较二次审议稿《慈善事业法》的立法名称，省去"事业"二字）。现行慈善法共 107 条，对慈善组织、慈善募捐、慈善捐赠、慈善财产、慈善信托、慈善服务进行了界定并确立了基本规则，还对信息公开、促进措施、监督管理以及法律责任进行了相应规定，对规范慈

---

① 杨道波、刘海江、庄玉友、张燏、孙洁丽、王旭芳主编：《国外慈善法译汇》，中国政法大学出版社 2011 年版，第 46—65 页。

② 采用慈善分散立法模式的国家还有加拿大（《宪法》《所得税法》等）、德国（《德国基本法》《德国民法典》《德国结社法》《税收基本法》《公司所得税法》《贸易税法》《遗产与赠与税法》以及《德国巴伐利亚州财团法》等）、日本（《日本国宪法》《日本民法典》《日本特定非营利活动促进法》《通商产业大臣管辖的公益法人的设立及有关监督的规则》《关于一般社团法人以及公益财团法人认定的法律》《公司所得税法》《消费税法》等）以及我国台湾地区（《宪法》《民法典》《人民团体法》《公益劝募条例》《公益劝募条例施行细则》以及《公益劝募许可办法》）。

善活动、保护慈善组织、捐赠人、志愿者、受益人利益，发展慈善事业提供了一个基本的法律制度范本。该法正式出台后，将是新中国慈善公益的基本法。尤其值得注意的是，2016 年正式通过的《慈善法》的第三章用 11 条原则规定了"慈善募捐"。该法在立法的语词上正式启用"慈善募捐"的称呼，廓清了慈善募捐与社会募捐、公益募捐的模糊使用状态，但只是对慈善募捐的定义、公开募捐、募捐方案、募捐地域与形式、募捐信息公开、合作公开募捐、非公开募捐、城乡社区募捐、重大突发事件发生时的募捐、慈善组织开展募捐活动的禁止情形进行了原则性规定。

从整体上看，当前我国第一部关于慈善事业的法律——《慈善法》对于慈善募捐、慈善捐赠的基本框架和制度走向已经初步成形。作为中国新慈善发展的"顶层设计"已成定局的背景下，慈善募捐作为慈善事业法制调整的重点领域，树立公益诚信保证公益有效性的重要环节也需要应势而动，进行立法模式上的抉择。我国慈善募捐行为规制立法经历了"20 世纪 80 年代之前的萌芽与停滞、20 世纪 80 年代初至世纪末的发展以及 21 世纪初的进一步发展三个历史时期，目前正处于对我国慈善募捐规制立法之价值和思路实施重新考量和反思的阶段"[1]。募捐法律制度的系统化、整体性还需要一定的时间。

发展我国慈善募捐制度，应顺应这种通过《慈善法》母法、基本法破局的形势和要求，因势利导，以更大的勇气和系统的智慧对社会权威和社会活力进行文明、理性、诉诸法治的正式制度安排。在一定意义上讲，在慈善募捐治理领域，如果社会整合缺失，社会将陷入"沉睡"，民众会陷入对慈善公益等社会公共问题表现出疲软、漠不关心，甚至在公共事务的配合上与政府的合作陷入"相忘于江湖"的消极态度。而对慈善募捐过于放开，甚至对社会的整合过度，社会又将进入"亢奋"状态，精力过剩的激进状态，争胜、抱怨、失序并存的"慈善问责"苦恼也会伴生。因此募捐治理规则体系的设定与取舍，应保持一种清醒的审慎。当代中国慈善募捐制度建设对于社会公益慈善的资金链

---

[1]　杨道波：《我国慈善募捐规制立法的发展、评估与改革》，《广西社会科学》2011 年第 10 期。

制度系统应聚焦在中央与地方关于慈善组织、人才、资金的正式制度安排上。让慈善资源流动在"沉睡"和"亢奋"之间走向有刚性的制度支持与法治保障的状态。

　　一方面在国家立法层面，采用英国的慈善"集中统一立法"方式，用全面的、综合的《慈善法》统括各项慈善事业制度，其中也包括慈善募捐制度。这种以全国人大立的慈善事业基本法来统括慈善募捐制度，不仅符合党的十八大提出推动加快形成社会协同、公众参与、法治保障的战略任务和要求，在慈善的宏观体制安排方面更有利于整体上形成政社分开、权责明确、依法自治的现代社会治理体系，而且也能够形成慈善事业整体性、系统性培育、监管、扶持、奖励的制度系统。采用这种以基本法全面规定慈善组织定义、组织权利义务、登记注册、内部治理、慈善募捐、慈善捐赠、慈善监管、税收优惠及罚责的立法模式的国家，不仅仅有英国作为借鉴，而且新西兰、新加坡也是采用慈善基本法进行整体框架的统括式安排，同时又以多部相关单行法律进行慈善"募、捐、用"的专门立法。比如新西兰除了有统一的《慈善法》，还辅之以《慈善拨款法》《宗教、慈善及教育信托法》《医疗和慈善机构法》《关于慈善收费、表格及其他事项的管理办法》等。而新加坡则除制定统一《慈善法》外，还制定了与慈善事业息息相关，内容互相影响的相关监管落实办法，如《慈善机构注册管理办法》《募捐申请管理办法》《慈善事业收费办法》《大型慈善事业管理办法》等。英国、新西兰、新加坡的《慈善法》统括模式，更适合我国当前慈善事业亟待为慈善募捐社会组织的社会属性正名，政府和社会适当的分工，国家与社会良性的互补，以国家能力和社会能力整体共进方式建立募捐领域的"强政府、大社会"的现实国情。

　　借以统括式的《慈善法》，同时推广《慈善法》中"慈善募捐"的立法语言表达，改变过去"社会募捐、公益募捐、慈善募捐"三个募捐语词表达并而混用的困境。同时，借鉴英国、新西兰、新加坡的做法，由国务院或者民政部及相关职能部门制定中国特色的"慈善募捐许可办法"（可以作为募捐专门立法的第一个突破口，由民政部制定为规章）、"慈善劝募条例"（可以作为募捐专门立法的第二个突破口，由国务院制定为行政法规）、"网络慈善募捐管理办法""街头慈善募捐管理办法""电话慈善募捐管理办法"以及"联合慈善募捐管理办法"等行政法规、部委规章①，进一步明确各级政府、社会团体、社会组织、社区、公民在慈善领域"募、捐、用"过程中的定位与职责、权利与义务，革除过去因募捐规则缺位、空白而对慈善募捐的"超法干预"的状态。

另一方面，在地方立法层面，借鉴美国鼓励各州分别制定慈善募捐法令的做法。从地域面积角度看我国与美国类似，也是"超大型国家"。我国虽然不是联邦制，但是在立法的体制上采取的是"一元二级多层次"。因此在地方尤其是各省层面不存在慈善募捐制度立法主体的立法权限障碍。从慈善募捐的发展实践来看，中国幅员辽阔，区域庞大，各省市自治区的经济文化、公益慈善发展很不平衡。地方募捐立法虽然居于较低层次，却在保证、传递国家层面《慈善法》及慈善募捐单行行政法规、部委规章的规则的整体性、执行力方面具有不可替代的作用。

从历史渊源角度看，民国时期的地方立法机关、地方政府及其社会行政部门就比较重视地方慈善立法，并有丰富的地方募捐规则积累。如湖南、上海、广州、青岛、天津、宁波等省市都出台过地方募捐制度，尤其是"1946 年《上海市私立救济设施统一募捐办法》，1929 年《青岛市公益慈善教育团体募款限制规则》，都具有极强的地方性以及实施的可操作性、监管流程的明确性"②。从我国地方募捐制度建设的发展态势来看，从 2010 年起《湖南省募捐条例》《江苏省慈善募捐许可办法》《广州市募捐条例》《上海市募捐条例》也相继出台。这些地方条例在一定程度上克服了在这些地区慈善事业界定不明、政府执法依据不

---

① 由中央部委联合制订募捐管理办法，已经有所尝试，比如民政部、网信办、工业和信息化部、新闻出版广电总局在 2015 年 11 月《关于规范广播、电视、报刊及互联网信息服务提供者、电信业务经营者为社会组织募捐活动提供平台服务的管理办法（征求意见稿）》中规定，广播、电视、报刊及互联网信息服务提供者、电信业务经营者为社会组织募捐活动提供平台服务过程中的义务包括：（1）对拟开展募捐的社会组织进行验证，包括查验登记证书和其他能够证明本组织具有募捐主体资格的文件；（2）确保社会组织使用的是本组织的银行账户或第三方支付账户；（3）审查、记录、保存在其平台上发布募捐信息的社会组织的相关信息及发布时间；（4）发现社会组织在募捐活动中有违法违规行为的，及时向批准其登记的民政部门报告。

② 曾桂林：《民国时期慈善法制研究》，人民出版社 2013 年版，第 480 页。

清、慈善公益募捐难于认定、公募权利难于开放、慈善募捐资产难于保值增值、信息披露不规范、监管机制不完善等的制度困境，对推动新中国募捐法制全面建设的进程做出了地方、局部的努力。

更为重要的是，鼓励地方募捐立法也是国家立法制度发展的趋势和方向。地方立法变通权与中央立法权限明确划分基础上的立法主体和立法权限的多元化发展，"强化对权力控制和监督的立法，扩大参与立法的途径，是立法民主化的重要体现"①。并且，"地方控制着国家大部分经济资源，负责在管辖范围内的稀缺资源分配，在很多重要方面甚至比世界上多数联邦制国家中的同级政府享有更多实权"②。因此，制定法意义上的慈善募捐制度，不仅应体现为国家层面立法框架结构的安排、立法语言表达和慈善募捐专门概念与术语解释，而且也应体现为立法效力层次性选择，将慈善募捐中央与地方的立法联动与衔接作为募捐立法权分配和规则效力传递的重要内容。改变传统自上而下立法的整体主义径路，鼓励更多的省、市在地方性法规或者在地方政府规章中对地方的"慈善募捐组织、慈善劝募行为、慈善捐赠行为、慈善财产管理、慈善税收及激励褒奖"进行地方设计，在募捐领域进一步开放社会自治空间，包括促进募捐社会组织、社区、企事业单位、公民个人参与募、捐、用环节的激励性制度保障、募捐社会组织的权益维护、社会权力制约和公益产权、公共价值实现保障等多个方面。

总之，慈善募捐的立法体例在总体上应借鉴英国模式，同时吸收美国模式中的地方分权立法，在纵向结构安排上，以"慈善事业基本法—慈善募捐行为单行法—慈善募捐行政法规、规章—慈善募捐地方性法规、规章"进行上下层次上的衔接，在慈善"募、捐、用"领域以"建设、培育、规范"替代"整饬、限制、管制"，构建系统化的慈善募捐制度"群"（见图5-1）。

二　监管体制

"与市场出于自利目的的交换而有信息的自由流通和公平的竞争形

---

① 曹海晶：《中外立法制度比较》，商务印书馆2004年版，第519页。

② ［日］青木昌言、吴敬琏：《从威权到民主——可持续发展的政治经济学》，中信出版社2008年版，第186—187页。

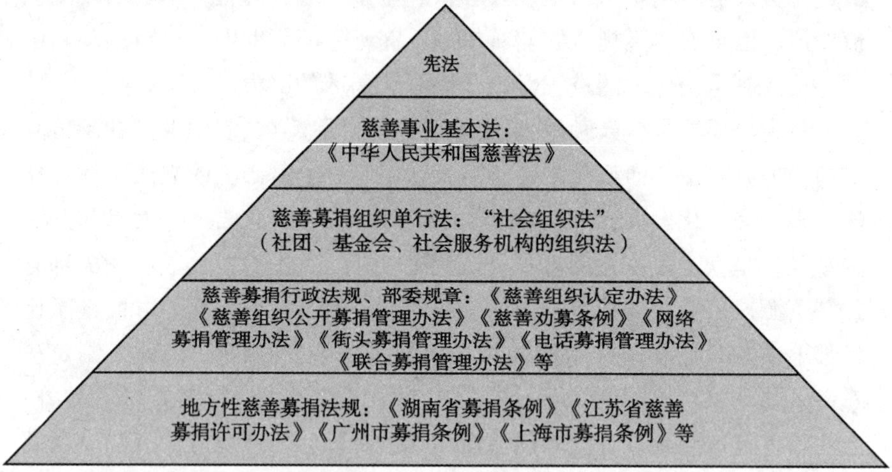

图 5 -1　我国慈善募捐法律制度纵向构成示意图

成价格机制和自律机制不同，慈善事业既不是出于自利，又不能通过竞争形成价格，监督就在所难免。"① 即便在社会高度自治的国家和地区，慈善募捐的监管也是慈善事业持续健康发展必不可少的"兴利防弊"因素，不过在监管机构、监管方式、监管性质与监管职责划分方面各有不同。

（一）美国

在联邦法层面，美国联邦国税局（IRS）以税法中著名的 501（c）3 条款，行使非营利组织的"公共性"认定权。针对专为慈善、教育、宗教、科学、文学或类似公共目的的公共慈善组织，或者由一个家庭、商业机构或者数名核心捐赠者或捐赠基金投入而成立的私人基金会组织，进行"非营利组织"身份的认定。税务局的免税认定职责的落实，主要通过 990 表（组织所得税减免申报单）进行信息披露。申请的免税资格越高，所需要披露的信息越多。公共慈善募捐机构一旦通过美国国税局税捐处的审核，则具备不同的免税资格，免缴联邦和州的所得税，但有的还必须缴纳与慈善目的无关的贸易和商业收入所得税。私人基金会则只需缴纳净投资收入许可证税。税务局认定的慈善机构还可以免缴

_____

① 茅于轼：《社会责任投资——新世纪的慈善事业》，《金融经济》2006 年第 5 期。

财产税。但在各个州的慈善法及慈善募捐法令当中，对于慈善募、捐、用行为的监管，主要是各个州政府慈善办公室的州务卿。比如华盛顿州法典第19标题卷"Charitable solicitations"（慈善募捐法令）就规定州务卿拥有执行本法令所规定的必要的合理权力。募捐申请文件的格式由州务卿制定，格式的使用具有强制性。所有本州范围内的公开募捐都应当以申请文件的原件和复本包括该募捐组织的资格证书、年度报告，交州务卿备案，并交纳备案费。州务卿对慈善募捐方案、慈善募捐顾问以及慈善募捐中的商业募捐人情况依职权进行备案，还有权随时对慈善募捐组织进行现场调查，如果有违法行为则实施相应的处罚。在美国州务卿处的募捐备案只是公开记录（Public record），所有备案材料公开接受公众审查。通过募捐备案，并不具有州政府或州务卿进行信用背书的效力。① 当涉嫌募捐欺诈或者募捐组织违法需要提起诉讼程序，或者由社会公众已启动的募捐欺诈或募捐违法的诉讼程序，州首席检察官可随时依检察权启动相应诉讼程序。由此可见美国的监管体制是税务部门进行慈善组织的非营利认定、免税减税身份监管，而各个州的政府慈善办公室、州务卿对募捐行为进行日常的行政监管，享有日常的执法监督权，主要依靠行政系统，一定范围内也依靠司法系统来履行慈善募捐监管目的。

（二）英国

英国1860年修订《慈善法》时就确立了英国慈善委员会为主体的监管体制。2006年版的英国《慈善法》第二部分"有关慈善组织的规定"第一章专门规定了"慈善委员会"。英格兰及威尔士慈善委员会的职能是"代表官方而实施"监管，职能目标包括"公信力（增加公众对慈善组织的信任和信心）、公共利益（促进对公共利益需求事实的认识和理解）、合规性（对慈善组织的控制、管理及罚则的落实）、慈善资源（促进对慈善资源的开发效率）以及问责能力（提高捐赠人、受益人及公众对慈善组织的问责能力）"五项。英国慈善委员会的一般职权有："（1）决定组织是否为慈善组织；（2）鼓励和促进慈善组织更好

① 华盛顿州法典第19标题卷"Charitable solicitations"（慈善募捐法令）19.09.065（4）规定：Registration shall not be considered or be represented as an endorsement by the secretary or the state of Washington。

的运作；（3）辨认及调查在慈善组织运作中的明显错误行为及错误管理，采取与上述错误行为相关救济及保护行动；（4）根据公共慈善募捐决定是否应该发放公共募捐证书，决定其是否有效力；（5）获得、评估以及传播与实施委员会职能及目标相关的任何信息；（6）为王室的任何部门为实施委员会目的及目标提供信息、建议以及提议。"①慈善委员只要不直接干涉慈善组织的内部管理，就有权力做任何有益于慈善事业的委员会行动，包括公共慈善募捐管理、公共慈善募捐证书颁发与撤销、给处分和分配慈善组织财产以建议等。由此可见，慈善委员会以对慈善事业的主管、统管机构的身份而定位，虽然是独立的王室实体，具有法律意义上的绝对独立性，但其行权的出发点仍然是"代表官方"，并且其机构也是在英国国内事务部的主管之下。因此从本质上讲，英国慈善委员会的监管模式，仍然属于行政监管模式，只不过行政监管的范围比美国的州行政监管的范围更宽，包括了对慈善组织身份的认定职权。而在美国公益慈善的非营利认定及税收优惠的关联认定，是税务部门的职能。

（三）香港地区

香港的慈善法用的是分散立法的模式，募捐社会组织的注册、运行、筹款、监管主要由《税务条例》《津贴及服务协议》《服务表现监察制度》《社团条例》《公司条例》《简易程序治罪条例》《小贩规例》《赌博条例》《慈善机构及筹款活动管理》《慈善筹款活动最佳安排参考指引》等进行规范。在监管体系的安排上香港税务局依照《税务条例》《公司条例》等只负责慈善组织的免税资格确定与取消事宜，税务局的监管主要通过定期复查个别组织的免税地位，审查慈善组织提交的账目、年报或其他文件，以确保该组织仍属慈善性质及其活动仍符合非营利的公益宗旨。并且税务局查账也不是强制性的。政府对慈善组织的监管程度并不一致，可由严格的法定全面监管，而对特定活动只作有限度的监察。形式属法团公司的慈善组织，通常每4年须向税务局提交经审计的账目一次。形式属社团或非属法团组织的慈善组织则只需提交账目

---

① 杨道波、刘海江、庄玉友、张燸、孙洁丽、王旭芳主编：《国外慈善法译汇》，中国政法大学出版社 2011 年版，第 5—7 页。

的自我核证副本。根据《公司条例》成立为公司的慈善组织由公司注册处根据《公司条例》进行注册，并对每年向公司注册处提交的载有指定详细资料的周年申报表进行审查。"监管慈善筹款活动，则由社会福利署、影视及娱乐事务管理处以及其他主管当局在各自的职权范围内负责。"① 在香港"电影首映礼、传媒表演节目、慈善拍卖、慈善舞会、晚宴，以及以邮寄、广告或慈善电话热线方式安排的公众慈善筹款活动"是无须到社会福利署申请批准的。律政司以"慈善事务守护人身份进行慈善募捐监管，代表有关慈善组织的实体权益或宗旨，在慈善信托遭违反或有慈善募捐欺诈向律政司署投诉的公民，律政司认为有必要自己向法院起诉，也可委托该公民以律政司署的名义向法院起诉。律政司透过维护整体慈善利益，为慈善组织的监管及管控做出贡献"②。香港以慈善募捐的民间性与社会性为基本定位，政府公权力介入的程度较轻，并且政府各职能部门也只是在各自行政职能范围内进行原则性监管。

美国税务部门、行政部门、首席检察官（司法部门）共同负责的监管体制，英国慈善委员会监管体制以及香港税务部门、行政部门、律政司共同负责监管体制，从各自慈善募捐的监管部门的称呼上看具有较大的差异，而从本质上说都是以行政监管体制安排为常态。整体上说对于非营利领域的慈善募捐，政府监管无处不在，行政监管并没有退出募捐领域。我国慈善募捐兴起中的"中国式监管问题"主要是管制与放任、自主与依赖、超法干预与无法行权的矛盾。对于民间社会组织的放开不意味放纵，但对民间社会监管合法性不足、执行中潜规则盛行、相互推诿扯皮的困境纵容了慈善募、捐、用环节的异化。广西的王杰2006年成立"百色助学网"，9年间接受超1万人次的捐款，募集700多万元，资助过4000多名贫困学生。王杰个人因此获得"大山里的天使"之美誉。但经过记者卧底采访，揭开了这位"天使"的面纱：他不仅从善款中拿回扣自用，而且还长期性侵受资助的小学生，并把这些

① 王振耀、章高荣主编：《以法促善：中国慈善立法现状、挑战及路径选择》，社会科学文献出版社2014年版，第278页。

② 黄仁龙：《律政司司长担任公众利益维护者——延续与发展》，《香港法律学刊》2007年第37期。

孩子介绍给捐款"客户"①。百色助学网的堕落，是对慈善募捐乱象缺乏日常监管以及对募捐人的募捐用过程缺乏监督的考问。

加强我国慈善募捐的监管，防范募捐异化、腐败，惩治募捐欺诈，建议仿效英国，在全国人大下面设立公益慈善委员会，专门负责规划全国慈善事业发展，统筹对各类公益组织的监督管理，建立全国统一的慈善募捐监管机构，集合民政部门、税务部门、财政部门、审计机关、人民银行等多监管部门的相关职能，对慈善筹募实施统一监管。这种独立、统一监管体制的设立，从理想状态来看能够克服多元、多源的监管机构的拖沓、疏忽和遗漏，但也面临政治资源的重新洗牌和政府资源重新分配的体制性障碍。加强系统监管，建立慈善募捐监管体制"需要努力推进，但却不能过于激进"②。需要重视不带来后遗症的募捐监管体制安排。既然中国的国家与社会关系模式是"行政吸纳社会"③。国家与社会的权力分配格局需要在募捐秩序与社会活力之间需求平衡。行政吸纳社会强调的不是国家与社会的分离，更不是国家与社会的对立，而是国家与社会的融合，政府采取"社会的方式"进入社会，重建了对公域的控制。因此即便是大动干戈地在全国人大常委会之下设立公益慈善委员会，不仅无法摆脱行政的影子，也从根本上无法背离英国慈善委员会"代表官方"行权的定位。

因此，慈善募捐的监管体制应从现实国情出发，以民政部门为主体，以税务（负责非营利免税、减税资格认定）、公安部门（负责募捐欺诈、违规募捐对民众的侵扰的社会治安）为两翼，建立民政、税收以及治安权配合的监管体系，按照规范社会权力运行的要求，落实"募捐申请从宽，募捐所得监管从严"的募捐监管理念。民政部门的核心职责是"解决民生、落实民权、维护民利"④尤其是民政部门有社会组织登记情况、社会工作者登记情况、政府购买社会组织服务情况、志愿者登记情况以及社会福利提供情况的巨大的民政信息管理库，已经成为涵盖

---

① 徐付群：《依法监管是对慈善最靠谱的保护》，《中国社会报》2015 年 8 月 21 日第 1 版。

② 苗梅华：《民间组织的兴起与当代社会秩序转型》，《社会科学研究》2010 年第 3 期。

③ 康晓光、韩恒、卢宪英：《行政吸纳社会》，新加坡八方文化创作室，2010 年，第 77—82 页。

④ 李学举：《用科学发展观认识、定位、推进民证工作》，《中国民政》2009 年第 4 期。

社会组织协同与监管的工作平台，并已经成为社会建设大背景下综合性社会监管部门（涉及财务、免税资格、税前扣除资格信息，由税务部门提供给民政部门；涉及募捐违规的治安事件信息，由公安部门提供给民政部门），其社会管理的角色和作用日益凸显。民政服务的范围已经由基本的救穷、救灾、救急向发展民生和服务社会进行扩展。民政业务不仅有行政区划、地名管理、婚姻管理、军转服务、殡葬管理，还包括"社会救助、社会福利、社会组织管理以及社会工作人才管理，这些社会工作成为社会治理创新的平台阵地和重点领域"[1]，并以此形成"大福利、大救助、大协调、大服务和大融合的保障和改善民生、民利、民权的大民政格局"[2]。民政部门负责社会组织的登记注册、捐赠信息发布建立政府监管权威的现实基础，并且已经有民间组织管理局（社会组织管理局）一整套自上而下的"社会福利与慈善事业促进处"工作系统，在工作体制上能有效引导全国范围内慈善募、捐、用的运行。

民间组织管理局（社会组织管理局）社会福利和慈善事业促进机构作为慈善募捐监管的具体负责部门，迫切需要的是改变过去对民政执法职权规定过于原则、疏阔的问题，做到：

第一，依法监管：考虑民政执法部门的管理成本，在慈善事业的立法以及慈善募捐许可、备案、稽查制度中明确民政部门的慈善监管职权，让民政职权有保有弃，松弛有度，对募捐申请从宽，对募捐所得监管则要从严。募捐监管依据也要从依靠命令转向推动立法依赖法制，强化制度化监管的重要性，做到"职能科学，权责法定"。

第二，规范监管：慈善募捐的活动涉及多行业、跨领域的，应首先明确登记主管部门的主管辖权和执法信息共享的中枢地位。民政部民间组织管理局（社会组织管理局）应制定示范性的募捐执法实体与程序规则，对执法主体、执法对象、执法种类、执法依据、执法方式、证据种类等进行行为守则式的规定，提高募捐规范化管理水平，做到"执法严明、公开公正"。

第三，适当监管：建立国家权力的主导性的同时注重募捐社会组织

---

① 邓航生：《民生为重造福于民的体制创新探索——从社会学角度解读"大民政"的本质和重大意义》，《新视野》2011年第6期。

② 尚清：《建设现代大民政的内涵、路径及着力点》，《中国民政》2013年第7期。

的社会权力，建构、培育社会权威，在政府与社会的排序博弈中，处理好募捐秩序与社会活力之间的平衡关系，落实国家与社会"整体共进"的发展目标。在慈善募捐领域实行"宽审批"，为社会组织募捐建立专门审核通道，落实募捐许可、备案职责，高标准服务，高效率办结募捐许可证业务，还要保证"严监管"，实行首问负责制，明确岗位责任，加强日常募捐治理、募捐财产管理，做到"廉洁高效、执法公信"。

此外，以民政部门为慈善募捐监管主体，以税务、公安部门为慈善募捐监管的两翼，不能流于单纯依靠行政力量的"追惩式"监管。"日本行政一马当先的传统以及过于相信政府的精英治理，致使日本在应对90年代经济泡沫破灭之后的模式重建过程中步履维艰。"[1] 日本社会过于依赖政府的教训需要反思，新公共治理需要倡导官民协同治理。政力有限，民力无穷。正如邓小平所说，政府一定是有那些不能管、管不好也管不了的事情。目前民政部门还主要是处于入口的登记监督，没能转向过程监管，就已显吃力。单纯现有民政部门的执法资源和行政能力，还难以承担起复杂多变且流动的募捐过程监管，需要培育官民共治的监管体制。"良好的社会自组织体系是社会公共治理的一个重要组成部分，既可以减轻政府压力，也可以减少政府监管的成本。"[2] 慈善募捐的监管方式除了募捐许可、备案、年检、日常执法监督之外，还应该从封闭的政府走向信息公开的政府，借助于信息化手段，通过披露慈善募捐方案信息、过程信息，发动社会力量共同实施过程监管。借鉴国外经验，"设独立第三方机构，负责监督善款的使用情况，通过独立第三方评估颁发'捐助徽章'的形式认证募捐资质"[3]。这种引入社会专业监管，独立机构审查使得善款"募、捐、用"的监管更客观、独立，也能营造客观公正的慈善发展环境。此外，还可以通过理性成熟的媒体监督、民意制约、行业自律等，实现与慈善募捐监管公共资源有效配置和慈善募捐公共服务最佳供给的协调与共振。

---

① 郭定平：《制度改革与意外后果：日本发展模式转型的政治学分析》，《复旦学报》（社会科学版）2009 年第 6 期。

② 桑玉成：《从"管理"到"治理"的现代提升》，《解放日报》2013 年 11 月 25 日第 2 版。

③ LM Salamon，HK Anheier，eds.，*Defining the nonprofit sector：a cross - national analysis*，Manchester：Manchester University Press，2015，p. 74.

第二节　慈善募捐主体与准入制度的安排

一　募捐主体范围

慈善募捐的主体范围，解决的是"谁有资格募捐"的权能问题，涉及慈善组织及其他募捐主体的范围与"募、捐、用"角色分工问题。而慈善组织代表、促进和涉及慈善公益目的与宗旨，在各个国家都是募捐的当然主体，只不过对于慈善组织的翻译和表达不同，但政府、行政法人、事业单位、单位社区以及商业组织能否被纳入募捐主体范围，则有不同的做法。

（一）美国

美国慈善募捐的主体是慈善事业团体。这些慈善事业团体"依照各州法成立，有的州制定慈善及慈善募捐法令，有的州制定的是非营利公司法，通常要向州务卿或公司委员会提交组织章程"①。根据联邦的国内税收法第501（c）（3）节规定，慈善事业团体是以推进宗教、慈善、科学文化、公共安全测试、教育事业的发展，保护儿童、动物不受虐待，资助国际、国内业余体育竞技比赛（专业竞技体育除外）为宗旨，而成立的非营利公司、共同基金会、特别基金会、财团基金会等，也有一些非营利事业以公益信托的形式出现。在非营利部门中，又分为为公众利益服务的组织（公益慈善事业团体）和为本组织成员服务的互利性组织。设立一个以慈善为目的非营利公司，其程序是由发起人制定章程、确定董事会成员，填写申请表，到州内政部登记注册。私人基金会和公众基金会由董事会管理，募捐所得用于投资债券、股票、房地产等，投资收益按照慈善宗旨资助公益事业。慈善事业团体募捐所得归组织所有，组织对其财产享有占有、支配的权利，捐赠人不能撤回或者控制该财产，慈善事业团体有权按照其宗旨和目的使用所属财产。美国的慈善事业团体除采取有奖募捐需要政府的特别批准之外，其他一般形式

---

① Washington Code（华盛顿州法典）Title 19.09 – Charitable solicitations（第 19.09 标题卷 – 慈善募捐法令），Sec19.09.020。

的募捐只用到州务卿处备案。美国的募捐还有募捐顾问、商业募款辅助人制度（商业募捐公司需要收取佣金）。

（二）日本

日本的非营利法人分为财团法人与社团法人。"财团法人没有公募与非公募的区别，都可以接受会员、个人及客户的捐款，开展募捐活动。社团法人作为公益目的和非营利行动的团体，也能实施互助、募捐等增进整个社会福利事业的活动。"① 2003 年起日本内阁决定改革公益法人制度，把过去的公益法人的许可制改变为非营利社团、财团的法人资格与判断公益性分开对待，社团法人与财团法人只要满足登记条件都可以成为一般的非营利法人，但只有法人成立后实施的是特定的非营利活动，才被内阁设立由民间委员组成的委员会对其公益性进行判断。特定的非营利活动涉及医疗卫生、教育发展、文化提高、社会能力培育、学术、文化、艺术、保护环境、灾害救援等"为不特定且多数人的利益"而做贡献的事业。这些被统称为"特定公益促进法人"。除了以上特定公益促进法人经过主管大臣与大藏大臣认定即可成为募捐主体之外，"经过国税厅根据税法相关规定认定的 NPO 法人，被大藏大臣基于募捐数额、募捐目标和目标期限而决定给予募捐资格的'指定捐款'公益组织，以及国家或者地方政府机构，都是法律上的募捐主体"②。

（三）台湾地区

台湾地区在《公益劝募条例》（2006）、《公益劝募条例施行细则》（2006）以及《公益劝募许可办法》（2006）中规定，公益募捐的主体应当基于不特定多数人的利益的社会福利事业、教育文化事业、社会慈善事业、援外和国际人道主义救援事业，而通过公益宗旨的单位发起。公益劝募的发起单位包括：（1）劝募团体，包括四类：公立学校（排除营利性质的私立学校）；行政法人（指为落实特定公共服务，由台湾中央目的事业主管机构依照法律设立的公法人，类似于大陆的事业单位）；公益性社团法人（依据台湾民法设立的人和的社团组织）；公益

---

① 王名、李勇、廖鸿、黄浩明主编：《日本非营利组织》，北京大学出版社 2007 年版，第 67—69 页。

② 杨道波、李永军：《公益募捐法律规制研究》，中国社会科学出版社 2011 年版，第 139 页。

性财团法人（没有会员而是基于资合的财团组织）；（2）政府机构。台湾政府机构可以基于公益目的接受所属人员或社会的主动捐赠，但政府不能主动发起劝募活动，以防范政府机构通过对外劝募从事原来应由公共部门编列预算解决问题的事项。台湾的四类劝募团体的募捐应当提交书面文件向中央内政部或直辖市政府或县（市）为县（市）政府申请劝募许可，以获得1年期的社会公募资格。从事政治活动之团体或个人基于募集政治活动经费之目的，募集财物或接受捐赠之行为，以及宗教团体、寺庙、教堂或个人，基于募集宗教活动经费之目的，募集财物或接受捐赠之行为，都不属于《公益劝募条例》的规范范畴。

（四）香港地区

香港对于慈善组织的界定，根据其《注册受托人法团条例》将组织的"慈善目的"（Charitable purpose）界定为：济贫；促进艺术、教育、学术、文学、科学或研究的发展；用以帮助弱势者：如治疗、减轻或预防影响人类的疾病、衰弱或伤残；或照顾患有或受困于影响人类的疾病、衰弱或伤残的人，包括照顾在分娩前、分娩中及分娩后的妇女；促进宗教发展；任何教会的目的；促进社会公德和市民的身心健康；其他对社会有益的目的。香港的慈善组织范围深受英国的慈善信托公益传统范围，如济贫目的、发展教育目的、发展宗教目的及其他有利于社会公众目的的基本精神影响。

从以上各个典型国家、地区对募捐主体的界定可以看出，慈善募捐主体首先应界定为"慈善组织"，而对于慈善的范围，则有广义和狭义之分，在美国、日本更多使用"非营利"表述，在台湾地区使用公益性社团法人、公益性财团法人、公立学校、公共行政法人的"公益"表述，而在香港地区以及英国则用"慈善目的"慈善组织表述。并且从慈善的具体范围界定来看，美国、英国以及香港地区的"慈善目的"包括发展宗教发展，而我国台湾、日本则不包括宗教目的的慈善募捐。

我国的慈善募捐主体范围，应当界定为"慈善组织"，而将"政府机构、宗教团体、单位、社区"排除在慈善募捐主体制度规范之外。在慈善募捐制度中把慈善募捐与政府募捐、社区募捐、单位募捐作为相对概念分开设定：

第一，排除个人募捐。慈善募捐是由慈善组织发起的以某项长期稳定的公益事业为目标，符合公共利益地向社会公众发起的募捐。排除个人发起的慈善募捐。根据我国《公益事业捐赠法》第2条规定："自然人、法人或者其他组织自愿无偿向依法成立的公益性社会团体和公益性非营利的事业单位捐赠财产，用于公益事业的，适用本法。"① 从这一条的界定来看，"用于公益事业"是公益捐赠的重点。作为与公益捐赠一体两面的慈善募捐，是募捐组织的面向社会提倡公益捐赠，在聚集善财的基础上提供公益服务的行为总称。

第二，排除政府募捐。政府的行政募捐采用体制化动员方式，以政府名义进行的募捐应当退出募捐市场，是世界各国的基本做法。政府募捐的目的宗旨是举办社会公益慈善、赈灾济贫、文化教育以及国防建设等公共事业，由一级法人的政府以募捐者身份进行募捐令或者募捐倡议的下发，通过行政权力推进社会捐赠，募集的财物也由政府部门统一支配、统一调配。政府的行政募捐混淆了国家税收、政府收费以及民间慈善的界限，由政府官办慈善募捐（衙门化），虽然有政府信用以及公开及够透明的意义，但是让政府有以政治干预社会"越位"之嫌，捐赠者有被动、逼捐的困境。并且也让政府作为社会公益事业的监管者身份与行政募捐的参与者身份混同。因此政府募捐一般在紧急、特殊情况下才可以进行，比如大灾大难、重大社会安全或者公共卫生事件发生之时才进行政府行政募捐。当前在很多国家和地区，政府逐渐退出募捐市场，从过去的官方募捐转向民办官助、民办官促的社会募捐。政府仅仅是提供需求信息，建立社会公益慈善的对接、协调、引导机制。

第三，排除单位、社区募捐。单位募捐、社区募捐则由社区或者单位发起募捐号召，在"特定范围"内——单位、学校、社区、亲友间，为本社区、单位专门对象服务，帮助本社区或者本单位的"特定人"，比如邻居、亲友、同事、同学采用在实名制小众社区、网络微信群里为特定对象募捐，而开展的募捐行为的总称。这种基于地缘、业缘、血缘而开展的互助式募捐虽然也是社会化动员方式，但一般限定在一定的"圈子"里，不算公开募捐，也不算慈善募捐，类似于直接募捐，系对

① 2012年5月1日起施行的《广州市募捐条例》第2条："本条例适用于募捐组织在本市行政区域内面向社会公众公开募集财产用于公益事业及相关的管理活动。为了帮助特定对象，面向本单位或者本社区特定人群开展的募捐活动，不适用本条例。"

特定对象的特定被救助事项进行募捐，并且款项直接交给被救助人。《广州市募捐条例》第 2 条就已经规定："本条例适用于募捐组织在本市行政区域内面向社会公众公开募集财产用于公益事业及相关的管理活动。为了帮助特定对象，面向本单位或者本社区特定人群开展的募捐活动，不适用本条例。"《江苏省慈善事业促进条例》第 21 条和《湖南省募捐条例》第 2 条也都规定，该条例仅局限于适用公益事业的劝募活动，而将为帮助特定对象面向特定人群开展的募捐活动、民间互助性的捐赠活动这些私益募捐排除在法规规定的范围之外。

总之，我国的慈善募捐制度对慈善募捐的界定，采用狭义的慈善募捐，即慈善组织的募捐（公益、自愿），而不宜与政府的行政募捐（强力、被动），单位、社区募捐（互益、互助）以及宗教教义规制范围内的宗教募捐相混淆（宗教募捐活动特指布道、弘法或其他与宗教群体运作、教义传布有关的募捐活动，应当由宗教自治）。

并且，我国"慈善募捐主体应当是慈善组织"的内涵，还应进一步具体化为：第一，慈善募捐组织的慈善公益"事实标准"。即要在事实上确认该组织宗旨目标的慈善公益性，即采用大慈善的理念，把慈善组织界定为自愿开展扶贫济困；扶助老幼病残等困难群体；促进教育、科学、文化、卫生、体育等事业的发展；防治污染和其他公害，保护和改善环境；救助自然灾害等突发事件造成的损害等慈善活动，维护社会公益的非营利的组织，其形式包括慈善类的社会团体、基金会、民办非企业单位（社会服务机构）。第二，慈善募捐发起主体的法定性。即募捐的慈善组织应当是依法成立的，在县级以上民政部门申请了民政登记的社会组织。

不完全符合慈善募捐语境下慈善公益事实标准和法定标准的社会组织在实践中是非常宽泛的，比如，强调居民、村民的自我管理、自我治理的广泛分布在城镇地区的"社区居委会"和农村地区的"村民委员会"；突出业主自身的权益，体现业主自治的在物业管理区域内由业主代表组成的并在房管部门、街道办事处备案的"业主委员会"；以及在街道、社区备案而没有在民政部门备案的在单位、社区活动的健康兴趣组织、公园街头活动的各种文体群众组织，在基层农村的农民自组织以及依托互联网在电子信息传递和公益活动贯彻的网络虚拟社团等。以及某些境外海外基金会的代表机构、外国商会、公益咨询机构、项目执行机构、带有宗教性质机构以其他组织形式在境内展开公益活动的社会公益组织。这类草根、基层组织具备了社会组织之"民间性、公益性、非营利性和自治性"的核心特征。但其游离于民政登记、备案、监管范畴之外，加之国家主权、政治控制、社会维稳的因素考虑，此类"灌木丛"式的社会组织，本书视其为"未定型社会组织"。它们虽然大量而且客观存在，但没有统一的组织机构代码也没有社会信用代码，无法进入社会组织征信系统，无从保障慈善募捐的公信力。因此"法定社会组织"之外的、基于群众自发的发散性和随意性而组建的"未定型社会组织"，不属于公开进行慈善募捐的主体。

二　募捐准入门槛

募捐有不同分类，根据募捐发起名义人的不同可以分为"直接募捐与间接募捐"，按公益目的财产的募得是公开还是封闭可以分为"公募（公开）的募捐和非公募（非公开）的募捐"，按公益慈善机构募捐是单独进行还是机构联合可以分为"单独募捐"与"联合募捐"。募捐的准入门槛与募捐的公开度、募捐的区域广度以及募捐的名义安排，有直接联系。因此不同类型的募捐，在准入的条件和程序上各有不同：

针对封闭的非公开募捐，由于其在小范围内特定人群，主要体现为私人之间的互助与帮助，或者由单位、学校、社区、亲友间，为本社区、单位的特定对象服务，帮助本社区或者本单位的"特定人"，比如邻居、亲友、同事、同学采用在实名制小众社区、网络微信群里为特定对象募捐，而开展的私益募捐。这种属于封闭人群范围内的非公开募捐，不涉及公共空间，属于私域的私募范畴，应当属于社会自治的内容。因此，大多数国家和地区对于非公开募捐，"更多的是从赠与合同、信托关系、代理行为、利他性捐赠等民事角度进行规范"①。

而从募捐制度规范的角度，宜采取"法无明文禁止即可为"的理念。公权力不应对非公开募捐设准入门槛，而只需进行"非公开募捐"

---

① 冷传莉：《募捐行为法律性质之探讨》，《贵州大学学报》（社会科学版）2004年第4期。

的内涵进行界定。比如，英国 2006 年版《慈善法》第三部分"慈善组织的集资"第一章第 46 条规定："非公开慈善募捐请求包括在公共会议的过程中做出的劝募，在教堂的院子里或者墓地附近，或者因公共教堂所占据的区域及其附近（其土地被任何墙或者建筑物圈住）作出的劝募请求，或者在让公众把钱或者其他财产放在不被普通公众注意到的容器里。这些场合和场所的劝募都不属于公共募捐的慈善请求。"①

我国《慈善法》中对于非公开募捐的内涵没有进行界定，但规定了"非公开"的方式，即不能通过广播、电视、报刊、互联网等公共媒体的方式进行公开的劝募。其实，对于非公开募捐制度安排，还可参照英国慈善法，对非公开募捐的表现形式进行"概括加列举"的方式进行规定：非公开募捐如果是在封闭区域，或者在特定数量（≤200人）人群范围内进行的劝募，不属于公开募捐。从非公开募捐权能角度看，慈善组织自成立之日起即取得非公开募捐的权能，无须经过民政部门审核认定，也无须领取募捐许可证。但在慈善晚宴、首映礼以及单位、社区等类似情形的非公开募捐过程当中，募捐组织者应当向捐赠者及潜在捐赠者说明本次非公开募捐的目的、款物用途（甚至可以有特定的款物使用对象的范围）。

针对开放的公开募捐，由于其面向的是不特定的社会公众，具有公开劝募性，涉及社会公共空间，属于公开募集慈善资源的"公共行为"。在大多数国家和地区对于公开募捐，采取的是"公权力介入"方式进行准入门槛的设置：（1）英国：对于公共场所、门对门向社会公众提出请求给予钱或财产的，应当向慈善委员会申请公共募捐证书；（2）美国：州这一层面所制定的慈善法令一般都要求公开的慈善劝募都应当到政府慈善办公室、州务卿进行备案；（3）日本：日本对募捐不分公开和不公开募捐，也不进行准入的许可或备案，但必须对于根据特定非营利组织法设立的法人，及根据特殊 NPO 立法成立的组织进行"公益法人"的认定，公益法人本身具有从事私下以及公开募捐的权能；（4）澳大利亚：根据澳大新南威尔士州《慈善筹款法案》："请求筹款的，应当向部长提

① 杨道波、刘海江、庄玉友、张爝、孙洁丽、王旭芳主编：《国外慈善法译汇》，中国政法大学出版社 2011 年版，第 47 页。

出申请，部长基于是否给予慈善目的的善意进行筹款、募捐是否能被以合理方式进行管理、申请者是否提供了所要求提供的募款请求相关的信息以及这些信息是否合适及没有误导等因数，可以无条件授予募捐许可证、附条件授予募捐许可证或者拒绝申请。"①

我国现行的地方募捐条例，《湖南省募捐条例》对于公开募捐准入制度的安排是依法成立的公募基金会、红十字会以及慈善会系统当然具有公开募捐资质，而其他公益性组织在湖南省地域范围内开展公开募捐的则需要通过县级以上民政管理部门的审批。《江苏省慈善募捐许可办法》则是对所有申请慈善募捐的组织进行募捐行政许可。《广州市募捐条例》采取的是对公募基金会、红十字会、慈善会的募捐方案进行备案，而对其他公益性社会团体、公办事业单位以及民办非企业单位（社会服务机构）则采取募捐申请许可制。《上海市募捐条例》对所有依法成立的募捐组织进行募捐方案的备案制，不强调募捐权能和资质的行政许可。

综合以上国外相关做法以及国内地方募捐条例规定，无论是募捐许可还是募捐备案抑或是日本既不许可也不备案而是进行公益认定，其本质都是"公权力介入公共募捐，进而形成政府对募捐信息的收集、监控并以其掌握的公开募捐信息向社会发布，形成慈善公信力的方式和手段"②。就中国现实国情而言，对于公开的慈善募捐进行"准则主义"的慈善募捐许可证制度具有现实意义，既能克服官方慈善会及公募基金会对"公开募捐权"的垄断，也能让有劝募需要民间社会组织有章可循。所谓"准则主义"是指放开公开募捐权（不再区分组织的身份是官方、半官方还是民间），所有合法慈善组织的公开募捐机会均等，通过慈善募捐相关立法确定"公开慈善募捐"的准入门槛：（1）公开慈善募捐的申请主体是已经在民政部门的民间组织登记机关合法登记，具有登记证书号码、统一编制的社会信用代码。并且该组织在申请公开募捐时，应当是取得了社会组织登记证书满2年。也就是说，取得登记证书2年后才能提出公开募捐申请。（2）该组织运作规范，内部治理结

---

① 杨道波、刘海江、庄玉友、张燏、孙洁丽、王旭芳主编：《国外慈善法译汇》，中国政法大学出版社2011年版，第281—282页。

② 刘志敏、沈国琴：《公权力介入公益募捐行为的正当性及其边界》，《国家行政学院学报》2014年第4期。

构健全，应当有书面的组织章程，有决策、执行、监督机构成员安排。具有公益捐赠税前扣除资格的组织还应有资产增值保值的合同安排以及决策、执行、监督机构负责人的薪酬标准。（3）应当有募捐方案：募捐方案应当包含募捐活动计划书、活动所得财物使用计划书，并附上该募捐申请组织的会员大会、理事会会议同意发起本次募捐的会议纪录。对本次募捐的负责人办公地址、募捐时间地点、接受捐赠的方式、专用的募捐银行账户号、募捐成本及工作经费比例、剩余财产的处理、公告及向社会进行募捐信息披露的方式以"组织决议"的形式，进行书面上的明确，并以募捐方案为载体向审核部门提供。（4）慈善募捐许可证应当向该慈善组织的原登记机关的同级民政部门提出申请。经过审定的公开募捐许可证，只能在该民政部门的行政区划范围内，采取在公共场所设置募捐箱、举办公益性演出、义卖、义展、晚会等方式时使用。募捐许可证记载并指示了本次募捐的主体、名称、地区、方式、日期等关键信息。[①]　募捐慈善组织以原登记民政部门管辖的行政区划内取得的公开劝募许可证，不能跨越省、直辖市或县（市）实施，但募捐组织以受赠人身份接受捐赠则可以不受行政区划上的地域限制。

对于以上实体准入条件的程序、方式、步骤之落实，尤其是募捐申请许可及补办申请许可的程序、期限、应提交民政部门审验的文件及其他应遵行事项的办法，可以借鉴《江苏省慈善募捐许可办法》的立法名称，由民政部以部委规章的形式制定《慈善募捐许可办法》，以指导全国范围的慈善募捐许可申请以及许可证发放、管理工作。

第三节　慈善募捐过程控制制度的安排

一　募捐在募捐组织中的输入规则

募捐过程控制需要进一步分析慈善募捐在募捐组织中输入与输出的

　　[①]　《台湾公益劝募许可办法》第5条规定：劝募许可文件应登载下列事项：劝募团体名称；劝募活动名称；劝募活动地区；劝募活动方式；劝募活动起讫日期；劝募活动所得财物使用目；许可日期及文号。详尽且系统的许可文件内容的规定，对我国的募捐许可证记载内容的明确和落实，具有直接借鉴意义。

过程与关键节点，为慈善募捐的分类监管制度的确立奠定针对性、具体化的实施基础。从秩序与安全的角度，募捐在组织中的输入，需要把控以下关键节点。

（一）慈善募捐输入组织本身的"正规性"

基于所有慈善组织机会均等，所有具备"宗旨目标的公益性""内部治理的自主性和志愿性""组织运行的非营利、非分配性"的社会组织都具有进行慈善募捐的机会，以此来克服过去官办慈善机构、公募基金会独享慈善公募权的垄断状态。但是有机会并不等于有资质。慈善募捐一般有以下流程：慈善募捐主体的合法化—慈善募捐主体的正规性—募捐方案的扩散化—捐赠人捐赠—募捐组织接受捐赠—募捐组织将募集的善财交由组织管理—募捐组织将善财按照一定的规则分配给受益人。这一流程中始终隐含了一个募捐财产管理人主体正规性前提，尤其在聚财、捐赠环节募捐社会组织无偿取得捐赠的款物，在散财、分配环节募捐社会组织将款物进行管理、分配、送达受益人的过程中，募捐组织的正规化管理不可或缺。因此，慈善募捐已不是一个纯粹的私法接受赠与的范畴，不仅涉及捐赠人、受赠人、受益人的权利与义务，还涉及募捐组织体的权能与责任。募捐组织的权能与组织的正规性，是"募捐主管机关或具有监督管理募捐款物的资格与能力的单位或组织落实监管对象的基础"①。

所以募捐在募捐组织中的输入，首先应当保证募捐主体的"组织正规性"，并落实为"合法性"：（1）遵守宪法、法律、法规、规章和国家、省、市有关公开募捐的规定，开展募捐不得损害国家利益、社会公共利益和其他组织、个人的合法权益，不得违背社会公序良俗；（2）组织依法依规取得募捐资质（类似于企业的经营范围），依资质确定的期间、区域开展募捐活动；（3）组织要有组织代码和登记证书，便于捐赠人查询和了解组织宗旨和募捐信用等级；（4）组织的正规性还强调组织本身有法律身份，有正式的规章制度、组织结构、经常性活动记录和募捐信用记录。"非营利组织没有公关宣传策略、财务公开措施和褒奖回馈不够，一定会使得该组织的募捐社会公信度不高，面临现

---

① 任文启：《呼之欲出的社会公益募捐法》，《西部法学评论》2008 年第 3 期。

实困难。"① 正规性与合法化是一体两面，只有具备了一体的组织正规、形式合法的前提，该慈善组织才能进行慈善募捐的输入。

而募捐组织进行了首次慈善募捐之后，其组织的正规性与合法性，除具备以上四个方面的要求之外，还可以仿效台湾《公益劝募条例》中第 6 条规定，要求募捐组织的正规性与合法性还应具备：（1）开立捐赠票据，即慈善组织接受任何财物，都应主动向捐赠人开具由财政部门统一监（印）制的公益事业捐赠票据，即便捐赠人匿名或明确放弃接受捐赠票据的，该慈善组织也应当做好相关书面记录备查；（2）定期办理信息公开，即募捐组织依照法律、规章的规定定期主动、全面对募捐金额及用途确实公布，能依法、合规保证捐赠人及社会公众的知情权；（3）依指定用途使用募捐财物，即组织募得款物的使用应当遵照募捐方案中的"活动所得财物使用计划书"的预算范围及对象进行使用，不得擅自改变募捐财物使用计划书中确定的募捐财产使用用途。超限使用或者骗取募捐财物私用，如果查证属实并被民政部门处罚达 2 次及以上的（一个财务会计年度内），则该组织在下一年度再次进行募捐申请时，民政部门以未"依指定用途使用募捐财物"视为组织不正规，不予发放募捐许可证。

（二）慈善募捐在组织章程中的输入

章程由公益慈善组织发起人在筹备阶段制订，是社会组织自律制度的集中体现，它反映了全体会员的意志，同时也对组织成员有普遍的约束力。具有"合规性"的社会组织在初创期就应建章立制，在组织章程中明确组织的使命，如果需要开展慈善募捐的，还需要在组织章程中确立募捐的组织安排与运行机制，尤其是对组织募集资金的管理进行组织契约式安排。这是募捐社会组织获得组织合法性和合规性的重要行为要素，也是该组织申请慈善募捐时被民政部门审查"募捐诉求须与组织使命相符"时的重要文件。从制订到制定"内部宪法"——组织章程，包括战略性公益慈善组织章程不以取得报酬，不期待收回投资（非营利）为目标，以"设立清晰目标，制定有理可循的募捐战略，评估

---

① 王洛忠：《中国非营利组织的筹资困境及改善对策——以美国非营利组织的筹资经验为借鉴》，《新视野》2012 年第 1 期。

"募、捐、用"过程，评判募捐是否成功并有效"的组织契约基础为重要使命。各类募捐社会组织需要章程引导，这也是由各类募捐社会组织的主业范围宽泛性以及成员的构成复杂性所决定的。除了慈善公益类社会组织之外，协会商会类、科技类、城乡社区服务类的社会组织如果要开展公开募捐申请，应当在组织章程中确定慈善事业项目以及慈善目的捐赠管理流程，并规定以此项目目的进行募捐的内部治理权限安排和募捐启动的方式与步骤。募捐社会组织的性质、募捐规程、组织成员的权利与义务以及组织活动规则，尤其是涉及"募、捐、用"的慈善募捐规则，需要通过规章进行明确地授权，更需要章程以"募捐内部自律规则体系"，与国家立法等他律规则进行衔接和配合，以维系慈善组织日常募捐事务的规范运行。

　　在美国，募捐社会组织的章程是沟通私权与公权的桥梁。美国《非营利法人示范法》第 2 章"组织机构"中规定："非营利法人章程记载设立的目的，无论是单一的目的还是复合的目的都应当有明确阐述，法人、董事会和成员的界定、限制和监管，法人事务（包括募捐事务）的管理和监管，每个成员或者成员团体的特征、资格、权利及其限制规则等。该章程应当由组织的发起人和董事签署。"[①] 以此为借鉴，我国慈善募捐在组织章程中的输入，需要以章程的形式来载明以下各事项：（1）募捐社会组织名称及性质；（2）社会组织募捐目的及高级管理人职务；（3）募捐社会组织区域及所在地；（4）募捐社会组织的职员之人数、职权及选任、解职之规定。（5）募捐社会组织的会员资格之取得与丧失及其权利、义务；（6）募捐社会组织的会议组织及其决议证明的方法；（7）募捐会议的会期规定及其召集的条件、方式、步骤；（8）募捐社会组织的经费之来源及募捐在组织收入总额中所占比例；（9）募捐社会组织的会计安排；（10）募捐社会组织的合并、分立、解散及清算；（11）订立章程的日期及订立者签名。募捐社会组织属于财团性质的，其募捐捐助章程还应载明财团法人的名称、目的、组织、所捐财产的管理方法、财务会计安排、解散及清算等的特别事项。募捐社

---

　　① 金锦萍、葛云松主编：《外国非营利组织法译汇（一）》，北京大学出版社 2006 年版，第 11 页。

会组织依据通过"从制订到制定"的对全体组织成员有普遍约束力的章程，以组织化契约——章程把募捐决策者、执行者、募捐实施者构成一套支配和服从的层级体系和责任体系。以"自律规则体系"确立社会权力在组织内部的运行规程，辅之以奖惩制度，进行组织内部的分工、分权、制衡，确立募捐的项目化、专业化推进的规程。

（三）慈善募捐在组织机关的输入

慈善募捐是组织行为，意味着设立筹款部门或人员的部门行为更不是个人决策的家长制。整体大于个体的总合（The whole is greater than the sum of its parts）。一个内部治理合理的团队能创造动能与活力，并因此达成募捐成就。成功的慈善募捐也必须在慈善组织内部创造团队能量，形成集体而有效的决策。募捐在组织机关的输入，意味着募捐在募捐组织机关的"会务"和"事务"方面有体现募捐项目管理和反应诉求机制的内部治理结构安排。就我国而言，非营利组织的治理结构还没有正式的社团法、财团法意义上的制度设计。一般而言，有会员的募捐社会组织的权力机构是会员大会或者会员代表大会。由其选举产生的理事会是执行机构。没有会员的募捐社会组织的权力机构是理事会。监事会或监事是监督机构。慈善组织的募捐事宜需要通过这些理事长、副理事长、秘书长及监事等社会组织"官员"运用行使社会权力。理事长、副理事长、秘书长及监事的授权以及限权体现为"他（她）们能以组织名义选择使用印章、开支财务账户，以组织名义接受捐赠，开展募捐，以组织名义起诉和应诉"[①]。同时，理事会、秘书处的"限权"与主要职责又体现为按照信义义务履行职务，必须遵循法律、道德、公共秩序以及组织章程，确认本组织的成员，通过组织成员团队基于慈善和社会福利目的对社会提供公益慈善项目输出的提案，与社会其他主体进行合法、合理、必需的互通与交易。他们这种基于信托的履职方式体现为"主体常务性"、所在"机构常设性"以及实施"公务日常化"。慈善组织的主要决定还是依靠这些"关键的少数"在募捐组织的实际运作和经营过程中，确定使命和目标、制定政策与长期计划、草拟财务政策与方案、任命首席执行官、制定募捐细则及相关规定等。

---

① 孟令君：《中国非营利组织法律问题》，中国方正出版社 2006 年版，第 328 页。

慈善组织募捐，通过募捐团队向社会掘取慈善资源，要求"该慈善组织决策机构的专业化、常设化，决策过程的民主化、公开化，使募捐组织具备高效、可信特征"①。赋予具有专业知识、工作经验和募捐资源关系等基础的"关键的少数"做出"团体沉思（Group thinking）的判断，是提高募捐在组织机关中输入的贯彻和执行有效性的重要途径。即组织章程及内部治理安排上要有对于慈善募捐中高层管理者享有决策权、执行权和相应监督权分立及社会组织官员信义义务、忠实勤勉义务落实方面的规定"②。在一定程度上分权与制衡，能够去除内部人操作控制慈善募捐局面的土壤，防止"团体偏移"，体现集体决策的魅力。即在组织进行慈善募捐决策时防范出现的"极化现象"，决策偏移和背离最佳决策，个体决策时走向极端掉入自以为是的陷阱。

既然会员大会（理事会）是募捐社会组织的最高权力机构，代表会员、捐赠者制定组织章程、选聘具有管理能力并能够履行忠实、勤勉义务的人担任第一行政执行官、解聘不称职中高层行政负责人，批准预算、通过决算、对组织重大事务进行表决等。通过组织的常设机关运作，了解用募的受益人群体的需求与期待，聆听潜在认募的捐赠人意见，保持开放并给予适当回应，对募捐方案的合理性与可行性进行评估和决策是慈善组织权力机构中进行募捐输入的重要内容。理事长或者秘书长，则作为最高权力机构的执行机构，代表募捐社会组织落实以上组织权力。因此，从制度层面看，募捐在组织机关中的输入，应建立最高权力机构——会员大会（理事会）下的执行官（组织的法定代表人，会长或是理事长或是秘书长）负责制。募捐社会组织的执行机构以及最高权力机构应当就以下有关募捐的内容进行重点决策，并形成书面会议记录：（1）界定本次慈善募捐的范围、结构、数额、期间、募捐项目组织，及组成成员；（2）对本次慈善募捐，综合本组织的内在与外在因素，同时审视重大社会趋势变动，进行募捐环境评估，进而确定对于未来实施募捐的可行性分析；（3）本次确定的募捐营销对社会及公众产生冲击或影响的有效性分析；（4）需选择的进行公益合作的可能的

---

① 王名、张严冰、马建银：《谈谈加快形成现代社会组织体制问题》，《社会》2013 年第 5 期。

② 金锦萍：《非营利法人治理结构研究》，北京大学出版社 2005 年版，第 144—150 页。

合作伙伴，明确本组织将在何时、如何达成募捐合作目标。在此团体沉思与决策过程中，即便有慈善组织的权威人物主张的募捐动议、方案，也只能通过理事会会议或者会员大会的表决程序并经过参会人员的签名确认，才能形成有效的组织决议。因而这种组织机关的团体决策更接近于组织内部分工与制衡的决策。

募捐在组织机关中的输入过程中，对公开募捐"会务"的公开透明和决策"事务"的书面记载，是防范募捐组织随意、松散及组织内部个别募捐"官员"行使社会权力中不当行为之最好办法。根据美国《非营利法人示范法》第16章"档案和报告"中第1节档案中的第16.01条规定："非营利法人必须保留以下各种文件和档案：第一，所有成员大会和董事会会议的会议记录，未召开会议的，由成员或者董事通过的所有决议的档案和该法第8.25条第4款授权的董事会委员会通过的所有决议的档案应该作为永久档案保留。"① 因此，我国募捐制度可以进行对应性借鉴，对于申请募捐的慈善组织所进行的慈善募捐决策过程，从募捐规范性要求层面，需要申请慈善募捐的组织形成书面化的"会员大会、理事会会议议决同意发起募捐的会议记录，并由参会的会员、理事书面签名确认"。该会议记录是对外反映申请募捐组织募捐决策流程、治理结构的重要载体，也是民政部门进行募捐申请审核，判定本次募捐申请是否是组织决议，是否必要且是否有效的重要文件资料。

二　募捐通过组织向社会的输出规则

当募捐体现在募捐社会组织的章程中，并体现为合规性组织的组织决议，实现募捐在组织中的输入后，则面临慈善募捐从慈善组织的内部决议输出为社会性的外部募捐过程。慈善募捐出于公益和慈善的目的而进行聚财和散财，具有社会合理性和公共伺服性。但"慈与爱可以在欢悦之情中自然流露、自由迸发，一旦超出几个人的亲密关系，慈与爱就需要程序和规则来进行表达"②。慈善募捐经由募捐社会组织向不特定

---

① 金锦萍、葛云松主编：《外国非营利组织法译汇（一）》，北京大学出版社2006年版，第64页。

② ［美］伯尔曼：《法律与宗教》，梁治平译，中国政法大学出版社2002年版，第77页。

的社会公众输出，涉及群体规模、数量和力量上的不特定性，需要把控募捐向社会输出的以下关键节点。

（一）无方案不募捐

慈善组织向社会进行募捐，需要计划先行。任何一次慈善募捐，都要先有募捐方案，"无方案不募捐" "无计划不接受"的募捐输出，体现为慈善募捐的渠道选择（公募、私募）和募捐方案的内容确定两个部分。如果是公募渠道，鉴于需要向不特定的公众募款，募捐方案需要考量的前提性内容有：（1）是否与募捐社会组织的宗旨使命一致；（2）是否与募捐社会组织章程中的募捐规程保持一致；（3）该募捐社会组织是否具备对本次募得社会公众财物的善财管理与分配能力；（4）募捐社会组织中是否有足够的预算及人力资源来执行募捐。募捐社会组织理事会应当将以上内容在募捐方案中进行论证之后，并采用适当方式、途径依法实现募捐方案的公开。

我国制度意义的"募捐方案"应当包括《募捐活动计划书》和《活动所得财物使用计划书》两个重要载体，在向民政部门申请募捐许可证及向社会进行公开征信时，还应附上该募捐社会组织的会员大会（理事会）会议同意发起本次募捐的会议记录：

首先，《募捐活动计划书》：是未来该募捐组织参与人开展募捐活动的行动纲领，需要计划"钱从哪来"的问题，因此募捐计划书需要明确而具体：（1）募捐社会组织筹款的对象分析，包括：组织募捐的募捐组织及团队安排、潜在募捐人群捐赠的动机、募捐渠道；（2）募捐营销策略与方式方法，吸引对组织体制内资源的利用和对体制外资源的动员，确定合法、合理、有效的支付方式；（3）募捐区域；（4）募捐数额；（5）募捐期间；（6）募捐资金指定账户的银行对公账号（银行汇款账号与网络支付账号开户人应统一）。通过街头募捐、场所募捐收得的现金和银行票据，应及时存入银行的对公账号，不得存入私人账户；（7）受领财产的专项管理方法，分类登记表册落实；（8）接收的款物，开具捐赠收据发票的方法；（9）募捐回馈方法，如礼品、彩票、贺卡、会员折扣、慈善参与者身份的声誉地位等；（10）捐赠食品、药品、医疗器械、生物化学制品等应按照法律规定对质量和安全把关和安全接收。甚至在募捐计划书中，可以对公众的捐赠方式进行明确而且便捷的多元化设定，比如采取网络支付和移动支付的具体指引，通过手机里的 APP 或扫二维码捐款的具体指引，在节约捐赠人时间、提高捐赠人捐款捐物的便捷度同时，防范善财流失的风险。

其次，《活动所得财物使用计划书》：是未来该募捐组织参与人使用募得财物的行动纲领，需要计划"钱到哪去"的问题。募捐的外部监管，需要以募捐社会组织提供的《活动所得财物使用计划书》作为书面证明，是落实"募捐申请从宽，募捐所得监管从严"的针对性举措。募捐所得的使用计划，从监管的角度应当以"项目制"推进善财的使用：（1）使用计划应确保项目实施与募捐计划相符合；（2）维持募捐账户的资金独立性，对于不同的资金按来源不同而分别入账；（3）主动向捐赠人出具捐赠票据；（4）要求项目受益人出具项目财物接收确认函；（5）项目实施完毕，制作情况汇总表和必要的财务报表；（6）项目拨款为 10 万元人民币或者更多的，应提交经过会计师事务所审计通过的财务报表，并附上需要的证明；（7）项目未使用完的财物，按照《募捐活动计划书》的安排或者按照捐赠协议的约定处理。以上书面文件没有约定的，募捐社会组织以会员大会或理事会决议形式，将本次募得财物使用的剩余财产用于该组织相近的其他慈善项目。《募捐活动计划书》《活动所得财物使用计划书》以及募捐社会组织的会员大会（理事会）会议同意发起本次募捐的会议记录或将剩余财产用于该组织相近的其他慈善项目的会议记录，除交民政部门审验，还应向社会公示。

（二）封闭的募捐成员管理

募捐是遵循募捐方案进行的组织化社会行动。慈善募捐许可证亦是基于慈善组织的自身正规性、合法性而取得的。募捐方案、募捐许可证中就有对该组织募捐事务专业化、项目化实施主体的名称、组织机构代码证以及募捐参与者姓名、名称等身份信息的备案。因此，募捐社会组织需要保证募捐许可证的申请者与使用者的一致性，对组织的募捐人员要进行封闭式、团队化有效管理。封闭的募捐成员管理制度，可以参照英国《慈善法》第三部分"慈善组织的集资"中第二章"筹资资金"中第 69 条的表述："对该慈善组织有一般控制或者管理权力的慈善组织理事及相关管理人员，或者是其代理人、雇员或者志愿者。"① 任何募捐社会组织不能因缺乏宣传渠道、缺少募捐人力、无力支付募捐成本，而将募捐许可证出租、转借、转包给其他组织和个人。"募、捐、用"过程中，募捐接收的银行账户名称、捐赠票据开立人名称、受益人接受募得财物受领函上的项目实施人名称，都必须是募捐许可证上记载的组织机构代码及统一社会信用代码所对应的募捐社会组织。即便是广播电视新闻媒体、电信运营商、报纸以及网络服务提供者等参与慈善"募、捐、用"，也只能以平台提供者名义与符合公开募捐条件，取得了募捐许可证的募捐社会组织合作。经过媒体平台、网络平台募得款物的收支，只能由该募捐社会组织管理。

　　慈善募捐还是专业化的社会行动，要求募捐社会组织在领导者与工作人员、项目设置与服务提供等方面都具有专业化特征。我国《中华人民共和国职业分类大典（修订版）》可以把慈善募捐组织的募捐人员的职业分类放入第三大类"办事人员和有关人员"中的"劝募员"或"募捐师"，将募捐工作人员从募捐顾问中分化出来，成为一个职业序列。在募捐社会组织中进行劝募职业的设立，至少有三重意义：对于社会组织从业人员来说，意味着有了职业归属和职业发展的空间，对于社会组织来说，意味着人才队伍的专业化和职业化建设。对于捐赠者来说，也有了专业的捐赠顾问和直接洽谈捐赠事宜的伙伴。从募捐顾问中分化出来的募捐师，仍然强调 Professionals，仍然是专业人士。② 慈善募捐组织在募捐输出中，尤其是劝募过程中的人员的专业性和规范性，也可以从是否具备"劝募员"或"募捐师"职业资格证的管理着手。

　　慈善组织募捐成员的封闭化管理强调募捐社会组织是慈善募捐的发起者和组织者，在"募、捐、用"中必须彰显募捐组织名义，体现募捐组织特色，但也不拒绝"募、捐、用"过程中基于募捐营销的专业性和募捐实施的集约化目标，而聘请"募捐顾问"。比如，在美国华盛顿州法典中的 19.09 "慈善募捐"中即规定"Fund‑raising counsel"或

---

　　① 杨道波、刘海江、庄玉友、张爔、孙洁丽、王旭芳主编：《国外慈善法译汇》，中国政法大学出版社 2011 年版，第 65 页。

　　② 石国亮：《建议将国家职业分类大典中的"劝募员"改名为"募捐师"》，《中国社会组织》2015 年第 10 期。

者 "consultant" 是跟慈善募捐组织签订书面咨询服务合同，为慈善募捐的计划、建议、商议或者准备募捐书面材料的组织或者个人。这些职业募捐顾问只负责进行募捐顾问、咨询和筹划事宜，而不具体管理、实施和执行募捐事务。他们也只依照顾问服务合同领取固定的酬金，而不能按照募捐所得额按比例计酬。① 此外，在美国加利福尼亚州政府法典第 1255.（a）中还规定了 "Commercial fund - raiser"（商业募捐人）。商业募捐人以慈善为目的在该州范围内代表某慈善机构，雇佣、诱使或者聘用任何获得补偿的人开展资金、财产或者不动产的劝募。商业劝募人可以是任何自然人、社团、法人或者其他实体。② 有些翻译中对商业募捐人也用"专业募捐人"的表述，其核心是受雇于慈善组织，向募捐对象专业化地说明募捐方案和计划，以提高募捐成功率和效度的组织和个人。③ 募捐顾问以及以慈善为目的的商业募捐人（专业募捐人）作为募捐专业化分工链条中的重要参与者，能够在不破坏募捐社会组织封闭的募捐成员管理前提下，以专业化和高效能化，为募捐社会组织"借外脑、引外力"，具有深度开发慈善资源的积极效用。我国民政部门作为慈善事业主管机构，可以进行劝募师资格证考试、劝募师执业许可、募捐顾问的合同审查、慈善目的的商业劝募机构的分类登记等方面进行"以民为本、服务民生"式的行业监管，并逐步确立募捐专业咨询、职业劝募机构和劝募师认证的相关规则。

（三）开放的募捐形式

募捐社会组织的慈善募捐向社会输出，从规则意义上讲需要从"组织名义"的角度进行了封闭的募捐成员的有效管理。至于募捐形式，只要不违反法律的强行规定、不违背社会公序良俗，可以完全放开，由慈善组织自行选择，以贯彻"募捐活动从宽"原则。募捐慈善组织开放的募捐手段和灵活的募捐策略运作，具有有效拓宽慈善资金筹集渠道的催化剂作用。募捐社会组织筹资手段单一，筹资技巧缺乏，筹资绩效不

---

① 华盛顿州法典第 19 标题卷 "Charitable solicitations"（慈善募捐法令）19.09.020 (10)。

② 杨道波、刘海江、庄玉友、张燔、孙洁丽、王旭芳主编：《国外慈善法译汇》，中国政法大学出版社 2011 年版，第 169 页。

③ 褚蓥：《美国募捐专业人士管理体系探析》，《社团管理研究》2012 年第 8 期。

佳患上"贫血症",根本的原因在于募捐形式过于封闭、保守、针对性不强。在募捐社会组织取得募捐许可证后,公开的募捐过程中,采用灵活、务实且新颖的募捐形式,才能真正体现自愿和自由选择目标的慈善原则。应当挖掘开发慈善组织募捐部门、募捐团队的资源优势,发挥其积极性并集思广益,根据组织宗旨、目标和战略,深入、持续地执行募捐任务。

以民国时期的华洋义赈会的募捐为例,其募捐形式非常灵活。"除了会长王正廷、扬子赈务委员会会长陈光甫,亲自写捐启、捐册和捐片,柬请各界名人(聘请为募捐委员会委员,请为协募)参加活动,还进行精细化的募捐回馈,分别致函各华侨团体、驻外领事、募捐义务员及旧捐户,说明本届募捐的用途与其需要,并充分发挥出版媒介尤其是《新闻报》《申报》《大公报》《大陆报》《德文日报》《法文日报》等报纸发挥启迪民智的传播工具作用,连续刊登华洋义赈会募捐总结、未来计划及名人题词赠文,进行募捐赈款。在电车、公共汽车、捐赠车辆路牌地位,张贴募捐广告画。"[①] 华洋义赈会还"经常根据时间和环境变化,设计一些在当时较为新颖的募捐形式,如竞赛、游园、演戏、联欢、彩票、设箱、拍卖等五花八门,刺激民众经年募捐产生的厌烦心理"[②]。

当今世界,冰桶挑战募捐、越野骑行徒步募捐、名人晚宴募捐等让人脑洞大开、印象深刻的募捐营销和劝募形式,在实现募捐组织与捐赠人、社会公众之间的信息沟通和财产流转方面起到了催化作用。然而开放的募捐形式,也应以一定国家社会的公序良俗为基本底线,比如日本的情色拯救地球"摸女优胸脯募捐",以及美国 Pornhub 以色情为暗示的公益慈善募捐,都面临我国社会环境下的道德与社会责任的争议,以及试图让色情行业合法化、正常化的"取财无道"的质疑。不过从社会发展的多元性和包容性的增加,具有新颖性又在现行法律法规中没有明确禁止并没有在整体上违背社会公序良俗的募捐形式,应当是开放

---

① 华洋义赈会:《民国二十五年度赈务报告书》,《中国华洋义赈救灾总会丛刊(甲种第51号)》1937年,第38页。

② 蔡勤禹:《民国慈善组织募捐研究——以华洋义赈会为例》,《湖南科技学院学报》2005年第2期。

的。募捐法律对募捐形式不能有过多的限制和约束。

当然，募捐法律对募捐形式的原则性规定，可以从台湾《公益劝募条例》（2006 年）第 14 条，台湾《各级学校扶助学生就学劝募条例》（2013 年）第 12 条的规定进行借鉴：募捐行为从方式上和形式上，不得向因职务上或业务上关系有服从义务或受监督之人强行为之，不能采用摊派的方式，及不得向业务上有直接利害关系者进行劝募。而民国时期的《统一募捐运动办法》（1943 年）第 4 条、第 5 条规定亦有借鉴意义：募捐形式应尊重应募人力量，捐认自由，不得以任何方式摊牌，并不得以认募人之身份为募捐之比例。不得以阻碍交通或利用其他机会强迫捐募。以义演、义卖等名义发售捐券应当场或利用其他场会公开竞卖，不得派送。并且在募捐当中经募人如果是长官，不得向僚属劝募。经募人如果是管理人，不得向被管理人劝募。经募人如果是学校当局，不得向学生劝募。以上台湾现行规定以及民国时期的募捐法律对募捐形式的适当限制，是对中国传统文化中上级对下级、管理者尤其是官方管理者对被管理以及师长对学生的权威和威权事实状态，会影响募捐本身的自由、自主性，有强制或变相强制的嫌疑，而在募捐法律制度设置上进行列举式的明确限制，是积极而且合理的。

（四）适当的商业合作

慈善组织的发展促进了横向社会联系的公益慈善供给网络。但纯粹依靠社会捐赠也让慈善组织的资金血液供给渠道单一。在募捐实践发展中，募捐社会组织不仅越来越多地与政府合作，也与商事企业进行合作互动，而且在募捐社会组织的运行体制上也越来越多地从市场体系中借鉴其高效、规范、可持续的各种商业、营销机制，注意与社会名流、媒体、互联网社区平台等建立适当商业化募捐合作关系。这种通过市场化、企业化的运作模式改变社会参与、善财提供的方式，也让企业、个人借助慈善公益组织平台实现自己的公益愿望，二者各取其需。商业企业与慈善的联姻，在一定程度上讲也是其追求长远利益和价值的公司永续发展的需要，是公司市场战略的一部分。如大量存在的冠名基金周大福慈善基金、金六福 99 爱心基金等。当然"郭美美事件"等一系列负面新闻发生后，中国公众对公益组织与商事企业的合作产生了极大的质疑。据此前搜狐公益调查显示，近七成网友认为公益机构不应与企业进行合作，有可能会使公益目的与企业利益混为一谈，近半数网友认为，企业只需捐钱给公益组织成立公益基金。即便慈善募捐的商业化合作抑或企业支持和参与公益带有一定的私心、私利，但对于这种"私心"，国外慈善公益界称为"可以接受的私利"①。

　　首先，募捐社会组织接受企业援助，开展适当的商业合作募捐需要一定的前提：（1）募捐社会组织合作的商事企业的经营合法性，募捐社会组织不得与非法经营的企业进行募捐合作。这种募捐合作更多的是商事企业依法合规地履行企业社会责任的行为。（2）"募捐社会组织合作的商事企业所在的行业和领域与慈善公益宗旨一致，至少是不相违背。"② 比如取活熊胆汁进行药物提炼的公司与动物保护组织的募捐合作就不妥。适当商业化的募捐合作，甚至需要募捐合作企业自身产品、服务和行为，对于社会要有积极有益的影响，如果有消极影响也不宜合作。比如，瓷娃娃关怀协会以"与慈善宗旨不符"而拒绝烟草集团的标志的明信片发行。③ 除烟草公司外，与军火企业等组织的募捐合作，也因其产品本身对社会的有害性而不宜开展慈善募捐合作。（3）募捐合作商事企业需要认同募捐社会组织的使命、价值观及合作项目的项目目标，而不是用公司企业文化改变募捐社会组织的公益使命、价值观。（4）募捐合作商事企业与募捐社会组织的合作要有持续性，即双方在募、捐、用的过程中更多地体现为常规性、契约式，长期的制度化合作，而不是冲动型、个人魅力推动式的合作募捐。

　　其次，募捐社会组织开展适当的商业合作募捐，需要在制度上确立"项目制"推进方式。所谓适当的商业合作募捐项目，是指募捐社会组

---

　　① Elliot Aronson，Timothy D. Wilson，Robin M. Akert：*Social Psychology*，李茂兴、余伯泉译，台湾杨智书局 2003 年版，第 27—30 页。

　　② 江伶俐：《非营利组织与企业跨部门联盟的风险——基于组织信任演变视角的探索式案例研究》，《社团管理研究》2012 年第 9 期。

　　③ 瓷娃娃罕见病关爱中心（前身为瓷娃娃关怀协会）由成骨不全症等罕见病患者自发成立，协会致力于为脆骨病等其他罕见病群体开展关怀和救助服务，维护脆骨病患者在医疗、教育、就业、关怀等方面的平等权益。曾经有某烟草集团的代表与协会洽谈合作项目，希望购买一批瓷娃娃的明信片作为交换，企业期望协会能在明信片上印制烟草集团的标志。基于协会本身是追求生命健康，烟草带来的是损害健康，与该协会宗旨不符，瓷娃娃罕见病关爱中心谢绝了这次合作。这充分说明慈善募捐营销需要以宗旨控风险，有条件地合作，拒绝接受不符合组织章程的商业募款合作。

织根据组织的章程宗旨及相关规定，由会员大会或理事会批准，与一定的商业机构、个人开展适当盈利性目标的特定筹款项目。慈善项目管理的起点在于以项目的名义进行募资。① 比如联想的公益创投、英特尔的"芯世界"项目，在增进公益的同时提升企业的社会美誉度以及消费者的接受度。根据《亚美尼亚共和国慈善法》第 13 条规定："慈善项目是为了解决特定问题，由非营利组织执行的，根据组织章程规定的方式而被批准的措施。项目应具体规定项目目标、计划措施、履行人员及负责人名单、项目机构安排，并规定预期收入和支出的初步计划、项目执行的期限。"② 慈善募捐的商业化筹款项目，每个财务年度应当将适当商业化合作募捐的募款所得 80% 以上应用于慈善公益活动，适当商业化的募捐所得善款主要应用于扶助贫困地区的教育、医疗卫生和人道主义救援领域。适度商业化的募捐合作项目，应着力采取项目责任人制度，项目责任人对"募、捐、用"的行为后果负直接责任，如有必要可签订专项责任合同，相关合作方经募捐社会组织授权并在募捐社会组织项目发起部门的指导和监测下，进行适当商业化筹资、劝募等活动，但所筹资金必须进入募捐社会组织的账户，进行资金的统一收支渠道的透明式运作。

再次，募捐社会组织自身开展适当的商业活动，不能模糊、削弱慈善宗旨和目的。比如在筹款过程中售卖从慈善团体中受惠群体制作的手工艺品或者收获的农产品，或者售卖慈善筹款晚会、酒会、艺术展览会等的门票，或者在慈善团体店堂售卖饮食餐点、素食、纪念品以及提供收费的专业咨询、智力采购以及智慧教育有偿服务等。当此类商业、有偿活动是"经常性的"而非偶然性的时，且可能使慈善团体资产遭受巨大风险时（遭遇商业风险或被债权人索偿），慈善团体必须另外设立一个法律实体——一家"商业子公司"来独立从事非慈善基本宗旨商业活动，以获得商业性收入。该商业子公司是普通商主体，不能享受慈善组织的减免税待遇。并且，从法人人格独立的角度，母慈善团体和子公司之间的关系必须保持一定的距离，财务不能混同，银行账目应个别

---

① 王冬芳：《慈善项目管理》，中国社会出版社 2014 年版，第 10 页。
② 杨道波、刘海江、庄玉友、张燏、孙洁丽、王旭芳主编：《国外慈善法译汇》，中国政法大学出版社 2011 年版，第 272 页。

结存记录。商业子公司使用母慈善团体的财产、设施，应当支付相应对价的使用费。慈善团体理事会成员、秘书长或主要雇员在注意透明度和问责制的原则前提下，可兼任商业子公司的董事、经理，以确保子公司的经营管理是为了母慈善组织团体的最佳利益和达到母慈善团体所定下的目标。不过商业子公司向慈善组织兼职的理事会成员、秘书长或主要雇员所作的任何付款信息（薪酬和其他利益），都必须进行专项披露。在商业子公司兼职的理事会成员、秘书长或主要雇员每个财务会计年度，也有义务向慈善组织汇报薪酬、持股及获取其他合法利益的情况。

　　总之，适当商业化的慈善募捐以"可以接受的私利"为基本价值定位，制度上可以原则上规定开展适当的商业合作募捐的前提，并要求适当商业化的慈善募捐应以"项目制"作为推进方式，确立项目负责人落实项目内容。在项目实施过程中，鼓励以契约式合同进行经常性、常规化的募捐伙伴对接、公益同行，鼓励透明、接受外部监督的募捐合作，坚守慈善伦理的、有条件的慈善团体的商业子公司经营，控制慈善发展不持续乃至"以公益之名实则获取暴利"的慈善公益异化风险。

第四节　慈善募捐信息公开制度的安排

一　募捐运作信息的公开规则

　　阳光是最好的防腐剂。募捐社会组织的行动依据是"社会权力"（基于公共精神的组织影响力、支配力），募捐社会组织的苛责依据也是"社会权力"（公共领域的权力阈限、权责对应）。基于募捐社会公共权力的"问责制"需要以标准、方式、步骤等程序设计来甄别"伪募捐"（借公益募捐之名，行牟利之实）和"灰募捐"（不透明、阴谋的公益募捐）。因此，虽然募捐活动可以适用从宽原则，但"募捐信息披露必须从严"。即募捐社会权力运行过程公示，募捐运作信息公开，让募捐社会组织行权谨慎，用权适度，以保证社会权力服务于社会公益，服从于民政监督、民众监督，在公示、评价、批评、罢免当中保障社会权力的"伺服性"。这种"募捐过程透明化"制度的内容主要包括信息公开主体、公开内容、公开方式、公开限度、公开时限以及公开责任等方面。

实践中，募捐过程透明化的制度设计也面临"透明度是否适度的挑战"。披露不够面临信息的失真、虚假，披露过度则会侵犯募捐社会组织的自主、自愿性定位。在《公益劝募条例》的信息披露制度实施之后，台湾募捐的阳光法案、募捐的资讯公开就面临"政府制定信息披露的表格、报告、计划书等方面繁复的要求，陡增募捐组织的文牍准备压力，让中小型慈善公益组织为了应付公部门的规定而疲于奔命，募捐过程被绑手绑脚"①。甚至因为"过度的信息披露和账目检查，赋予了行政机构和司法机构干预民间公益团体募款行动及账目的机会，借以募捐账目不清、信息不明而骚扰、打压民间组织"②。以台湾的经验与教训来看，"没有安全港的信息披露是民间社会独立性、自治性的挫败"③。募捐运作的信息公开应当在政府管限、防弊的"他律"规则与募捐社会组织自愿、自主的"自律"规则之间，进行强势与弱势、刚性与柔性上的平衡。我国慈善募捐运作信息公开，可以遵循"分类公开、分层披露"原则，对于非公开募捐和公开募捐进行"分类公开"，对于公益宗旨募捐、公益专项募捐、常年性募捐、方案式募捐进行分层披露，在个体本位立法与群律关系准则之间，循"义务本位—个人本位—社会本位的基本规律"④。在政社分开、理念革新和慈善转型过程中，适应"社会本位"的法律进化规律，强调募捐社会组织"系统、适度、科学"地进行募捐过程信息披露，通过"规范化聚财、透明化善财"，回应对民政监管和社会监督的信息披露要求。

（一）"非公开募捐"运作的信息公开

对于不涉及公共秩序的"非公开慈善募捐"，不仅在募捐主体的准入条件上"零门槛"（只要合法登记即可开展非公开慈善募捐），而且

---

① 陈定铭、陈彦蓉：《从募款策略的理性选择析探台湾公益劝募制度》，《法治与公共治理学报》（台湾）2014 年第 2 期。

② 许传胜：《公益劝募条例实施一年后之观察分析：以高雄市在地经验为例》，《社区发展季刊》（台湾）2007 年第 118 期。

③ 陈文良：《公益劝募条例立法推动历程与观察》，《社教双月刊》（台湾）2006 年第 6 期。

④ 李启成：《从义务本位和社会本位的区别看中国法律的进化》，《法政论坛》2006 年第 8 期。

在募捐信息披露上也实施"公开信息披露的豁免"，即非公开募捐无需向主管部门及社会公众公开征信，没有对外披露《募捐活动计划书》《活动所得财物使用计划书》及该募捐社会组织的会员大会（理事会）募捐的会议记录、募捐项目报告的义务。在非公开的封闭区域，或者在向特定数量（≤200人）人群范围内进行的非公开劝募过程中，采取"自律型模式"，即在"募"的环节只用口头或书面说明本次非公开募捐的目的、期限、募得款物用途以及受益的对象范围等即可，而在"捐、用"则保留民法上的基于捐赠合同、协议，非公开募捐组织向"已经提供捐赠的特定捐赠人"进行单独的、特别的或基于当事人之间的捐赠协议中披露事项及信息公开范围内的信息披露，重点落实"捐赠权高于社会知情权"即可。非公开募捐的组织或者个人，从具体、特定的捐赠者手中获取金钱财物，因此捐赠者的知情权应该首先得到保障，而不涉及社会公众。

对于非公开募捐，只要保证不以任何方式摊派，不以管理者、控制者身份进行摊派式劝募，不拦阻交通或以影响公共秩序的方式募捐，不公开竞卖、派送募捐券，不支付募捐回扣，非公开募捐社会组织对依法取得的财物之"占有、使用、收益、处分信息"，都应是非公开募捐社会组织的信息"安全港"，只用遵守非营利组织财务会计制度进行账簿的制作与置备即可，没有向社会公开的法定义务。只是针对捐赠人对查询本人捐赠财产的使用情况以及对于大额捐赠人，私募的募捐社会组织应当"在被要求查询的当场或者在15日内予以答复"。对于大额捐赠人的信息披露义务，还可以参考《湖南募捐条例》中的规定，即募捐社会组织应当对大额捐赠人主动通报其捐赠财物的使用、分配情况。除以上被动查询回应以及对大额捐赠人主动回应的义务之外，在对于信息内容、公开方式、公开限度、公开时限，完全自主、自愿，可以依照组织内部章程和自律规则落实。体现"自我治理"。非公开募捐社会组织可以在组织内部章程和自律规则中规定本组织对社会公众进行非公开募捐信息主动公开内容、公开方式、公开限度、公开时限以及公开责任等内容，但这些属于自愿性披露，比如"免费午餐"项目在管理委员会下设执行委员会，分设学校执行部、学校稽核部和信息管理部等部门。"在免费午餐官网上建立学校执行情况、在线捐赠情况、收入支出情况等栏目，即便是非公开的圈内募捐也提供捐赠明细查询、善款跟踪查询，对月账单进行数据分析后的统一公示。"① 这些都是募捐社会组织依据组织章程和宗旨的自愿自主地高尚行为（组织自治规则使然），并非强行的法定义务（国家立法及行业规则对此不应有刚性规定）。

（二）"公开募捐"运作的信息公开

公开的慈善募捐，是运用社会权力通过合法依规的组织向社会输出"募、捐、用"的过程，是涉及公共秩序的公共慈善，具有捐赠主体的不特定、收益对象的不特定以及公益慈善异化影响的广泛性的特点。因此从妥善运用社会慈善资源，保障捐赠人合法权益，兴利防弊，促进社会公益事业健康可持续发展的角度，以及从克服民政主管部门因"信息掌握不全"而事后、被动执法困境的角度，更多地通过国家立法及行业规则，从事前和事中的过程中的"关键环节"进行公共性与透明度的信息披露的刚性义务设定，具有现实意义。公开募捐的信息公开制度，可以采取"政府主导型"模式，从公开募捐组织的"会务、事务、财务"方面，从实体要求和程序安排两个方面，确立募捐运作信息公开主体、内容、方式、限度、时限及责任的规则。

1. "会务"上的公开

慈善募捐的会务公开，是募捐社会组织内部治理信息对外披露的重要方面，对于募捐公共意志在组织内部的转化有重要意义。机构的治理和募捐内部管理信息方面的披露如果随意、分散，则会导致公开募捐的组织战略、策略信息占有的内外的不对称，严重的影响是"基于事前的信息不对称而产生逆向选择问题，以及基于事后的信息不对称，使得内部人自身效用最大化的同时损害委托人或其他代理人效用的道德风险问题"②。在英国就有对公开募捐组织的会务披露像上市公司一样设置披露义务的传统。

因此我国公开募捐的会务上的公开，可以在制度上设置"募捐社会组织的会员大会（理事会）会议同意发起本次募捐的会议记录"的置备义务。在该会议记录中，包括：（1）募捐社会组织会务机构信息，

① 邓飞：《免费午餐：柔软改变中国》，华文出版社2014年版，第192—205页。

② 王则柯：《信息经济学》，北京大学出版社2006年版，第4页。

格式性地反映该募捐社会组织的宗旨/使命/愿景、业务范围、注册地/本部所在地、机构发起方、募捐社会组织联系电话、联系邮箱、机构官网/官微等自主信息平台，理事长或者协调委员会、管理委员会等治理机关的负责人姓名，有监事会的，提供监事会信息及监事姓名及联系方式。此类格式性的会议记录抬头信息，应当真实、准确、完整地反映本次公开募捐组织基本信息、治理与管理信息。（2）募捐社会组织会务安排信息，主要涉及本次关于公开募捐进行决议的会员大会（理事会）会议的召集人信息、主持人信息、会议通知方式及提前告知信息、会议参加表决人信息、会议列席人员信息。（3）募捐社会组织公开募捐会议决议事项，包括拟募捐的对象、募捐区域、募捐数额、募捐期间、募捐团队安排等内容。（4）会议对突发灾难紧急救助信息、重大诉讼、仲裁、行政处罚事项、重大资产减值情况说明及重大关联交易等的讨论内容。（5）募捐社会组织召开的关于募捐表决会议参会人中持同意意见人的签名确认，及持保留意见及反对意见人的意见内容及签名确认。如果会议中有为募捐决议提供审计、法律意见或者第三方提供的募捐项目评估、调查意见的，也应以书面形式附在会议记录之后。

2. "事务"上的公开

公开募捐所采取的"募捐箱募捐、门对门募捐、街头募捐、电话募捐、互联网募捐以及用慈善晚宴、慈善舞会、节日庆典、画展、图片展等传统活动募捐"的过程，募捐形式多样化，并在募捐过程中进行适当的商业化，放大了募捐的行动范围，如果没有信息披露的保证，往往导致信息失真、虚假。募捐的表象往往也因为具体募捐的实施者的地缘优势，"在自己权力控制的范围内，垄断信息以及信息发布的内容以及渠道，导致募捐的表象一般就是假象"①。为了保证慈善募捐向社会输出的秩序与安全，应该用透明度来防范权力滥用、志愿失灵。

因此，无论是该募捐社会组织单独开展或者是联合公共媒体、商事组织开展合作募捐，都必须以募捐社会组织名义落实募捐事务。募捐社会组织的劝募人员或者募捐合作伙伴进行劝募活动时，应主动出示民政

---

① 褚莹：《募捐成功宝典：用好的技巧做成功的募捐》，知识产权出版社 2013 年版，第65—171 页。

机关颁发的募捐许可证文件及该募捐社会组织制发的募捐工作证。如果是以报纸、杂志、广播、电视、互联网等媒体方式进行募捐宣传的，应当载明或说明募捐许可证文号。高度透明的募捐事务信息公开，要求募捐社会组织依照法律程序向社会公众公开一切能公开的募捐事务信息，涉及募捐方案、组织信息、活动信息、募捐工作成本及开支情况等。募捐公务信息以"公开为惯例不公开为特例"，信息公开的内容甚至包括一部分募捐行动参与人的姓名、个人信用及薪酬调查方面的信息。因为这些募捐行动参与人参与公开募捐，涉及公共领域而被视为"公务人员"，他（她）们也就必须让渡一部分个人信息以接受公众监督。募捐过程的募捐个人信息公开以不侵犯个人隐私和商业秘密为限。"参与到募捐的组织信息及募捐人员个人信息，应真实、准确、完整、及时、便捷地公开。"① 如果有公益营销中的适当商业化募捐合作，则还应选择在网上（公益慈善网络信息平台、募捐慈善组织的门户网站）进行项目年度报告公示（年报做全文公示），让公众知晓募捐慈善组织与商事企业的项目年度合作关系、合作方式等内容，明确合作企业要公开披露享受的政策优惠，并定期公布合作项目的财务报告，披露资金来源、金额和走向。募捐组织有权对商业合作组织的合作项目账簿进行独立审计，审计费用由商业合作项目经费支付。

公开募捐的事务公开，还意味着建立"透明的钱袋子"：（1）募捐社会组织至迟应按月将办理劝募活动所得金额存入该组织依法在银行所开立的捐款专户，并应设置专门簿记，载明本月募捐收支运用情形。（2）募捐社会组织收受劝募所得的财物，应开立捐赠票据，进行受赠款物种类及数量、价值方面的明确记载。该捐赠票据上应载明"募捐许可证文号、捐赠人、捐赠金额或物品及捐赠日期"。捐赠财物是金钱的，直接记载金钱数额。捐赠财物是不需变现即可依募捐方案的用途直接使用的物品的，在捐赠票据上记载"种类、数量及时价"。捐赠财物是需要变现的动产的，在捐赠票据上记载"种类、数量及时价"，并备注为"需变现"。捐赠财物是不动产的，在捐赠票据上记载"坐落、面积及

---

① 王名：《我国社会组织改革发展的前提和趋势》，《中国机构改革与管理》2014 年第3 期。

权利范围"。(3) 公开募捐组织应当向所有捐赠人(包括定向捐赠人、大额捐赠人及普通小额捐赠人) 真实、完整、及时地告知募捐情况、募得款物的管理使用情况。(4) 公开募捐组织应当向募捐用过程中的受益人告知公益财物的资助标准、财物使用及分配的工作流程和工作规范等信息。(5) 公开募捐业务或项目信息:在"募、捐、用"事务落实过程中,一方面对捐赠的信息进行固化、公开化,另一方面还应对募捐期满后的信息披露提出要求,对募捐人募捐财产使用情况提出信息披露要求并对违反信息披露要求应当承担的法律责任进行规定。《湖南省募捐条例》包含信息公开披露要求的条款众多,2011 年民政部发布《公益慈善捐助信息公开指引》具有借鉴意义,建立募捐业务或项目信息的公开制度,公开内容包括募捐业务活动(项目) 的名称、募捐业务活动或项目的目标、募捐领域、募捐实施地点、募捐业务活动(项目) 的主要做法、募捐业务活动(项目) 的周期、募捐业务活动(项目) 资金总额、募捐业务活动(项目) 年度支出总额。募捐组织应对审计报告、年报、募捐项目报告、财务报告等建立基本发布制度,作为日常的一般性公益慈善事务信息公开的平台和渠道。募捐社会组织没有建立日常性募捐事务信息发布制度的,不仅面临具体的行政处罚,而且将在年检、评估等方面降级或有资信不利评价并直接影响到下一次公开募捐申请能否顺利取得募捐许可证。

　　3. "财务"上的公开

　　公开募捐的社会组织不仅需要会务(组织信息)、事务(活动信息) 上的公开,也需要公益产权的财物"募、捐、用"簿记化、报告化(财务会计信息公开) 来提高受赠公信力。财政部已于 2005 年实施《民间非营利组织会计制度》的背景下,慈善募捐组织,应当依照非营利组织会计制度,对募捐社会组织"会计核算程序与方法、资产的核算、收入的核算、财务会计报告的编制进行会计与财务上的安排"①。

　　募捐社会组织的财务管理和财务公开的内容、载体、时限、方式可以设定为:(1) 募捐社会组织进行财务公开的信息内容:资产信息:

---

　　① 丁玉芳、邓小军:《非营利组织会计与财务》,经济管理出版社 2010 年版,第 40—49 页。

总资产、净资产；收入信息：总收入、捐赠收入总额、政府补助收入、经营性收入、其他收入；支出信息：费用总额、业务活动成本、筹资费用、管理费用、其他费用。（2）募捐社会组织进行财务公开的信息载体：资产负债表、业务活动表、现金流量表等法定报表及包括会计报表附注、财务情况说明书在内的法定财务会计报告。（3）募捐社会组织进行财务公开的时限：以募捐项目方案的时间周期不同而进行不同要求，募捐按周期或者慈善项目运作周期大于6个月的，募捐社会组织应当每3个月公开一次募捐（项目运作）情况，募捐活动（项目）结束后的3个月内还应当全面公开募捐情况或者项目运作情况及募得款物的使用情况。如果涉及慈善信托的，应当一年内至少1次将募捐事务处理情况、慈善公益信托财产管理情况及财务状况向民政主管部门报告并向社会公告。募捐社会组织应当每年3月底前向民政主管部门提交经过审计的财务会计报告和年度工作（包括募捐工作）的报告。（4）募捐社会组织进行财务公开的方式：募捐社会组织应向社会公开募捐社会组织联系方式，设专人负责处理信息公布事宜，有条件的还应建立社会组织新闻发言人制度，应对"网询""网曝"事宜，并落实岗位责任。募捐社会组织应树立"懂网、知网"观念和互联网大数据的共享开放意识，建立信息公布档案并妥善保管。公开募捐社会组织应通过批准其募捐许可证的民政部门认可的信息网站和自身官方网站（如果建有自己的官方网站）进行年度财务会计报告、年度开展募捐（项目）情况及年度工作报告的上传与公示。

当然，作为信息披露的引导性指标，不是募捐社会组织信息披露的强行义务履行方式：募捐社会组织还可以选择能够覆盖募捐区域的报刊、广播、电视作为公布信息的方式。另外，鉴于年度报告、财务信息的披露有一定的时间滞后性，鼓励、倡导募捐社会组织更多通过自主信息平台，采用"临时公布＋流水汇总公布"甚至互联网的淘宝捐款账单、记账理财APP辅助方式进行更动态、全面的财物"募、捐、用"信息公布。

二　募捐监管信息的公开规则

虽然募捐社会组织应当依法对募捐运作的信息履行公开义务，但是

"社会主体有多种不同的立场和意见，社会信息具有个体倾向性和舆论的分裂性，需要政府通过监管信息公开，以公共意志形成督导，传达监管层信息，形成舆论导向性"①。民政部门既是募捐社会组织的登记机关，也是慈善事业发展和募捐许可证的主管部门，在促进慈善募捐信息公开透明方面有重要职责。尤其是 2008 年《中华人民共和国政府信息公开条例》实施之后，在构建现代公共信息服务体系、建立国家基本公共服务项目清单、打造阳光政府的时代背景下，应"进一步加强政府组织机构立法，建立用权要受监督，违法要追责的责任政府、法治政府"②。民政部门应依法利用慈善监管信息披露和尺度把握，塑造"舆论环境"，强化慈善募捐的公益性立场，塑造日趋"透明"的政府行政监管信息环境，这无疑对于正在进行的社会治理创新改革非常关键。

因此，涉及慈善募捐的信息公示公开，应当由募捐社会组织提供（体现社会权力的透明和诚信），更应由作为慈善公益事业监管者的地方政府及民政职能部门提供（体现公共行政权力的舆论导向与官方立场）。对于我国而言，县级以上人民政府应当建立慈善信息（慈善组织信息、慈善行为信息、慈善监管信息）的统计和发布制度，设置慈善信息联络员，将慈善信息监督员、社会组织信息披露专人建立制度上的经常性沟通、互动，把"募、捐、用"数据调查、信息报送、慈善募捐许可信息、慈善信托备案信息进行联动统计并在统一信息平台发布。

从慈善募捐监管信息的责任主体，以县级为基层责任主体。县级以上民政部门应从民生服务和民政监管角度，建立统一信息披露平台或者指定慈善信息平台（作为慈善公益信息公开的第一平台），以公开为常态、不公开为例外，完整、及时、免费地向社会公开以下慈善民政监管信息：（1）募捐社会组织登记事项，包括募捐社会组织设立、变更、评估、年检、注销、撤销登记等方面的信息；（2）发布具有公开募捐资格的慈善组织名单，并对募捐许可证的内容进行公示，募、捐、用涉及慈善信托的，还应公开信托文件的备案事项；（3）与财政、税务部

---

① ［美］施密特、谢利、巴迪斯：《美国政府与政治》，梅然译，北京大学出版社 2005 年版，第 136 页。

② 许安标：《以法治方式推进政府职能转变的主要途径》，载红旗东方编辑部编《法治中国：新常态下的大国法治》，红旗出版社 2015 年版，第 138 页。

门进行信息共享，公布具有公益性捐赠税前扣除资格的慈善组织名单；（4）整理发布财政、税务、卫生、文化、工商等职能部门对慈善"募、捐、用"活动的税收优惠、财政资助补贴等促进措施；（5）完善政府购买社会组织公共服务的名录，发布向慈善组织购买服务的名录、内容、财政支持金额等信息；（6）建立民政日常监管、执法信息库建设，加大行政许可、行政处罚、社会组织评估等信息公开力度，公布对慈善组织、慈善信托开展检查、评估的结果；（7）针对个人，完善社会信用信息库内容，发布对慈善组织或者其他组织和个人表彰、处罚结果。民政部门还依照法律、法规规定发布其他应当公开的民生服务、民政监管信息，并对募捐敏感性事件、社会关注度高的负面舆情信息，及时传达监管层信息，依法按理研判并发布有用、有效信息。

对于以上监管信息的获得，要受制于正式的程序性规范。从减少信息传递层次和信息过滤环节，加快信息传递速度，确保信息的真实性，提高行政监管效率的角度，一方面需要建立"问责导向的监管信息获得模式"，在民政部及各级民政部门公布专门的举报电话，通过统一信息披露平台或者指定慈善信息平台的"互动交流"，充分利用现代化的信息技术与手段收集和处理各种慈善事业发展信息，拓宽信息传递渠道，畅通对慈善活动中不良行为的投诉举报渠道，收集有关慈善"募、捐、用"问题线索。对于非法募捐活动，联合公安司法、工商管理、广电管理、通信管理等多个部门，采取"前端监控、案件查处、宣传教育"多项措施进行执法信息的收集和发布。同时针对募捐社会组织及被调查者故意拖延，不向民政机关提供依法应当提供的募捐运作信息的，民政执法部门依据属地管辖原则，对募捐社会组织和个人有权采取强制手段调查其认为必要的募捐事实和情况。

这种问责导向的监管信息获得的行政强迫方法，包括：（1）要求被调查者按照规定的格式或内容制作文件或档案，或者提出报告；（2）检查被调查者使用的建筑物、文件和档案；（3）发出协助函或搜查令，要求被调查者出庭作证或提供账簿、文件和档案，还可申请法院强制执行查封、扣押、冻结等调查命令。当然募捐社会组织及个人对民政部门问责导向的信息获得及信息公开的决定不服，可以进行申诉，也可以依法向法院提起诉讼。

　　另一方面，监管信息的获得与公开，还需要建立"服务导向的监管相关信息扁平供给模式"。

　　募捐监管信息不仅仅局限于民政日常监管、执法信息等与慈善问责直接相关公共行政权力行使信息，也包括慈善捐助信息、慈善募捐事业发展统计信息、慈善公益扶持鼓励政策及激励措施信息以及慈善公益类新闻舆情应对事宜。这些服务导向的公共行政信息体现的是信息来源的广度、深度以及专业度，因此对于此类募捐公共信息的供给渠道不能单一、传递渠道不能僵化，可以突破仅仅由民政部门垄断式提供的模式。在服务导向的监管相关信息提供方面，适当推行"扁平式"结构。比如，"北京民政部门授权慈善公益行业联合会进行慈善行业内部的事前、事中、事后的募捐社会组织的信息收集及相关的管理协调服务。并建立慈善监督员制度，在人民群众中选取慈善监督员对慈善组织的内部治理、财物管理与分配进行追踪、跟踪，以减少信息不对称和责任不对等现象引发的各层面的机会主义行为"①。

　　扁平化的"点""面"结合信息反馈、收集和提供模式，还体现为民政部支持组建并登记设立中民慈善捐助信息中心，建立慈善信息发布制度，分析全国慈善募捐用状态，评估我国慈善事业发展情况，发布年度《中国慈善透明报告》。民政部门还可以采购运用第三方提供的民间公益透明指数，做为募捐许可证审核、管理的参考依据。② 对于具体的审计监督事务，民政部门可以特别设定"委托审计"，即民政部门依法每年选择一定数量的募捐组织，委托专业机构进行"募、捐、用"的审计（出具审计报告），建立年度民政工作进行慈善公益评比、达标、表彰活动所依据的信息库平台，并向社会公布审计结果。这些政府委托

---

　　① 施昌奎：《北京慈善事业运营管理模式》，中国经济出版社 2008 年版，第 203—207 页。
　　② 在香港，有一些民间审计师或团队，会对香港全境的慈善资助进行"信誉度"排名。其中，最出名的团队是"香港社会服务联会"，简称"社联"。每隔 5 年，社联会进行一次民意调查，让香港市民选出可信的慈善团体。在大陆有中国民间公益透明指数（China Grassroots Transparency Index，简称 GTI），该指数由壹基金发起支持，清华大学公共管理学院邓国胜教授联合程文浩教授共同研发完成。由 4 个一级指标（基本信息、治理与管理信息、业务活动/项目信息、财务信息）、20 个二级指标和 58 个三级指标构成。GTI 能够较为科学、系统地对募捐社会组织的透明度进行指数加权计算，可以为民政监管提供大数据分析的参考依据。

的并由社会第三方提供的具有专业性并兼具深度和广度的慈善募捐社会组织信息及行为信息的使用与发布，对于引导社会组织提升运作的公开性和透明度，提升民政监管的专业性和有效度，具有重大实践意义。

小　结

本章属于制度建构和整合篇。针对"中央与地方募捐规则的匹配困境"，地方募捐治理的碎片化，中央与地方募捐规则的匹配度不高的"结"，当代中国慈善募捐立法模式的选择上的"解"是：一方面在国家立法层面，采用英国的慈善"集中统一立法"方式，用全面的、综合的《慈善法》统括各项慈善事业制度，推广《慈善法》中"慈善募捐"的立法语言表达，改变过去"社会募捐、公益募捐、慈善募捐"三个募捐语词表达混用的局面。同时，借鉴英国、新西兰、新加坡的做法，由国务院或者民政部及相关职能部门制定中国特色的"慈善募捐许可办法""慈善劝募条例""网络慈善募捐管理办法""街头慈善募捐管理办法""电话慈善募捐管理办法"等法规、规章；另一方面在地方立法层面，借鉴美国鼓励各州分别制定慈善募捐法令的做法，体现"超大型国家"在立法效力层次性的多元选择，将慈善募捐中央与地方的立法联动与衔接作为募捐立法权分配和规则效力传递的重要内容，鼓励更多的省、市在地方性法规或者在地方政府规章中对地方的"慈善募捐组织、慈善劝募行为、慈善捐赠行为、慈善财产管理、慈善激励褒奖"进行地方设计。进而形成以"慈善事业基本法—慈善募捐行为单行法—慈善募捐行政法规、规章—慈善募捐地方性法规、规章"纵向结构的募捐立法体制。

针对"募捐立法与募捐执法的协同困境"，募捐规则的整体性和执行力不够的"结"，当代中国慈善募捐监管体制的选择上的"解"是：在美国税务部门、行政部门、首席检察官（司法部门）共同负责的监管体制，英国慈善委员会监管体制以及香港税务部门、行政部门、律政司共同负责监管体制之间，还需考量中国的国家与社会关系模式是"行政吸纳社会"，国家与社会的权力分配格局需要在募捐秩序与社会活力之间需求平衡。因此应从现实国情出发，以民政部门为主体，以税务

（负责非营利免税、减税资格认定）、公安部门（负责募捐欺诈、违规募捐对民众的侵扰的社会治安）为两翼，建立民政、税收以及治安权配合的监管体系，按照规范社会权力运行的要求，在慈善"募、捐、用"领域以"建设、培育、规范"替代"整饬、限制、管制"，落实"募捐申请从宽，募捐所得监管从严"的募捐民政监管理念。需要进一步精细化的是改变过去对民政执法职权规定过于原则、疏阔的问题，做到依法监管、规范监管、适当监管。民政部应制定示范性的募捐执法实体与程序规则，对执法主体、执法对象、执法种类、执法依据、执法方式、证据种类等进行行为守则式的规定。针对慈善募捐监管业务，还应抓紧落实"慈善募捐许可办法"的立法和"慈善劝募条例实施细则"的相关制定工作。

　　而在慈善募捐主体范围的设置上，需要在制度演进的"源流探索"与制度移植的"拿来主义"之间，参考美国、日本以及我国台湾地区、香港特区的制度安排。比如，在美国、日本更多使用"非营利"表述，在台湾地区使用公益性社团法人、公益性财团法人、公立学校、公共行政法人的"公益"表述，而在香港地区以及英国则用"慈善目的"慈善组织表述。并且从慈善的具体范围界定来看，美国、英国以及香港地区的"慈善目的"包括发展宗教发展，而中国台湾、日本则不包括宗教目的的慈善募捐。我国的慈善募捐主体范围，应当界定为"慈善组织"，而将"政府机构、宗教团体、单位、社区"排除在慈善募捐主体制度规范之外。也就是说采用狭义的慈善募捐主体概念，即慈善募捐是慈善组织的募捐（体现公益、自愿），而不宜与政府的行政募捐（体现强力、被动），单位、社区募捐（体现互益、互助）以及宗教教义规制范围内的宗教募捐相混淆。宗教募捐活动特指布道、弘法或其他与宗教群体运作、教义传布有关的募捐活动，应当由宗教自治。

　　我国慈善募捐准入制度，需要分类设定。将募捐准入门槛与募捐的公开度、募捐的区域广度以及募捐的名义安排直接联系起来：（1）针对封闭的非公开募捐，宜采取"法无明文禁止即可为"的理念。公权力不应对非公开募捐设准入门槛，而只需进行"非公开募捐"的内涵进行界定。（2）针对开放的公开募捐，英国、美国、日本、澳大利亚都采取的是"公权力介入"方式进行准入门槛的设置，加之我国现行地方募捐立法除《上海市募捐条例》对所有依法成立的募捐组织进行募捐方案的备案制外，《湖南省募捐条例》《江苏省慈善募捐许可办法》《广州市募捐条例》都在不同程度上采用许可制。就中国现实国情而言，对于公开的慈善募捐进行"准则主义"的慈善募捐许可证制度具有现实意义，既能克服官方慈善会及公募基金会对"公开募捐权"的垄断，也能让有劝募需要的民间社会组织有章可循。"募捐申请从宽"的具体含义，指放开公开募捐权（不再区分组织的身份是官方、半官方还是民间），所有合法慈善组织的公开募捐机会均等，通过民政部制定"慈善募捐许可办法"确定"公开慈善募捐"的准入门槛，县级以上民政部门依据该许可办法进行审核认定，发放募捐许可证。

　　慈善募捐过程控制和信息公开立法的制度内容则主要是：按照规范社会权力运行的要求，以公共性与透明度为制度的核心内容，落实"募捐申请从宽，募捐所得监管从严"的募捐监管理念，把"主体法定、公募许可、行为规范、信息公开、行业自律、政府他律、人民监督"贯彻于在未来立法层面的募捐各条例、办法中。对募捐主体范围、募捐许可的条件、程序、方式、监管措施、募捐信息披露的内容、格式和程序等方面进行具体规定，对"骗捐""诈捐"、对于逾期不备案、不给捐赠人开票据、向单位或个人摊派、非法定募捐组织进行募捐、未履行信息公开义务等多种违法违规行为规定了法律责任进行规定。这些制度安排的目的在于落实募捐组织劝募过程"公开"、慈善募捐宗旨"公益"、慈善资源分配"公信"的"三公原则"。

第六章

结　论

一　主要研究结论

对民间慈善事业的善治与法治研究是慈善学界近十年来显著的成果之一。2016 年 3 月两会召开期间，十二届全国人大四次会议审议人大常委会关于提请审议《中华人民共和国慈善法》的议案。全国人大副委员长李建国在大会上指出慈善法是加强社会领域立法，规范慈善活动的客观需要。作为中国新慈善发展的"顶层设计"——《慈善法》经过近十年的酝酿，亦在 2016 年 9 月正式实施，并成为慈善事业基本法。中国由此正式进入"依法行善""依法治善"时代。当前，新慈善还需要有系统的募、捐、用制度来巩固和塑造。慈善募捐作为慈善事业法制规范的重点领域，树立公益诚信保证公益有效性的重要环节也需要应势而动，进行配套的制度建设。"法律制度的主要目的在于确保和维护社会集体的健康，从而使人民过上有价值的和幸福向上的生活。"① 但究竟如何对慈善法之下的涉及慈善事业"财流、信息流"的慈善募捐进行制度建设，理论界和实务界还未完全达成一致。

"不知来，视诸往。"中国的慈善募捐作为一种"情境式存在"，其历史惯性体现为传统社会"官方赈济'募与用'一而贯之、佛家募化与道家劝善'募与用'的融入、士绅与商贾民间慈善'募与用'的发展"。募捐制度的合法性合理性应当遵循传统，同时又适度改造传统而来。因此，当代中国慈善募捐制度建设，需要对官方慈善（行政募

---

① ［美］E. 博登海默：《法理学：法律哲学与法律方法》，邓正来译，中国政法大学出版社 2004 年版，第 529 页。

捐）、宗教慈善（宗教募化）、社会精英慈善（首善募捐）、个人慈善（互助募捐）进行类型化分析，进而对慈善募捐的纯粹概念意义上的因素进行制度化的统括，即传统社会结构中笼统的社会互助、宗教共济、政府行政以及"能力大者责任大"的精英慈善、清流慈善，已经在现代社会结构中演化为组织化、社会化、专业化的，涉及社会资本、民主治理及社会公共精神的慈善公益"募捐用"——募善财、用善财、理善财的社会非营利系统。这一整体大趋势，不容逆转。我国当代慈善募捐制度应遵从该"目的律"进行建构、整合、完善。过去，不同的研究成果在用不同方式、不同角度切入解释慈善募捐命题，相互混淆甚至冲突的观点屡有出现。其原因在于对现代慈善所处的历史惯性以及"政府官方性""乡里家国性""士绅商贾首善繁荣性"的认识不足，同时也有对慈善募捐涉及对慈善资源的"募、捐、用"，重要到甚至可以说是社会的第三次分配，所具有的"社会"公共性的认识不足。

而现实生活中的逼捐与压捐、比捐与炒捐、功利捐与冲动捐等慈善风波、善款漏损、贪污丑闻还有不符合人性的裸捐、清流慈善等都在人性与制度之间考验着社会募捐的参与者。这些慈善危机中的对慈善组织资金链上的"贫血症""败血症"及其"并发症"的揭丑与审丑，也让社会质疑监管的同时呼唤规则。其实，国家与社会、政府与社会组织以及募捐组织自身"贫血症""败血症"及其"并发症"的出现，往往具有深层次的制度性背景，诸如慈善募捐本身定位的模糊、制度的疏阔等。而从西方慈善募捐的历史脉络来看，无论是欧洲早期的教会募捐与民众互助募捐，还是西方近代募捐领袖的社会募捐、现代家族基金会的巨额募捐以及当代多元并存的慈善公益募捐，都体现了制度化的"社会性""民间性""公益性"。由此，我国的慈善募捐在进行近代化、现代化转型过程中，一方面需要达成共识的是慈善募捐的组织发达优于个人慈善，另一方面在组织化慈善募捐中还需要进一步理清的是"什么公共组织，以何种角色"进行募捐事业的推进。也就是说，需要在涉及公益慈善领域的社会组织、企业组织、政府组织在"社会、国家"之间进行组织在制度上的定位。

在传统的国家社会慈善理论和现有的法律制度体系中，没有现成的概念作为解决慈善募捐及慈善募捐组织自身定位问题的依据。而过去

"强政治、泛道德、弱制度"的窠臼，显然需要新的理论解释体系。由此，可以把"权力"概念作为社会秩序也作为法律秩序中的表述，进行权力外延的扩展。即在"国家权力"之外，把"社会权力"引入慈善募捐主体行为依据和苛责依据的解释范畴。这种论证的思路，是跨越中国官方慈善"管与控"历史社会现象，找到慈善募捐赋权与限权的质性判断和限度的尝试。传统公益非营利领域乃至社会福利领域的慈善事业要从个体人性的光辉向社会之善乃至国家之善的近代化、现代化进行转型。新慈善理念下的慈善募捐则要以"组织发达优于个人慈善""制度规范优于道德规范"为基本的理念共识。

　　"理念是有力的，经常是决定性的，对真正个人的行动过程产生有效的影响。行为者行为的源头有些可以追溯于此。"[①] 奠定了"组织发达优于个人慈善"的新慈善理念，还需要进一步理清"什么组织，以何种角色"进行非营利的公共募捐事业的推进。"情境式存在"的当前慈善募捐领域的社会组织、政府组织以及企业组织在"社会—国家"之间有互助关系，在一定程度上三类组织在慈善资源供给上还有交叉关系，需要在规范意义上进行厘清。

　　本书研究慈善募捐的制度规范逻辑。"制度的功能在于一定程度上改正社会和传统的弊端。国家的进步靠的是制度改良和统治改善。"[②] 现代社会正式的慈善组织结构和慈善组织募捐行为是在高度制度化的背景中产生的。以"制度整合与规则体系完善"为研究视角，本书不仅探讨了作为规范事实的中国慈善募捐的发展脉络，而且系统梳理了当代中国中央与地方层面慈善募捐相关的政策法规，同时还兼顾纵向的历史比较和横向的国别、地区比较，这样能够从体制、机制、组织、人员、透明度等正式制度安排上，以及对程序性规范的落实上，解决个人与群体、群体与组织、组织与组织关系中的动态不均衡困境。

　　著名社会学家韦伯开创社会学形式的制度主义，将制度、规则和组织衔接起来。个体行动中固然有利己主义、利他主义抑或互惠式的利益

[①] ［德］马克斯·韦伯：《社会学基本概念》，韩聪译，北京出版社 2010 年版，第50 页。
[②] ［法］古斯塔夫·勒庞：《乌合之众：大众心理研究》，冯克利译，中央编译出版社 2004 年版，第 68 页。

链接成为社会组织中的秩序，但为维持社会组织稳定的运行，不可或缺的约束力是促成制度的出现，并以制度作为秩序的正当化规则体系，从而产生让人服从的结果。中国现代慈善的"组织发达优于个人单干""强制度化和弱道德化"的新慈善精神和理念，需要在慈善募、捐、用制度与规则的固化和明确化过程中得以贯彻和落实。理性化的制度要素安排，会推动慈善组织正式结构的兴起和慈善募捐行为的规范化。这是理性化制度安排的影响力。在募捐领域无论是大众捐赠还是大额捐赠，无论是募捐社会组织的劝募还是用募，都涉及地位、身份、社群、慈悲、信任等关系整合基础上的利己主义、利他主义抑或社会互惠、交换的行为动力解释。而制度恰是"组织加上社会关系、规范与组织管理者所采取的行动的合成物"①。正因如此，本书认为针对"慈善筹资"命题下募捐表面是"钱"的问题，而从制度层面来看则是"心"（目的、宗旨）与"行"（募捐在组织内的输入、募捐向社会的输出）的问题。募捐制度应当用"慈善"来界定"募捐"的目的和宗旨。由此作为"聚财—散财—理财"的慈善募捐，其内涵可以从主体（组织，排除个人）、主观方面（公益目的，排除互益、私益目的）、客体（可变现财产，排除不可变现财产）、客观方面（知情与自愿，排除隐瞒和逼捐）四个方面来进行界定。

从理性选择制度主义角度来看，制度意向由两种含义构成，第一种指实际存在的意向，第二种是理论构想意义上的纯粹形式。中国"行政吸纳社会"下的行政手段和官方公益垄断成为社会关系网络中正式的同时也是隐蔽性排挤社会的体制，需要加快"政社分开、权责明确"。以"政社分开、规范募捐、保障公益"为目的，进行政府与社会"基于合作的分工、分权"的社会治理创新。但在社会用语和法律术语的表述层面，还是应当体现"制度意向"。具体到慈善募捐领域，寻找出真正"确定的"和"适用的"慈善募捐主体权能的"制度意向"：

其一，社会组织基于社会公共性而具备慈善募捐的主体权能。但基于社会组织在理论上的理解和在实践中的定义"广泛使用又外延模糊"，因此本书的命题"慈善募捐是社会组织行为"，表述为"符合条

---

① 李英明：《新制度主义与社会资本》，台湾扬智文化事业公司2005年版，第13页。

件的社会组织"才能实施慈善募捐的"募、捐、用"。我国对慈善募捐的组织主体权能的设定，一是要明确慈善募捐是社会组织行为，二是要精细化为不是所有社会组织都具有募捐权能，募捐社会组织必须要有"宗旨目标的公益性""内部治理的自主性和志愿性""组织运行的非营利、非分配性"。对募捐社会组织范围进行以上"正向界定"的同时还要进行"反向排除"：一方面应当将"类政府机关"特点的官方性有余而民间性不足的政治性群众组织及依法免予民政登记的"参公执行单位"的社团，排除在慈善募捐组织之外，另一方面也应将游离于民政登记、审批、备案、监管范畴之外的"灌木丛"式的"未定型社会组织"，排除在慈善募捐主体范围之外。

其二，政府组织是社会治理的重要组织体。传统中国慈善中官方赈济"募与用"一而贯之，官僚行政（以官为中心）为核心的威权系统长期扮演着"全能父母官"的角色，在慈善资源的分配与支配当中起决定性作用。然而"行政吸纳社会"并不代表塑造"政府高于社会"框架。现代政府政治力和社会慈善应当保持彼此的距离和相互的尊重。让政府和社会组织职能分开，政府对慈善募捐治理的"公权安排"体现为从公益劝募的慈善市场中退出，让"裁判员"与"运动员"角色分开。慈善募捐在"行政吸纳社会"应被定位为"民办官助"，而不是"官办民助"。在慈善募捐领域不越位、不缺位、回本位、补空白的各级人民政府及其所属的民政部门，体现为更多从信息、政策方面引导社会组织参与社会治理的有序开展。政府与社会的分权合作的"排序博弈"包括制度层面规范慈善募捐、精神层面奖励慈善募捐、操作层面监管慈善募捐。

其三，企业组织在资金的"募、用"方面有多重角色。作为商事筹资人的企业组织，依照金融法，经过银行、证券、票据、保险渠道，对银行借贷资金、政府财政补贴资金、证券、信托、保险、融资租赁等金融财务公司资金，乃至民间资金、海外资金进行相应的筹资活动。这些"在商言商"的商事筹资需要付出筹资的使用成本，应用货币支付商事资金（营利性资本）"募、用"的对价或相应对价。这与慈善资金或其他财物自愿、单向、无偿转移给募捐社会组织的慈善募捐有本质区别。但作为慈善捐赠人的企业组织，以及作为慈善商业化形式的"社会企业"，则通过企业社会责任以及经过"公益验证"（不能因为一部分的"公益"而损害社会或大众的公共利益）和"资产锁定"（清晰可见的收益及利润属于社会公益产权）介入非营利的慈善募捐领域。

当然，制度以及制度意向所固定和明确的新的权力抑或权利秩序，不会马上随着确立《慈善法》法典以及募捐相关制度而改写传统募捐用中的观点乃至习俗。没有哪一种法律制度秩序会在一夜之间建立起来。各种慈善募捐制度就其本身而言没有好坏，也没有固定的优点，关键是在特定的时空之下该制度的实施是否奏效，是否对社会慈善及募捐用人群有益。要把募捐社会组织的慈善募捐建构为不断重复的社会性行为，不能仅仅作为一种社会行动者的事实而进入到社会生活中，而且需要公共舆论及法律力量支持的社会期待和社会"能力权威"的奠定。

具体到慈善募捐领域，本书认为社会"能力权威"的培育，以及募捐社会组织的"社会独立性"，应当从社会组织能力范畴的"社会权力"进行展开。作为政府权力、资本权力之外的第三极，"社会权力"以制度性概念精确而广泛的使用，能够赋予慈善募捐组织以完全不同的意向内容：一方面募捐社会组织的行动依据是"社会权力"（基于公共精神的组织影响力、支配力），以社会权力为基础"公开募捐权"，另一方面募捐社会组织的苛责依据也是"社会权力"（公共领域的权力阈限、权责对应）。前者让募捐社会组织基于自主、自治而具有高效的动员能力和社会整合力。后者则让募捐社会组织行权谨慎，用权适度，以公共权力的分权与公示，落实权力不自由和公共权力的公共责任。

社会权力的概念被用于框定慈善募捐的权力来源，也被用于说明社会权力"公共权力"依法、循规运行的慈善募捐行为。构建标准化、透明化制度环境是推动我国慈善募捐事业持续发展，实现"政社分开、规范募捐、保障公益"的必然要求。我国慈善募捐的制度化建设，一方面要为慈善募捐的社会属性（社会权力运行）正名，为慈善公益组织松绑，呵护民间慈善组织的资金链，革除过去"钦定募捐权"的障碍。另一方面也需要弱化现代慈善募捐的政治色彩、个人色彩和道德色彩。要强化募捐社会组织的"权力不自由"。同时，体现捐赠者、受益者私权利的尊重。因此慈善募捐社会组织权力的运行有双层内涵，一是正向的赋权，为募捐行为提供合法性依据，基于制度化进行权威宣誓，确立社会组织的象征性社会权威，二是反向的限权。社会权力不是绝对理性的权力、超凡的权力，预防募捐公益行为异化为腐败、傲慢和偏见，在"赋权"的同时亦需要"限权"，即切割社会权力与利益的交换与交易的连接点，将社会权力也放在制度的笼子里。从社会权力在募捐组织的输入与输出过程来看，就需要对募捐社会权力的异化进行规范和控制，加强募捐事务、会务和财务的内部权力制衡以及外部监督检查。反向的限权体现在对募捐社会组织的权力分解、权力公示，以保证社会权力服务于社会公益，服从于民众监督，在公示、评价、批评、罢免当中保障社会权力的"伺服性"。以"赋权"兼"限权"的制度供给完成社会慈善的道德治理向法律治理的转身。

于是募捐制度中的针对社会权力的"公益、公开、公信"原则必须得到充分重视。慈善募捐制度建设应当从"中央与地方募捐规则的匹配、募捐立法与募捐执法的协同、募捐内部自律与外部他律规则的衔接、募捐传统制度继承与法律移植的抉择"之困境中走出来，在传统募捐规范与现代募捐制度的整合中进化和优化。

二　制度整合与立法展望

本书认为我国募捐制度整合与规则体系完善，应当从"公开的慈善募捐的规范化"角度，把"主体法定、公募许可、行为规范、信息公开、行业自律、政府他律、人民监督"贯彻于未来进行《慈善募捐许可办法》《慈善劝募条例》的中央立法之中，并进一步鼓励地方募捐条例的出台，贯之以"募捐申请从宽，募捐所得监管从严"的思路，对慈善募捐主体准入、募捐许可资格证书管理、募捐资金使用、募捐组织内部治理结构、政府外部监管以及募捐信息披露等方面进行"公开、公益、公信"原则下的具体内容设计。

基于此"公益、公开、公信"的募捐制度定位，我国未来募捐制度的宗旨与目的应当界定为"有效监管慈善募捐行为，保障慈善募捐公益属性，妥善运用社会慈善资源，促进社会公益事业发展"，以此来保障募捐从过去的运动化向常态化转变，从"强政治化、泛道德化和弱制度化"向"弱政治化、弱道德化和强制度化"转变。

在立法的规划与安排上，需要提升中央和地方层面关于募捐立法的位阶，在《慈善法》之下以专门的劝募条例、管理办法来推进"募捐行为监管法制化、募捐过程透明化"。并且慈善募捐制度逻辑的周延，需要两个方面的保障：一方面用规则来确立有效监管慈善募捐行为的法律依据，以政府的行政权力依法约束慈善组织"涉及公域"的社会权力，确立"权力边界"，建立良好的公益责信制度。让慈善募捐组织真正地"适度募捐"不仅靠善心、良心的自觉性，而更依赖于外在、刚性、制度化的政府监督和社会约束机制；另一方面慈善募捐的透明化是"破题"的关键。用制度规则来明确慈善公益的发起主体、募捐方案、募捐事务执行、募捐效能的征信与审核评估。在鼓励民间慈善组织的机会均等的募捐用规则面前，公平地与过去垄断性官方慈善组织进行"慈善竞争"。这种在制度中植入用募捐组织"增量来激活存量"的慈善募捐制度转型策略，这不仅解决社会权力在制度上的"放开"问题，而且解决募捐公共行为的公共信息在制度上的"公示"问题。无论是官办慈善机构募捐还是民间慈善组织募捐，透明机制是募捐制度的重要内容。募捐制度更强调程序的重要性，对遏制募捐组织"暗箱操作"上有持续的聚光和追光效应。

未来募捐制度从规则体系上看，还应是一个制度"群"。慈善募捐的科学立法、民主立法在于制度"群"的整体性和系统性。对未来中国募捐制度群在"立、改、废"上的展望，应当是《慈善法》之下的《慈善募捐许可办法》（可以作为募捐专门立法的第一个突破口，由民政部制定为规章）、《慈善劝募条例》（可以作为募捐专门立法的第二个突破口，由国务院制定为行政法规）以及"网络慈善募捐管理办法""街头慈善募捐管理办法""电话慈善募捐管理办法""联合慈善募捐管理办法"等法规、规章。以"规范化地聚财、透明化地散财"作为涵盖和整合这些募捐制度"群"的主线，提出中国慈善募捐制度整合与体系完善的对策，实现慈善募捐制度的条理化、标准化、科学化和稳定化。而克服当前诸多制度规定中暴露的"对程序规定过于笼统"之现实问题，则需要吸收借鉴民国时期《统一募捐运动办法》和当代同时期海外慈善募捐制度发展的经验基础上，探索我国慈善募捐制度的理性安排，将募款准入（募捐组织许可、备案，劝募师执业许可）、募捐款物使用的信托与限制（慈善募捐用与商业营利的边界）进行具体化。

慈善募捐准入和门槛制度仅仅解决的是募捐资格问题，重要的是取得募捐许可证后，募捐社会组织有持续、妥当的募捐行为规范。因此募捐过程控制制度的构建和完善，尤显重要，需要在制度上对社会组织面向社会的募捐环节（聚财）和募捐财产的支出环节（散财），对慈善募捐进行募捐环节管理。克服募捐组织权力异化、保证社会权力的伺服性的办法就是对募捐在组织中的输入以及向社会的输出的关键节点进行把控：

其一，募捐在募捐组织中的输入环节，首先应当有募捐主体的"组织正规性"，并落实为"合法性"的前提；其次应当有募捐规则在组织章程中的输入。章程的重要性在于"募、捐、用"的慈善募捐规则通过规章进行明确地授权，并以章程落实"募捐内部自律规则"与国家立法等他律规则的衔接和配合；再次还要有募捐在组织机关中输入。这不仅要求募捐社会组织"权力机构、执行机构、监督机构"分权制衡的内部治理结构，而且应建立最高权力机构——会员大会（理事会）下的执行官（组织的法定代表人，会长或是理事长或是秘书长）的慈善募捐负责制。募捐社会组织的执行机构以及最高权力机构应当就募捐内容进行决策并形成书面会议记录。该会议记录是对外反映申请募捐组织募捐决策流程、治理结构的重要载体，也是民政部门进行募捐申请审核的重要文件资料。

其二，募捐通过组织向社会的输出环节，首先，需要"无方案不募捐"、无计划不接受。"募捐方案"应当包括《募捐活动计划书》和《活动所得财物使用计划书》两个的重要载体；其次，需要对募捐成员进行封闭的管理，借鉴英国慈善法，保证"募、捐、用"过程中，募捐接收的银行账户名称、捐赠票据开立人名称、受益人接受募得财物受领函上的项目实施人名称，是募捐许可证上记载的组织机构代码及统一社会信用代码所对应的募捐社会组织。再次，需要开放募捐形式，由慈善组织自行选择，并适当打破行业运营隔阂，推动公益与商业的联姻和"益商圈"的融合，允许"可以接受的私利"，但应保证在制度上确立适当商业化合作募捐的"项目制"推进方式。

募捐过程控制制度的落实，还需要募捐信息公开制度的构建。慈善募捐的阳光治理，可以从募捐运作信息公开与募捐监管信息公开两个方面，兼用实体与程序规定来遏制"伪募捐"和"灰募捐"。信息披露制度的重点在于信息披露的主体的安排以及"会务、事务、财务"信息披露的内容：首先，针对慈善募捐运作信息公开，可以遵循"分类公开、分层披露"原则，对于非公开募捐和公开募捐进行"分类公开"，对公益宗旨募捐、公益专项募捐、常年性募捐、方案式募捐进行分层披露。即对于不涉及公共秩序的"非公开慈善募捐"，在募捐信息披露上实施"公开信息披露的豁免"，而对于"公开慈善募捐"运作的信息公开，则应更多地通过国家立法及行业规则，从实体要求和程序安排两个方面，规定募捐社会组织募捐运作"会务、事务、财务"方面的公开内容、方式、限度、时限及责任；其次，针对募捐监管信息的公开，则应由作为慈善公益事业监管者的地方政府及民政职能部门提供。建立统一信息披露平台或者指定慈善信息平台，以公开为常态、不公开为例外，完整、及时、免费地向社会公开民政的慈善事业发展信息。政府统计和发布慈善信息的项目种类应当法定化。政府公开的监管信息的获得，应当受制于正式的程序性规范，一方面需要建立"问责导向的监管信息获得模式"，另一方面，建立"服务导向的监管相关信息扁平供给模式"，以阳光政府、法治政府传达监管层信息，形成舆论导向性，进而为慈善募捐的"公信、公益、公开"营造政府环境。

　　慈善募捐制度的立场和规范态度是"为自由而限权，为福利而问责"。基于募捐公共责任的"问责制"需要以"会务、事务、财务"的标准、方式、步骤等程序设计来甄别"伪募捐"（借公益募捐之名，行牟利之实）和"灰募捐"（不透明、阴谋的公益募捐）。慈善募捐组织基于公益目的而实施的聚财与散财行为，行为的后果由该主体承担。本书提出的公益募捐制度围绕募捐过程进行"一"字构建，"是实体法与程序法的结合"的结论也就在情理之中了。即以"募、捐、用"的过程控制为制度调整核心，严格"会务、事务、财务"监管"两头"（慈善募捐许可环节和慈善募捐事务执行环节）。努力让慈善募捐脱离泛道德、强政治的窠臼，推进慈善募捐从运动化向常态化转变，从泛道德化向强制度化转变，追求公益慈善资源的经常化、永续供给。靠制度化的"规范募捐""保障私权""维护公益"，以达到尊重捐赠人意愿，规范募捐行为，硬化处罚措施，确保慈善款物有效使用的目的。

　　总之，中国式募捐问题的结与解，是制度的缺位与权力的越位之夹缝中求规则的结与解。只有全面依法行政，把相对于政府权力的社会权力的"自主、自愿"落实为宏观募捐体制安排，才能在中观的制度设计中涉及妥当的募捐行为规范。因此，本书的指导思想并不将国家与社会对立起来。信任、扶植、建构慈善组织的募捐权力，在募捐制度中有"赋权"与"限权"双重内涵，对于全面实现涉及公域的慈善募捐问责，更有说服力。赋权之后再限权，才能使得立法上募捐社会组织的主体更明确、责任更具体。"正式的社会组织结构的兴起是理性化制度规则的反映。"① 赋权之后劝募组织规范的"募"，才会引来社会踊跃而且持续的"捐"。

---

① 张永宏：《组织社会学的新制度主义学派》，上海人民出版社 2007 年版，第 3 页。

附录

主要募捐制度文本汇总

典型制度文本1：现行《中华人民共和国慈善法》关于募捐的规定

《中华人民共和国慈善法》由中华人民共和国第十二届全国人民代表大会第四次会议于2016年3月16日通过，自2016年9月1日起施行。该法共12章107条，涉及慈善募捐的是第3章的11条。

第三章　慈善募捐

第二十条　本法所称慈善募捐，是指慈善组织基于慈善宗旨募集财产的活动。

慈善募捐，包括面向社会公众的公开募捐和面向特定对象的非公开募捐。

第二十一条　慈善组织自登记之日起可以向特定对象进行非公开募捐。

慈善组织开展非公开募捐，应当明确特定对象的范围和募捐期限，并向募捐对象说明募捐目的、所募款物用途等事项。

第二十二条　慈善组织开展公开募捐，应当取得公开募捐资格。依法登记满二年的慈善组织，可以向原登记的民政部门申请公开募捐资格证书。慈善组织内部治理结构健全、运作规范的，民政部门应当自受理申请之日起六十日内发给公开募捐资格证书。

法律、行政法规规定自登记之日起可以公开募捐的慈善组织，由民政部门在登记时发给公开募捐资格证书。

第二十三条　开展公开募捐，可以采取下列方式：（一）在公共场所设置募捐箱；（二）举办义演、义赛、义卖、义展、义拍、慈善晚会等；（三）通过广播、电视、报刊、互联网等媒体发布募捐信息；（四）其他公开募捐方式。

慈善组织采取前款第一项、第二项规定的方式开展公开募捐的，应当在其登记的民政部门管辖区域内进行，但捐赠人的捐赠行为不受地域限制。

慈善组织通过互联网开展募捐的，应当在民政部门统一或者指定的慈善信息平台发布募捐信息；其中，在省级以上民政部门登记的慈善组织也可以在其网站发布募捐信息。

第二十四条　开展公开募捐，应当制定募捐方案。募捐方案应当包括募捐目的、起止时间和地域、活动负责人姓名和办公地址、接收捐赠方式、银行账户、受益人、所募款物用途、募捐成本、剩余财产的处理等。

第二十五条　开展公开募捐，应当在募捐活动现场或者募捐活动载体的显著位置，公布募捐组织名称、公开募捐资格证书、募捐方案、联系方式、募捐信息查询方法等。

第二十六条　不具有公开募捐资格的组织或者个人基于慈善目的，可以与具有公开募捐资格的慈善组织合作开展公开募捐，募得款物由具有公开募捐资格的慈善组织管理。

第二十七条　广播、电视、报刊以及网络服务提供者、电信运营商，应当对利用其平台开展公开募捐的慈善组织的登记证书、公开募捐资格证书进行验证。

第二十八条　发生重大自然灾害、事故灾难和公共卫生事件等突发事件时，有关人民政府应当建立协调机制，提供需求信息，有序引导开展募捐和救助活动。

第二十九条　开展募捐活动，不得摊派或者变相摊派，不得妨碍公共秩序、企业生产及人民生活。

第三十条　禁止任何组织或者个人假借慈善名义或者假冒慈善组织开展募捐活动，骗取财产。

典型制度文本 2：民国时期《统一募捐运动办法》

《统一募捐运动办法》民国三十二年五月二日（1943 年）由国民政

府发布①

第一条 凡为提倡国防建设慰劳国军举办公益慈善及文化教育事业，均得依本办法之规定募捐财物。

第二条 凡募捐用途属于全国性者得向国内外募集之。凡属于地方行者，只许在各地区内募集之。但慈善事业中之灾难、急赈不在此列。

第三条 凡发起各种募捐运动应先将计划用途及募集方，报告该社会行政机关会商各该事业主管机关核准。但向国外举行募捐时需呈报行政院核准。

第四条 募捐方式应遵守以下各项：

（一）应尊重应募人力量，捐认自由，不得以任何方式摊牌，并不得以认募人之身份为募捐之比例。

（二）不得以阻碍交通或利用其他机会强迫捐募。

（三）以义演、义卖等名义发售捐券应当场或利用其他场会公开竞卖，不得派送。

（四）凡关于募捐财物劝募时所发之临时收据、券票概应由经募机关团体盖印编号。额面有价格者，不得折扣。

（五）捐募开支应力求节省，在实募十万元以内者以百分之五为限。超过十万元者，其超过额以百分之二为限，并不得支经募报酬。

第五条 经募人应受以下限制：

（一）长官不得向僚属劝募。

（二）管理人不得向被管理人劝募。

（三）学校当局不得向学生劝募。

第六条 应募人除民营事业经理人之外，概不得以非个人所有之财产认捐。

第七条 凡捐募财物有由公库负担一部分以资提倡，应由各级政府以命令一次捐助之。各机关概不得以机关名义认捐。

第八条 各种捐募运动之实施及其收据、券票办理情形，该管社会

① 王懋功：《社会法规汇编（中华民国三十五年七月第一辑）》，华美印书社，中华民国三十六年六月二十日订发，第96页。

行政机关得随时派员考查。如有违背法令行为，应制止之。

第九条 捐募之财物收支应依公库法及统一捐款献金收支处理办法之规定办理。其属于地方性者，应由各级政府主管公库机关与各该事业主管机关商定之。

第十条 本办法自公布之日起施行。

典型制度文本 3：台湾地区《公益劝募条例》

2006 年 5 月 17 日制定公布，并自公布尔日施行。全文 32 条。

第 1 条 为有效管理劝募行为，妥善运用社会资源，以促进社会公益，保障捐款人权益，特制定本条例。

第 2 条 本条例所用名词定义如下：

一、公益：指不特定多数人的利益。

二、非营利团体：指非以营利为目的，从事第八条公益事业，依法立案之民间团体。

第 3 条 除下列行为外，基于公益目的，募集财物或接受捐赠之劝募行为及其管理，依本条例之规定。但其他法律另有规定者，从其规定：

一、从事政治活动之团体或个人，基于募集政治活动经费之目的，募集财物或接受捐赠之行为。

二、宗教团体、寺庙、教堂或个人，基于募集宗教活动经费之目的，募集财物或接受捐赠之行为。

第 4 条 本条例所称主管机关：在中央为内政部；在直辖市为直辖市政府；在县（市）为县（市）政府。

第 5 条 本条例所称劝募团体如下：

一、公立学校。

二、行政法人。

三、公益性社团法人。

四、财团法人。

各级政府机关（构）得基于公益目的接受所属人员或外界主动捐赠，不得发起劝募。但遇重大灾害或国际救援时，不在此限。

第6条　各级政府机关（构）应依下列规定办理前条第二项之劝募：

一、开立收据。

二、定期办理公开征信。

三、依指定之用途使用。

前项政府机关（构）有上级机关者，应于年度终了后二个月内，将办理情形函报上级机关备查。

劝募团体基于公益目的，向会员或所属人员募集财物、接受其主动捐赠或接受外界主动捐赠者，依第一项规定办理，公立学校并应于年度终了后二个月、其他劝募团体于年度终了后五个月内，将办理情形及收支决算函报许可其设立、立案或监督之机关备查。

第7条　劝募团体基于公益目的募集财物（以下简称劝募活动），应备具申请书及相关文件，向劝募活动所在地之直辖市、县（市）主管机关申请许可。但劝募活动跨越直辖市或县（市）者，应向中央主管机关申请许可。

前项申请许可及补办申请许可之程序、期限、应检附文件、许可事项及其他应遵行事项之办法，由中央主管机关定之。

第8条　劝募团体办理劝募活动所得财物，以下列用途为限：

一、社会福利事业。

二、教育文化事业。

三、社会慈善事业。

四、援外或国际人道救援。

五、其他经主管机关认定之事业。

第9条　劝募团体于最近三年内有下列情形之一者，主管机关应不予劝募许可：

一、违反第十三条、第十四条、第十九条、第二十一条或第二十二条规定。

二、有第十条第一款规定情形，经主管机关废止其劝募许可。但其负责人或代表人经无罪判决确定者，不在此限。

三、有第十条第二款、第三款或第十一条规定情形，经主管机关废止或撤销其劝募许可。

第 10 条　劝募团体有下列情形之一者，主管机关得废止其劝募许可：

一、劝募团体之负责人或代表人因进行劝募涉犯罪嫌疑，应提起公诉。

二、依第十六条规定开立之收据，记载不实。

三、违反会务、业务及财务相关法令，情节重大。

第 11 条　劝募团体申请劝募活动许可之文件有不实之情形者，主管机关得撤销其劝募许可。

第 12 条　劝募团体办理劝募活动期间，最长为一年。

第 13 条　劝募团体应于邮局或金融机构开立捐款专户，并于劝募活动开始后七日内报主管机关备查。但公立学校开立捐款专户，以代理公库之金融机构为限。

第 14 条　劝募行为不得以强制摊派或其他强迫方式为之。亦不得向因职务上或业务上关系有服从义务或受监督之人强行为之。

第 15 条　劝募团体所属人员进行劝募活动时，应主动出示主管机关许可文件及该劝募团体制发之工作证。但以媒体方式宣传者，得仅载明或叙明劝募许可文号。

第 16 条　劝募团体收受劝募所得财物，应开立收据，并载明劝募许可文号、捐赠人、捐赠金额或物品及捐赠日期。

第 17 条　劝募团体办理劝募活动之必要支出，得于下列范围内，由劝募活动所得支应：

一、劝募活动所得在新台币一千万元以下者，为百分之十五。

二、劝募活动所得超过新台币一千万元未逾新台币一亿元者，为新台币一百五十万元加超过新台币一千万元部分之百分之八。

三、劝募活动所得超过新台币一亿元者，为新台币八百七十万元加超过新台币一亿元部分之百分之一。

前项劝募所得为金钱以外之物品者，应依捐赠时之时价折算之。

第 18 条　劝募团体应于劝募活动期满之翌日起三十日内，将捐赠人捐赠资料、劝募活动所得与收支报告公告及公开征信，并报主管机关备查。

前项劝募活动所得金额，开支新台币一万元以上者，应以支票或经由邮局、金融机构汇款为之，不得使用现金。

第19条　劝募团体办理劝募活动所得财物，应依主管机关许可之劝募活动所得财物使用计划使用，不得移作他用。

如有剩余，得于计划执行完竣后三个月内，依原劝募活动之同类目的拟具使用计划书，报经主管机关同意后动支。

前项之剩余款项再执行期限，不得超过三年。

第20条　劝募团体应于劝募活动所得财物使用计划执行完竣后三十日内，将其使用情形提经理事会或董事会通过后公告及公开征信，连同成果报告、支出明细及相关证明文件，报主管机关备查。但有正当理由者，得申请延长，其期限不得超过三十日。

劝募团体应将前项备查资料在主管机关网站公告，主管机关并定期办理年度查核。

第21条　主管机关得随时检查劝募活动办理情形及相关账册，劝募团体及其所属人员不得规避、妨碍或拒绝。

第22条　有下列情形之一者，应将劝募所得财物返还捐赠人：

一、非属第五条规定之劝募主体发起劝募。

二、劝募活动未经许可。

三、劝募活动之许可经主管机关撤销或废止。但于撤销或废止前，已依原许可目的使用之财物，经查证属实者，不在此限。

四、逾许可劝募活动期间而为劝募活动。

五、违反第十四条规定。

前项财物难以返还，经报请主管机关认定者，应缴交主管机关，依原劝募活动计划或相关目的执行，并得委托相关团体执行之。

劝募团体办理劝募活动所得之剩余财物，因劝募团体解散或未依第十九条规定办理者，依前二项规定办理。

第23条　主管机关应将已核定之劝募活动、其所得及使用情形等数据予以上网公告。

第24条　有下列情形之一，经制止仍不遵从者，处新台币四万元以上二十万元以下罚锾，并公告其姓名或名称、违规事实及其处罚；经再制止仍不遵从者，得按次连续处罚：

一、非属第五条规定之劝募主体发起劝募。

二、劝募活动未经许可。

三、劝募活动之许可经主管机关撤销或废止，仍为劝募活动。

四、逾许可劝募活动期间，仍为劝募活动。

前项罚锾，于劝募团体或其他法人、团体，并罚其负责人或代表人，并公告其姓名。

第 25 条　违反第十四条规定，经制止仍不遵从者，处新台币四万元以上二十万元以下罚锾，经再制止仍不遵从者，得按次连续处罚；情节重大者，并得废止其劝募许可。

第 26 条　违反第十三条、第十五条至第二十条或第二十二条规定者，得予以警告并限期改善，届期未改善者，处新台币二万元以上十万元以下罚锾，并得按次连续处罚。

第 27 条　规避、妨碍或拒绝主管机关依第二十一条规定之检查者，处新台币一万元以上五万元以下罚锾，并得强制检查；情节重大者，并得废止其劝募许可。

第 28 条　违反第六条规定者，由其上级机关、许可其设立、立案或监督之机关予以警告并限期改善，届期未改善者，处新台币三千元以上一万五千元以下罚锾，并得按次连续处罚。

第 29 条　违反本条例规定者，除依本条例处罚外，其有犯罪嫌疑时，应移送司法机关处理。

第 30 条　本条例所定之罚锾，除第二十八条规定者外，由主管机关处罚之。

第 31 条　本条例施行细则，由中央主管机关定之。

第 32 条　本条例自公布尔日施行。

参考文献

中文著作：

[1] ［德］卡尔·拉伦茨：《法学方法论》，陈爱娥译，商务印书馆 2005 年版。

[2] ［法］古斯塔夫·勒庞：《乌合之众：大众心理研究》，冯克利译，中央编译出版社 2004 年版。

[3] ［美］奥尔森：《集体行动的逻辑》，陈郁、郭宇峰、李崇新译，格致出版社、上海人民出版社 2014 年版。

[4] ［美］奥尔森：《权力与繁荣》，苏长和、嵇飞译，上海世纪出版集团 2014 年版。

[5] ［美］贝希·布查尔特·艾德勒等：《通行规则：美国慈善法指南》，金锦萍等译，中国社会出版社 2007 年版。

[6] ［美］弗朗金：《策略性施予的本质：捐赠者与募捐者实用指南》，谭宏凯译，中国劳动社会保障出版社 2013 年版。

[7] ［美］莱斯特·M. 萨拉蒙：《全球公民社会：非营利部门视界》，贾西津、魏玉等译，社会科学文献出版社 2002 年版。

[8] ［美］莱斯特·M. 萨拉蒙等：《全球公民社会：非营利部门国际指数》，陈一梅等译，北京大学出版社 2007 年版。

[9] ［美］乔尔·米格代尔：《社会中的国家》，李阳、郭一聪译，江苏人民出版社 2013 年版。

[10] 北京师范大学中国公益研究院编：《现代慈善与法治社会：2014 年度中国公益事业发展报告》，社会科学文献出版社 2015 年版。

[11] 蔡磊：《公益信托法律制度研究》，法律出版社 2008 年版。

［12］蔡勤禹：《民间组织与灾荒救治：民国华洋义赈会研究》，商务印书馆 2005 年版。

［13］曹海晶：《中外立法制度比较》，商务印书馆 2004 年版。

［14］曾桂林：《民国时期慈善法制研究》，人民出版社 2013 年版。

［15］陈金罗、金锦萍、刘培峰等：《中国非营利组织法专家建议稿》，社会科学文献出版社 2013 年版。

［16］陈秀峰、张华侨：《慈善唤醒中国》，中国社会科学出版社 2011 年版。

［17］褚蓥：《募捐成功宝典：用好的技巧做成功的募捐》，知识产权出版社 2013 年版。

［18］褚蓥：《新募捐的本质：新理念、新方法、新募捐》，知识产权出版社 2015 年版。

［19］邓飞：《免费午餐：柔软改变中国》，华文出版社 2014 年版。

［20］丁建定、柯卉兵、郭林：《中国社会保障制度体系完善研究》，人民出版社 2013 年版。

［21］丁建定：《英国济贫法制度史》，人民出版社 2014 年版。

［22］顾自安：《制度演化的逻辑：基于认知进化与主体间性的考察》，科学出版社 2011 年版。

［23］官有垣、陈锦棠、陆宛苹：《第三部门评估与责信》，北京大学出版社 2008 年版。

［24］郭道晖：《社会权力与公民社会》，译林出版社 2009 年版。

［25］郭剑平：《社团组织与法律秩序研究》，法律出版社 2010 年版。

［26］郝平：《丁戊奇荒：光绪初年山西灾荒与救济研究》，北京大学出版社 2012 年版。

［27］基金会中心网、清华大学廉政与治理研究中心编：《中国基金会透明度发展研究报告（2014）》，社会科学文献出版社 2014 年版。

［28］金锦萍、葛云松主编：《外国非营利组织法译汇（一）》，北京大学出版社 2006 年版。

［29］金锦萍、张诺等主编：《外国非营利组织法译汇（二）》，社会科学文献出版社 2010 年版。

［30］金锦萍：《非营利法人治理结构研究》，北京大学出版社 2005

年版。

[31] 金锦萍：《慈善组织财税制度》，中国社会出版社 2011 年版。

[32] 金锦萍：《中国非营利组织法前沿问题》，社会科学文献出版社 2014 年版。

[33] 景朝阳：《民办非企业单位导论》，中国社会出版社 2011 年版。

[34] 康晓光：《依附式发展的第三部门》，社会科学文献出版社 2011 年版。

[35] 李贵连：《法治是什么：从贵族法治到民主法治》，广西师范大学出版社 2013 年版。

[36] 李培林、李强、孙立平：《中国社会分层》，社会科学文献出版社 2004 年版。

[37] 李培林：《社会改革与社会治理》，社会科学文献出版社 2014 年版。

[38] 廖鸿、石国亮等主编：《澳大利亚非营利组织》，中国社会出版社 2011 年版。

[39] 廖鸿：《社会组织建设的新视野：中国和澳大利亚经验分析》，时事出版社 2010 年版。

[40] 刘京主编：《中国散财之道：现代公益基金会发展报告》，中国社会出版社 2011 年版。

[41] 卢咏：《公益筹款》，社会科学文献出版社 2014 年版。

[42] 吕芳：《制度选择与国家的衰落》，中国政法大学出版社 2007 年版。

[43] 马庆钰、廖鸿：《中国社会组织发展战略》，社会科学文献出版社 2015 年版。

[44] 孟志强、彭建梅、刘佑平主编：《中国慈善捐助报告（2011）》，中国社会出版社 2012 年版。

[45] 民政部法制办公室编：《中国慈善立法国际研讨会论文集》，中国社会出版社 2007 年版。

[46] 民政部政策法规司编：《慈善事业税收优惠政策法规指南》，中国社会出版社 2009 年版。

[47] 民政部政策法规司编：《中国慈善立法课题研究报告选编》，中国

社会出版社 2009 年版。

[48] 彭建梅、刘佑平主编：《2012 年度中国慈善捐助报告》，中国社会出版社 2013 年版。

[49] 彭建梅主编：《2013 年度中国慈善捐助报告》，企业管理出版社 2014 年版。

[50] 全国人大常委会法工委许安标等编：《中华人民共和国公益事业捐赠法学习辅导读本》，中国民主法制出版社 2000 年版。

[51] 施雪华：《政治现代化比较研究》，武汉大学出版社 2006 年版。

[52] 舒国滢、王夏昊、雷磊：《法学方法论》，厦门大学出版社 2013 年版。

[53] 陶传进、刘忠祥：《基金会导论》，中国社会出版社 2011 年版。

[54] 王名：《非营利组织概论》，中国人民大学出版社 2003 年版。

[55] 王名：《中国社团改革：从政府选择到社会选择》，社会科学文献出版社 2001 年版。

[56] 王日根：《中国会馆史》，中国出版集团东方出版中心 2007 年版。

[57] 王绍光：《民主四讲》，生活·读书·新知三联书店 2008 年版。

[58] 王耀海：《制度演进中的法治生成》，中国法制出版社 2013 年版。

[59] 王振耀：《以法促善：中国慈善立法现状、挑战及路径选择》，社会科学文献出版社 2014 年版。

[60] 韦讳：《中国慈善基金会法人制度研究》，中国政法大学出版社 2010 年版。

[61] 吴思：《潜规则：中国历史中的真实游戏》，复旦大学出版社 2009 年版。

[62] 徐家良、廖鸿主编：《中国慈善组织评估发展报告（2015）》，社会科学文献出版社 2015 年版。

[63] 徐家良：《社会团体导论》，中国社会出版社 2011 年版。

[64] 许光：《基金会法律制度研究》，法律出版社 2007 年版。

[65] 许良英、王来棣：《民主的历史》，法律出版社 2015 年版。

[66] 杨道波、李永军：《公益募捐法律规制研究》，中国社会科学出版社 2011 年版。

[67] 杨道波、刘海江、庄玉友等主编：《国外慈善法译汇》，中国政法

大学出版社 2011 年版。

[68] 杨仁寿：《法学方法论》，中国政法大学出版社 1999 年版。

[69] 杨团主编：《慈善蓝皮书：中国慈善发展报告（2014）》，社会科学文献出版社 2014 年版。

[70] 杨团主编：《慈善蓝皮书：中国慈善发展报告（2015）》，社会科学文献出版社 2015 年版。

[71] 易中天：《中华史：国家》，浙江文艺出版社 2013 年版。

[72] 俞可平：《中国公民社会的制度环境》，北京大学出版社 2006 年版。

[73] 张永宏：《组织社会学的新制度主义学派》，上海人民出版社 2007 年版。

[74] 赵华文：《慈善的真相》，安徽人民出版社 2012 年版。

[75] 郑功成：《当代中国慈善事业》，人民出版社 2010 年版。

[76] 郑学檬：《中国赋役制度史》，上海人民出版社 2000 年版。

[77] 郑永流：《法律方法阶梯》，北京大学出版社 2008 年版。

[78] 周秋光、曾桂林：《中国慈善简史》，人民出版社 2006 年版。

[79] 朱光磊：《中国的贫富差距与政府控制》，上海三联书店 2002 年版。

[80] 朱浒：《地方性流动及其超越——晚清义赈与近代中国的新陈代谢》，中国人民大学出版社 2006 年版。

[81] 朱健刚主编：《中国公益发展报告 2011》，社会科学文献出版社 2012 年版。

[82] 朱旭红：《论社会民主主义的历史演进》，社会科学文献出版社 2014 年版。

[83] 朱友渔：《中国慈善事业精神》，商务印书馆 2016 年版。

[84] 资中筠：《散财之道：美国现代公益基金会述评》，上海人民出版社 2003 年版。

[85] 资中筠：《启蒙与中国社会转型》，社会科学文献出版社 2011 年版。

[86] 资中筠：《财富的归宿：美国现代公益基金会述评》，生活·读书·新知三联书店 2011 年版。

[87] 资中筠：《财富的责任与资本主义演变：美国百年公益发展的启示》，上海三联书店 2015 年版。

[88] Elliot Aronson, Timothy D. Wilson, Robin M. Akert：《Social Psychology》，李茂兴、余伯泉译，中国台湾：杨智书局 2003 年版。

[89] 康晓光、韩恒、卢宪英：《行政吸纳社会：当代中国大陆国家与社会关系研究》，新加坡世界科技出版社八方文化创作室 2010 年版。

[90] 李佳谕、王佩玲：《公益劝募的探析》，台湾松慧出版有限公司 2009 年版。

中文论文：

[91] 蔡勤禹：《民国慈善组织募捐研究：以华洋义赈会为例》，《湖南科技学院学报》2005 年第 2 期。

[92] 蔡勤禹：《当代慈善捐赠的动员、激励与监督》，《社会学》2011 年第 1 期。

[93] 蔡勤禹：《中国近代慈善立法概述》，《南京晓庄学院学报》2015 年第 2 期。

[94] 曾桂林：《民国时期的慈善法制建设及其经验教训》，《史学月刊》2013 年第 3 期。

[95] 曾言：《论社会募捐剩余财产的所有权归属》，《湖南社会科学》2008 年第 6 期。

[96] 陈成文、谭娟：《税收政策与慈善事业美国经验及其启示》，《湖南师范大学社会科学学报》2007 年第 6 期。

[97] 陈杰：《我国公益募捐准入制度之构建探析》，《理论导刊》2012 年第 11 期。

[98] 陈秀峰：《中国慈善组织募捐现状及劝募有效性路径探讨》，《学会》2011 年第 12 期。

[99] 褚蓥：《美国募捐专业人士管理体系探析》，《社团管理研究》2012 年第 8 期。

[100] 褚蓥：《自由权视角下慈善募捐管理体系之重构》，《四川师范大学学报》（社会科学版）2013 年第 2 期。

[101] 褚蓥：《美国募捐法律关系中自由权勃兴的双重路径》，《清华大学学报》（哲学社会科学版）2015 年第 3 期。

[102] 丁建定：《1870—1914 年英国的慈善事业》，《南都学坛》（人文

社会科学学报）2005 年第 4 期。

[103] 龚汝富：《民国时期监督慈善团体立法及其启示》，《法商研究》2009 年第 5 期。

[104] 龚向和：《论社会权的经济发展价值》，《中国法学》2013 年第 5 期。

[105] 郭道晖：《权力的多元化与社会化》，《法学研究》2001 年第 1 期。

[106] 郭道晖：《论社会权力与法治社会》，《中外法学》2002 年第 2 期。

[107] 郭道晖：《社会权力：法治新模式与新动力》，《学习与探索》2009 年第 5 期。

[108] 郭道晖：《新闻媒体的公权利与社会权力》，《河北法学》2012 年第 1 期。

[109] 昊勇敏、竺效：《论公益捐赠行为的法律性质》，《浙江大学学报》（人文社会科学版）2001 年第 4 期。

[110] 河度亨：《中国转型期国家与社会关系变化的途径》，《北京行政学院学报》2003 年第 5 期。

[111] 胡卫萍、李玉芬、史子浩：《中国慈善活动实施现状调研的数据分析》，《华东交通大学学报》2012 年第 2 期。

[112] 黄春蕾、郭晓会：《慈善商业化：国际经验的考察及中国的发展路径设计》，《山东大学学报》（哲学社会科学版）2015 年第 4 期。

[113] 黄晓春：《当代中国慈善组织的制度环境与发展》，《中国社会科学》2015 年第 9 期。

[114] 金锦萍：《非营利组织财产权利的法律保障：兼论"公益产权"概念的意义和局限性》，《中国非营利评论》2008 年第 1 期。

[115] 金锦萍：《论公益信托制度与两大法系》，《中外法学》2008 年第 6 期。

[116] 金锦萍：《论我国非营利组织所得税优惠政策及其法理基础》，《求是学刊》2009 年第 1 期。

[117] 金锦萍：《科学慈善运动与慈善的转型》，《科学对社会的影响》

2009 年第 2 期。

[118] 金锦萍：《社会企业的兴起及其法律规制》，《经济社会体制比较》2009 年第 4 期。

[119] 金锦萍：《论公益信托之界定及其规范意义》，《华东政法大学学报》2015 年第 6 期。

[120] 金锦萍：《五个民间版本慈善法的特点》，《中国社会报》2015 年 1 月 19 日第 4 版。

[121] 冷传莉：《社会募捐中捐款余额所有权问题探析》，《中外法学》2006 年第 2 期。

[122] 李贵连：《从贵族法治到帝制法治——传统中国法治论纲》，《中外法学》2011 年第 3 期。

[123] 李贵连：《民主法治——法制现代化的诉求》，《政法论坛》2012 年第 3 期。

[124] 李启成：《从义务本位和社会本位的区别看中国法律的进化》，《法政论坛》2006 年第 8 期。

[125] 李拥军：《当代中国法律中的"政治人"影像》，《华东政法大学学报》2011 年第 5 期。

[126] 李永军、杨道波：《我国近代公益募捐事业发展的历史特点》，《广西社会科学》2010 年第 4 期。

[127] 李永军、杨道波：《辛亥革命以来我国公益募捐立法的回顾与反思》，《社团管理研究》2011 年第 10 期。

[128] 李永军：《改革开放前公益募捐法律规制介评》，《社会保障研究》2011 年第 6 期。

[129] 李永军：《域外公益募捐准入制度考评》，《社团管理研究》2011 年第 9 期。

[130] 李永军：《我国古代公益募捐事业若干问题研究》，《广西社会科学》2011 年第 12 期。

[131] 李永军：《海峡两岸公益募捐立法比较研究》，《社会保障研究》2012 年第 1 期。

[132] 梁治平：《公益法：维权时代法的公共性实践》，《读书》2011 年第 9 期。

［133］林莉红：《公益诉讼的含义和范围》，《法学研究》2006 年第 6 期。

［134］刘威：《重新为慈善正名——写在〈人民日报〉社论"为慈善正名"发表二十周年之际》，《浙江社会科学》2014 年第 9 期。

［135］刘迎霜：《我国公益信托法律移植及其本土化》，《中外法学》2015 年第 1 期。

［136］刘志敏、沈国琴：《公权力介入公益募捐行为的正当性及其边界》，《国家行政学院学报》2014 年第 4 期。

［137］吕鑫：《慈善募捐的自由与限制：美国经验的启示》，《浙江学刊》2011 年第 4 期。

［138］吕鑫：《我国慈善募捐监督立法的反思与重构——全程监督机制的引入》，《浙江社会科学》2014 年第 2 期

［139］马青艳、周庆华：《非政府组织的制度分析》，《中国行政管理》2005 年第 8 期。

［140］马庆钰、贾西津：《中国慈善组织的发展方向与未来趋势》，《国家行政学院学报》2015 年第 4 期。

［141］马庆钰：《关于非政府组织分类方法的分析》，《政治学研究》2008 年第 3 期。

［142］马长山：《非营利组织立法的现实进路与问题》，《中国非营利评论》2013 年第 1 期。

［143］苗梅华：《民间组织的兴起与当代社会秩序转型》，《社会科学研究》2010 年第 3 期。

［144］王名、贾西津：《关于中国 NGO 法律政策的若干问题》，《清华大学学报》（哲学社会科学版）2003 年（S1）第 18 卷。

［145］王名、金锦萍、黄浩明、陶传进、马剑银：《慈善组织三大条例如何修改》，《中国非营利评论》2013 年第 2 期。

［146］王文涛：《"慈善"语源考》，《中国人民大学学报》2014 年第 1 期。

［147］王振耀：《现代慈善的十大基本理念》，《当代社科视野》2011 年第 6 期。

［148］肖强：《关于社会募捐的法学思考》，《贵州大学学报》（社会科

学版）1999 年第 4 期。

[149] 谢琼：《规范慈善服务：我国慈善立法不可或缺》，《中国行政管理》2015 年第 6 期。

[150] 徐宇珊、莱斯特·M. 萨拉蒙、S. 沃加斯·索科洛斯基：《全球公民社会：非营利部门国际指数》，《公共管理评论》2008 年第 1 期。

[151] 杨超、唐亚阳：《"公益"概念辨析》，《伦理学研究》2015 年第 6 期。

[152] 杨道波、王旭芳：《公益性慈善组织的法律定位思考》，《理论探索》2009 年第 5 期。

[153] 杨道波：《公益募捐法律规制论纲》，《法学论坛》2009 年第 4 期。

[154] 杨道波：《我国慈善募捐规制立法的发展、评估与改革》，《广西社会科学》2011 年第 10 期。

[155] 杨道波：《新中国慈善立法的回顾、评估与展望》，《河北法学》2013 年第 5 期。

[156] 杨正喜、唐鸣：《论我国 NGO 发展面临的法律障碍及解决途径》，《北京交通大学学报》（社会科学版）2007 年第 3 期。

[157] 姚建平：《中美慈善组织政府管理比较分析及对中国公共部门改革的启示》，《理论与现代化》2006 年第 2 期。

[158] 尹金凤：《试论我国公益募捐宣传存在的问题》，《湖南社会科学》2007 年第 6 期。

[159] 俞江：《历史深处看规则——论规则作为法学研究的中心》，《法制与社会发展》2008 年第 1 期。

[160] 俞可平：《中国公民社会：概念、分类和制度环境》，《中国社会科学》2006 年第 1 期。

[161] 俞可平：《全球善治与中国的作用》，《学习时报》2012 年 12 月 11 日第 3 版。

[162] 张奇林：《美国的慈善立法及其启示》，《法学评论》2007 年第 4 期。

[163] 张守文：《略论对第三部门的税法规制》，《法学评论》2006 年

第 6 期。

［164］张守文：《社会法的调整范围及其理论扩展》，《中国高校社会科学》2013 年第 1 期。

［165］周俊利：《大公报社与武汉抗战时期的募捐》，《湖北社会科学》2009 年第 1 期。

［166］周秋光、曾桂林：《中国慈善立法：历史、现状及建议》，《南京社会科学》2014 年第 12 期。

［167］周秋光、王振耀、金锦萍、严昌洪、黄震、任云兰、朱英、蔡勤禹、陶水木、虞和平、王先明、李允晨：《中国慈善发展的战略思考：历史与现实》，《湖南师范大学社会科学学报》2013 年第 1 期。

［168］周贤日：《许可抑或备案：社会募捐的管理路径选择》，《学术研究》2013 年第 1 期。

［169］朱英：《近代中国商人与慈善公益事业的发展》，《湖南师范大学社会科学学报》2013 年第 1 期。

［170］陈文良：《公益劝募条例立法推动历程与观察》，《社教双月刊》（台湾）2006 年第 6 期。

［171］冯燕：《台湾非营利组织公益自律机制的建立》，《第三部门学刊》（台湾）2004 年第 1 期。

［172］许传胜：《公益劝募条例实施一年后之观察分析：以高雄市在地经验为例》，《社区发展季刊》（台湾）2007 年第 118 期。

［173］陈佳妤：《公益劝募条例应有的政策取向与检讨》，《社区发展季刊》（台湾）2007 年第 118 期。

［174］陈定铭、陈彦蓉：《从募款策略的理性选择析探台湾公益劝募制度》，《法治与公共治理学报》（台湾）2014 年第 2 期。

英文文献：

［175］Anheier, Helmut K., "Rudney Gabriel. An Input-output Analysis of The Nonprofit Sector In The USA and Germany", *Annals of Public & Cooperative Economics*, Vol. 69, No. 1, 1998.

［176］Battilana J, Dorado S, "Building sustainable hybrid organizations",

Academy of Management Journal, Vol. 53, No. 6, 2010.

[177] Battilana J, Lee M, "Advancing research on hybrid organizing-insights from the study of social enterprises", Academy of Management Annals, Vol. 8, No. 1, 2014.

[178] Bruce R. Hopkins ed. , *The Law of Fundraising*, New York: John Wiley & Sons Inc. , 4rd, 2009.

[179] Dacin MT, Dacin PA, Tracey P. , "Social entrepreneurship: A critique and future directions", Organization Science, Vol. 22, No. 5, 2011.

[180] Daniel Lynn Conrad ed. , "Techniques of Fund Raising", NJ: Lyle Studen Inc, 1974.

[181] Edward H. Berman ed. , "The Influence of the Carnegie, Ford, and Rockefeller Foundations on American Foreign Policy", Albany: State University of New York Press, 1983.

[182] HK Anheier, G Rudney, "An Input-output Analysis of The Nonprofit Sector In The USA and Germany" Annals of Public & Cooperative Economics, Vol. 69, No. 1, 1998.

[183] John flanagan ed. , "Successful Fundraising: A Complete Handbook for Volunteers and Professionals", Chicago: Joan Flanagan, 2000.

[184] Joseph R. Mixer ed. , "Principles of Professional Fundraising: Useful Foundations for Successful Practice" , San Francisco: Jossey-Bass Publisher, 1993.

[185] Lan G Z, Galaskiewicz J, "Innovations in public and nonprofit sector organizations in China" Management and Organization Review, Vol. 8, No. 3, 2012.

[186] Pache A C, Santos F, "Insider the hybrid organization: An organizational level view of responses to conflicting institutional demands" Academy of Management Journal, Vol. 56, No. 4, 2013.

[187] Short JC, Moss TW, Lumpkin GT, "Research in social entrepreneurship: past contributions and future opportunities" Strategic Entrepreneurship Journal, Vol. 3, No. 2, 2009.

创新点说明

开启新中国"依法行善""依法治善"时代的《中华人民共和国慈善法》已于 2016 年 3 月出台，9 月正式实施。《慈善法》的出台与实施，对于中国慈善法制建设而言，只是一个承前启后的重要节点，而非终点。慈善基本法之下的"慈善募捐"子法研究，也只是刚刚拉开帷幕。当前在慈善法语境之下涉及慈善事业"财流"的慈善募捐制度建构和规范逻辑，理论界和实务界还未完全达成一致。"中国式慈善募捐"的"结"和"解"，慈善募捐法制"立、改、废"的知识积累还不尽人意。学界对现有募捐制度规范整合层面的关注不够。目前只有一本公益募捐法律规制方面的专著，还没有研究慈善募捐制度的专著。涉及慈善募捐制度的核心文献亦不充分，根据"壹学者"互联网数据库检索，以"募捐"为主题的论文的收录系数相对于其他研究主题研究明显偏低。目前对募捐规范约束的研究成果整体上重宏观叙事，相对忽视系统性和操作性，对募捐制度建设的目标、体系、建构方式和框架内容等方面的研究还比较欠缺，对各类社会组织进行慈善募捐的权力来源与合法性依据也处于探索之中。

本书的研究范围是慈善话题下的"慈善募捐"，研究对象是"慈善募捐制度"、研究视角是"制度整合与规则体系完善"。本书在学习借鉴前人研究成果的基础上，思考当代中国慈善募捐的制度规范逻辑，探讨理性化的募捐制度要素安排，对慈善募捐制度的问题与对策进行与时俱进的更新式研究。

（一）对慈善募捐作为"法对象"的定位，寻求新的解释

慈善募捐是慈善组织聚财和散财的汇合，横跨"募—捐—用"三大领域，涉及"劝募人—认募人—受益人"三方当事人。即慈善募捐

是劝募人基于慈善目的从认募人处集聚财富，又向受益人输捐财物的系列行为。梳理慈善募捐的发展脉络和逻辑主线，解释个人慈善的互助募捐、宗教慈善的宗教募化、社会精英慈善的首善募捐以及官方慈善的行政募捐的分化与进化之路，有利于"道往而明来者"。本书认为慈善募捐涉及对不特定慈善资源的"募、捐、用"，具有"社会"公共性。从西方慈善募捐的历史脉络来看，无论是欧洲早期的教会募捐与民众互助募捐，还是西方近代募捐领袖的社会募捐、现代家族基金会的巨额募捐以及当代多元并存的慈善公益募捐，都体现了"社会性""民间性""公益性"。而我国的慈善募捐的发展历史，则是官方赈济"募与用"一而贯之、佛家募化与道家劝善"募与用"的融入、士绅与商贾民间慈善"募与用"的发展，体现了"政府官方性""乡里家国性""士绅商贾首善繁荣性"。正是中国"官方赈济'募与用'一而贯之、士绅与商贾民间慈善'募与用'迎合式发展的历史传统"，才有近代政治募捐合法化，国防与抗战劳军募捐常态化，乃至在当代也有一段历史时期是政社不分，政府部门意志社会化。当前在制度的设置上对募捐时"宽进"抑或"严管"，必须正视传统的历史惯性，又在一定程度上改变历史惯性中"强政治、泛道德、弱制度"的传统。

由此"面向公众、涉及公域、实现公益"的慈善募捐组织的公共性、制衡性以及慈善募捐行为的公共责任性的依据需要明确和解释。而在传统的国家社会慈善理论和现有的法律制度体系中，没有现成的概念作为解决慈善募捐自身定位问题的依据。本书认为可以把"权力"概念作为社会秩序也作为法律秩序中的表述，进行权力外延的扩展。即在"国家权力"之外，把"社会权力"引入慈善募捐主体行为依据和苛责依据的解释范畴。这种论证的思路，是跨越中国官方慈善、政治慈善"募与用""管与控"历史社会现象，找到慈善募捐赋权与限权的质性判断和限度的尝试。即慈善募捐社会组织中的募捐权力，因其社会属性，已经超越靠保障自由和尊重私权利的传统私法理念，其应当也已经植入社会规制、监督的因素，而属于社会法范畴。募捐社会组织的行动依据是"社会权力"。社会权力与国家权力同源（都来源于社会，来自人民）、同质（影响力、支配力、强制力）、同值（都是治理国家和服务社会的手段）。募捐社会组织的苛责依据亦是"社会权力"。社会权力是人民权力社会化的公共权力。既然慈善公益募捐面向公众、涉及公域、实现公益，就应把社会权力与公共性、制衡性、公共责任联系在一起。"权力不自由"的命题同样适用于行使社会权力的募捐社会组织及募捐公共事务的执行者。慈善募捐的体制机制性制度安排必须让国家与社会、硬权力与软权力、政府组织和社会组织、政治秩序与社会秩序之间保有形式和内容、本质和现象间的关联。募捐法律制度对慈善募捐核心要素的指引和塑造，应体现为从慈善募捐主体（组织，排除个人）、主观方面（公益目的，排除互益、私益目的）、客体（可变现财产）、客观方面（知情与自愿）四个方面，要把慈善募捐、社区募捐、单位募捐、政府募捐乃至宗教募捐进行区分。

（二）对《慈善法》慈善募捐支撑"子法"的展开，进行探讨

《慈善法》出台之后，自然而然面临的问题是，现行社会团体、基金会、民办非企业单位（社会服务机构）相关规定与慈善语境的衔接问题，与公益募、捐、用有关的法律、条例、规定、办法、方案、意见、通知、指引、解释等国家法律、法规、部委规章等规范性文件梳理、甄别、清理的问题。而现有研究成果对慈善募捐支撑"子法"到底是一部单行法还是一个法"团"（制度群），公益募、捐、用行为制度及其监管制度到底是集中立法还是分散立法，慈善募捐专门立法的突破口又是什么，如何形成"一元二级多层次"的中国慈善募捐制度体系，鲜有涉及。

对未来中国募捐制度在"立、改、废"上的展开，本书认为从规则体系结构上看，应是一个制度"群"：一方面，在国家立法层面，采用英国的慈善"集中统一立法"方式，用全面的、综合的《慈善法》统括各项慈善事业制度，其中也包括慈善募捐制度。借以统括式的《慈善法》，推广《慈善法》中"慈善募捐"的立法语言表达，改变过去"社会募捐、公益募捐、慈善募捐"三个募捐语词表达并而混用的困境。《慈善法》之下的《慈善募捐许可办法》（可以作为募捐专门立法的下一个突破口，由民政部制定为规章）、《慈善劝募条例》（可以作为募捐专门立法的第二个重要突破口，由国务院制定为行政法规）以及"网络慈善募捐管理办法""街头慈善募捐管理办法""电话慈善募捐管理办法""联合慈善募捐管理办法"等法规、规章。应当以"规范化地

聚财、透明化地散财"作为涵盖和整合这些募捐制度"群"的主线，实现中央层面慈善募捐制度的条理化、标准化、科学化和稳定化；另一方面，在地方立法层面，借鉴美国鼓励各州分别制定慈善募捐法令的做法。我国虽然不是联邦制，但是在立法的体制上采取的是"一元二级多层次"。因此在地方尤其是各省层面不存在慈善募捐制度立法主体的立法权限障碍。地方募捐立法虽然居于较低层次，却在保证、传递国家层面《慈善法》及慈善募捐单行行政法规、部委规章的规则的整体性、执行力方面具有不可替代的作用。慈善募捐制度，不仅应体现为国家层面立法框架结构的安排、立法语言表达和慈善募捐专门概念和术语解释，而且也应体现为立法效力层次性选择，将慈善募捐中央与地方的立法联动与衔接作为募捐立法权分配和规则效力传递的重要内容。改变传统自上而下立法的整体主义径路，鼓励更多的省、市在地方性法规或者在地方政府规章中对地方的"慈善募捐组织、劝募行为、财产管理、税收及激励褒奖"进行地方设计，在募捐领域进一步开放社会自治空间。慈善募捐的科学立法、民主立法在于制度"群"上下联动的整体性和系统性。慈善募捐立法在纵向结构安排上，以"慈善事业基本法—慈善募捐行为单行法—慈善募捐行政法规、规章—慈善募捐地方性法规、规章"进行上下层次上的衔接。

（三）对慈善募捐制度"法规则"的取舍，进行实践性和操作指引式的安排

慈善法语境下慈善募捐制度的问题与对策研究，不仅要有对慈善募捐的自身定位问题进行国家与社会二元的"社会权力""秩序权威"视角而进行的中观层面分析，而且也要有以单项专题制度梳理为主，同时以海外募捐横向制度对应分析为辅的不同取舍的微观层面的分析。本书尝试以"法规则"如何取舍为解决问题的思路，对纷繁与浩瀚的中央与地方、国内与海外涉及募捐关系的权利义务设置方面的具体内容、文本展开方式、框架、内容的纵向线索、横向线索进行整理、归类、评价、借鉴研究，把慈善募捐制度整合与完善的纵向线索（中央与地方的募捐规则）与横向线索（国内与海外的募捐规则）对应，并结合新的慈善法原则和法理念，以克服当前诸多制度规定中暴露的"规定过于笼统"之现实问题。

慈善募捐制度"法规则"的安排，应当按照规范社会权力运行的要求，以公共性与透明度为制度规范的核心内容，落实"募捐申请从宽，募捐所得监管从严"的募捐监管理念，把"主体法定、公募许可、行为规范、信息公开、行业自律、政府他律、人民监督"贯彻于未来立法层面的募捐各法规、条例、办法中。即慈善募捐制度群的制度安排目的在于落实募捐组织劝募过程"公开"、慈善募捐宗旨"公益"、慈善资源分配"公信"之"三公原则"。以公开、公益、公信来实现现代公益的"新秩序生成"的助推，对募、捐、用行为模式进行塑造。其中，"妥当的募捐行为规范"是本书探讨的重点。

本书认为应以慈善"募、捐、用"的行为过程控制为制度调整核心，严格"会务、事务、财务"，监管"两头"（慈善募捐许可环节和慈善募捐事务执行环节）。针对募捐在组织中的输入以及向社会的输出的关键节点进行把控，在制度的设置上进行慈善募捐的环节控制：（1）募捐在募捐组织中的输入环节，首先应当有募捐主体的"组织正规性"，并落实为"合法性"的前提；其次应当有募捐规则在组织章程中的输入；再次还要有募捐在组织机关中输入。这不仅要求募捐社会组织"权力机构、执行机构、监督机构"分权制衡的内部治理结构，而且应建立最高权力机构——会员大会（理事会）下的执行官（组织的法定代表人，会长或是理事长或是秘书长）的慈善募捐负责制。（2）募捐通过组织向社会的输出环节，首先，需要"无方案不募捐、无计划不接受"；再次，要进行封闭的募捐成员管理；再次，要开放募捐形式，鼓励适当的募捐商业合作，允许"可以接受的私利"，但应保证在制度上确立适当商业化合作募捐的"项目制"推进方式。

后　记

　　本书是在我博士学位论文的基础上修改而成的。在纷繁的工作生活事务下选择在职读博，很大程度上是我在多年的商法教学研究过程中内心深处对系统、立体法社会学思维的向往。在曹海晶教授的引荐下，有幸列于李贵连教授、俞江教授门墙，幸何如哉！几位恩师达观爽朗、学术大气、提携后学，让我在求学路上，有信心、有坚定。导师们的耳提面命以及在各大图书馆的深度阅读，使我一窥学术与思想堂奥之时，也有得求知识、长智慧的欢喜。

　　每个时代都有属于自己的命题。时代的命题就像浩瀚夜空中的月亮，引得千千万万指月的手指。国家治理现代化、社会治理创新、慈善转型无疑是近年来的时代声音。我也是花了近两年时间阅读完李贵连导师长长的书单之后，不知所畏地试图"指月"，关注民主政道、社会治理、社会组织法治化等命题。选题"新大奇"真不如"小而美"，后者更能折射时代的光芒。以"慈善募捐法律制度研究"为题，我由衷感激教授们鞭辟入里、理性中和的学业指导。

　　山有木兮木有枝。当真正进入慈善募捐的课题，愈是深入求索，愈是深感"山高、林大、枝多"。就在我论文写作期间，我国慈善事业快速发展，募捐也在慈善风暴的激荡下快速萌发、成长。募捐的理念、政策、法规也在压缩的成长过程中，体现出"上说、下说、东说、西说"的混合状态。写作的过程是漫长的，一是繁杂的文献资料需要系统整理消化，二是中央与地方立法提速背景下大量社会组织、公益慈善最新政策法律法规规章需要跟进和反思。吾师在《近代法的维度》一书中15字箴言"通古今之变，明中西之异，究当世之法"给了我巨大启发，指引着我不仅在"法之内谈法"中理解中国当代募捐制度实践，还通过古今、东西的对比研究中，形成对当代中国新慈善募捐之路的不同理解和制度偏好。

借得大江千斛水，研为翰墨颂师恩。如今论文即将出版，最要感谢的是恩师。吾师李贵连教授从开题到答辩都对我的论文进行指导、审阅，每次对于主题的明确、重点的安排都是娓娓道来，给身处论文写作迷局中的我醍醐灌顶之感。感谢您和师母为学生的学业发展、生活进步，所提供的不遗余力支持和温暖温馨鼓励。要感谢曹海晶教授、俞江教授、李力教授、丁建定教授、石人炳教授、韦之教授、姜战军教授等诸位明师对我的鼓励、指导和帮助。感谢武汉大学法学院冯果教授，中南财经政法大学法学院雷兴虎教授、温世扬教授，华中师范大学法学院彭真明教授、李克武教授等老师们给予我多方面无私的帮助和关怀。尤其要说的是雷兴虎教授是我的硕士导师，又在博士学业中给予我很多帮助和支持，学生要说是感恩，感谢！

特别要提的是，我所工作的湖北大学法律系、行管系及原政治系各位前辈、同事、师长，十多年来一直对我关爱、包容、支持。尤其是在职读博、忙里忙外的关键处，学校、学院领导伸出援助之手并且同舟共济，让我感受到有单位的温暖和组织的向心力。本书的出版要感谢湖北大学政法与公共管理学院出版基金和法学一级学科出版基金的资助，也要特别感谢中国社科出版社诸位编辑老师为本书的出版所付出的心血。

公益有爱，学术有心。跟随新中国慈善法从无到有的进程，感动于进行慈善募捐制度探究过程中所给予我的正知正见。这本书是我向大家学习的结果，正如路边石头承接雷电迸出的火花。当然，由于学习不彻底，资料占有及认识难免有所局限、偏差之处，我文责自负。敬请各位老师、前辈、同修海涵并批评、指正！

蔡科云

2017 年 6 月 12 日

N